중세조선어 문체 연구

| 강용택 지음 |

보고사

조선어 문체는 유구한 조선어의 역사적 발전과 궤도를 함께하면서 우수한 전통을 가지고 있으며 그 유산도 매우 풍부하다. 조선의 고유한 민족 문자인 훈민정음이 창제되기 이전에도 이두로 표기한 언어 문체 유산이 있었으며, 훈민정음 창제 이후에는 더욱 다양하고 풍부한 언어문체 유산이 남아 있어 우리를 매우 기쁘게 해 주고 있다.

이 글에서는 이렇듯 풍부한 언어 문체 유산을 유형에 따라 그 문체적 특징을 밝히고 조선어 문체 발전의 역사적 과정을 고찰하기로 한다.

문체론의 기원을 고대 수사학으로 잡고 있으나 본격적으로 연구가 진행된 것은 20세기 초부터였다고 할 수 있다. 우리말의 문체 연구는 20세기 40, 50년부터 시작되면서 50여 년이 지난 오늘에 이르기까지 활발히 진행되어 많은 연구 성과를 거두고 있다. 문체에 대한 연구가 심도 있게 진행되어 오면서 문체의 본질에 대하여 서로 다른 견해를 가지고 있었기 때문에 문체론의 내용이나 연구 방법이 거의 학자마다 다르다. 이러한 다양한 견해는 문체론을 언어학의 하위 분야로 보는 견해, 문체론을 문학의 하위 분야로 보는 견해, 문체론을 독립된 학문 분야로 보는 견해 등 크게 세 가지로 요약할 수 있다. 이 세 가지 견해가 모두 일리가 있다고 생각하지만 연구 대상이나 연구 방법에 비추어 본다면 문체론은 언어학의 하위 분야로 보는 것이 마땅하다고 본다.

왜냐하면 문체론의 연구 대상은 어디까지나 언어의 의미적인 측면이
아니라 언어의 형식적인 측면이기 때문이다. 따라서 문체론은 문자로
이루어진 글들을 대상으로 그것들의 형식적인 특징과 기능을 체계적
으로 연구하는 학문이라고 정의를 내릴 수 있다.

이 견해에 입각하여 본 저서에서는 중세조선어 문체의 특징을 역사
적으로 분석, 고찰하려 한다. 중세조선어 문체를 연구하는 데는 중세
시기 기능 문체가 아직 미분화 상태에 놓여 있는 특성으로 말미암아
현대의 문체와 다른 일련의 특징을 가지고 있다. 현대 기능 문체에는
교제 방식에 따라 구두어체와 서사어체로 나누고 교제 분야에 따라 사
회정치 문체, 공식 사무 문체, 과학 기술 문체, 신문 기사 문체, 문학
예술문체, 일상생활 문체로 나누지만 중세조선어는 기능 문체가 아직
미분화 상태에 놓여 있어 현대의 기능 문체처럼 세분화되어 있지 않
다. 현대의 문체론의 각도에서 보면 기능 문체가 시가체, 산문체, 대화
체로 구분되지 않지만 이 글에서는 전통적으로 언어의 실현 방도와 문
장의 구성 방식에 따라 중세조선어 문체의 유형을 크게 시가체, 산문
체, 대화체로 나누었다.

이번에 출판하게 될 저서 ≪중세조선어 문체 연구≫는 필자의 박사
학위 논문 <중세조선어 문체의 역사언어학적 연구>를 수정, 보완한
것이다. 그동안 조선어 문체에 대한 연구는 한국, 조선이나 중국의 학
자들이 많이 연구되어 온 것으로 알고 있다. 그러나 이러한 연구 성과
들은 어느 한 문체나 어느 한 시기의 문체에 대해 연구로 되어 있는
것으로 알고 있다.

≪중세조선어 문체 연구≫는 삼국 시기부터 개화기까지의 1,500여
년의 문학 작품을 시가체, 산문체, 대화체 등 문체로 나누어 그들의 계
승, 발전의 관계를 밝히고 있다.

이 책의 특징은 다음과 같다.

(1) 이 책의 문법 용어는 조선이나 중국조선어 학교문법의 것을 따랐다.

예를 들면 종결어미를 종결토, 연결어미를 접속토로 다루고 있다.

(2) 문법이론도 조선이나 중국조선어의 학교문법의 관점에 의하여 기술하였다.

예를 들면 토와 조사, 어미의 관계, 문장의 유형에 대하여 조선이나 중국의 관점에 따라 기술하였다.

≪이다≫에 관해 학계의 주장도 각이하다. 대체적으로 한국의 학교문법은 서술격조사로, 조선이나 중국의 학교문법에서는 바꿈토로 다루고 있는데 이러한 문법적 주장에 대해서 필자는 바꿈토로 다루고 있다.

(3) 책의 서사 규범은 현행 한국의 언어규범에 기초하고 있다.

(4) 여러 가지 원인으로 문체론의 연구에서 한국의 성과를 적게 다루고 있는데 이러한 부족한 점은 앞으로 계속 수정, 보완하려고 한다.

이 책이 이렇게 햇빛을 보게 된 데는 많은 사람들의 관심과 갈라놓을 수 없다. 만약 여러분의 도움이 없었더라면 이 책이 지금 독자들과 만날 수 없었을 것 같다.

글을 하나하나 꼼꼼히 살펴주시고 지도해 주신 지도 교수 조선 김일성종합대학 어문학부 김영황 선생님께 머리 숙여 감사의 뜻을 표한다. 김영황 은사님의 엄밀하고 학구적인 과학 연구 태도와 매력적인 인간미는 앞으로의 나의 인생 삶에 많은 영향을 줄 것이다. 그리고 집필에 필요한 자료를 제공해 주시고 구체적인 지도까지 해 주신 한국 중앙대학교 국어국문학과 이주행 교수님께 고맙다는 인사를 올린다. 그리고 중국 연변대학 조문학부 리득춘, 류은종 은사님께서도 구체적인 지도와 귀중한 자료들을 제공해 주셨다. 너무나도 고마운 분들이다. 이러고 보니 이 책에는 한국, 조선, 중국의 유명한 학자 분들의 심혈이 고스란히 담겨 있는 것 같다. 다만 책의 질량이 덕망 높은 분들의 관심과 도움에 누가 될까 안절부절 못할 따름이다.

유학의 길로 들어서게끔 여러 모로 많은 도움을 주신 중앙민족대학 조문학부 태평무 교수님께 감사의 뜻을 표한다. 출판을 위해 노고를 아끼지 않으신 김일성종합대학 어문학부 고 리동빈 선생님께도 감사의 마음을 전한다. 삼가 고인의 명복을 빈다. 물심양면으로 많은 지지와 성원을 해준 김청룡, 최정률, 신영호 군에게도 고맙다는 인사를 올리고 싶다. 이 밖에 고마운 마음을 전할 분이 많으나 일일이 인사를 드리지 못해 미안할 따름이다.

아무런 수익성이 없는 책을 내어 주신 보고사 김흥국 사장님과 편집부 박은민 선생님께 감사를 드린다.

끝으로 지금까지 막내아들을 위해 노심초사하신 70 고령의 부모님과 출판의 기쁨을 함께하고자 한다.

2007년 3월 15일
서울에서 **강용택**

　해외에 있는 우리 겨레 조선어학자들이 나날이 연구 성과를 높이 쌓아 나가는 가운데 이제 또 하나의 역저인 '중세조선어 문체의 역사언어학적 연구'가 햇빛을 보게 된 것을 진심으로 축하한다.

　내가 필자를 알게 된 것은 중국 베이징에서 열렸던 여러 차례의 국제학술토론회를 통해서였고 2002년 상반기에 중앙민족대학에서 연구생 강의를 할 때 필자가 그 석사반의 담임을 맡고 있어 자주 접촉하게 되면서 친분을 두터이 하게 되었다. 그때 조선어 문체와 관련한 박사 논문을 쓰고 싶다면서 그 지도를 간청하기에 미개척 분야인 문체사를 다쳐보도록 권유한 것이 인연이 되어 김일성종합대학에 와서 논문을 완성하게 된 것이다.

　조선어 문체의 역사를 전면적으로 연구, 체계화한다는 것은 험난한 가시덤불을 헤쳐야 하는 어려운 길인 것이 사실이다. 그러나 필자는 그것을 과감히 헤쳐 나가면서 드디어 하나의 성공탑을 쌓게 되었으니 이것은 그의 왕성한 정력과 꾸준한 노력, 학구적인 태도와 치밀한 분석력이 가져다 준 결실이라고 해야 할 것이다. 우리 학계는 젊은 학자의 등장을 모두가 기뻐하고 있다.

　'중세조선어 문체의 역사언어학적 연구'는 조선어 문체의 역사적 발전 과정을 체계적으로 이해하는 데 많은 도움을 주게 될 것이며 앞으로 조선어 문체사 서술을 더욱 심화시키는 데서 훌륭한 밑거름으로 될 줄로 믿는다.

앞으로도 왕강한 투지와 정열을 가지고 과학 연구 활동을 벌여 조선어학 발전에 기여할 가치 있는 저술을 계속 내놓으리라는 것을 기대한다.

김일성종합대학 교수, 박사
사회과학원 후보원사
2004년 3월 **김영황**

제1장 연구 서설

제1절 기존의 연구 성과

광복 후 조선에서의 문체 연구는 일제의 식민지 통치로 인한 낡은 사상 잔재와 조선어 말살 정책으로 빚어진 후과를 가시고 고유한 우리말을 적극 살려 쓰기 위한 투쟁과 함께 시작되었다. 그리하여 한수암의 <송강가사의 연구>(≪조선어연구≫ 1권, 1949년 1, 2, 3, 4호), 김종오의 <처용가에 대하여>(≪조선어연구≫ 1권, 1949년 8호)와 같은 문체론 연구와 관련된 논문들이 세상에 나오게 되었는데 이 시기 문체론 연구는 가사와 시의 언어적 표현, 개별적인 작가의 언어를 연구하는 데 머물러 있었다. 그러나 이러한 연구는 조선어 문체론을 정립하는 데 일정한 기여를 하였다.

1960년대에 이르러 언어 구조 연구로부터 언어 응용에 대한 관심이 높아짐에 따라 문체론 연구자들의 수도 많아졌으며 문체론 연구 논문들도 자주 발표되기 시작하였다. 리근영의 논문 <문체론의 연구대상으로서의 문체>(≪조선어학≫, 1961년 1호)에서는 문체의 유형을 서사 표기 문자에 따라 국문체, 한문체, 국한문혼용체로 나누었고 언어의 실현 형식에 따라 회화체와 서사어체로 나누었으며 시와 소설 문장의 차이에 따라 운문체와 산문체로 나누었다. 정렬모의 <고전에 나타난

수사학적수법의 류형에 대하여>(≪조선어학≫ 1962년 3호)에서는 국내 외 학자들 속에서 문체에 대한 논의가 많으나 아직 결론이 없다고 하 면서 문체의 갈래를 언어 행위의 실현 방도에 의하여 회화체와 서사어 체, 기능에 의하여 서한체, 논설체, 정론체, 일기체, 기사체, 표현방법 에 의하여 간결체, 만연체, 강건체, 우유체, 건조체, 표현의 질 제고를 위한 수단과 방법에 의하여 적극적 방법(내용적 측면)과 소극적 방법(형 식적 측면), 질적 요구방향에 의하여 간결성, 정확성, 명료성, 평이성으 로 나누고 표현적 질을 위하여 적용하는 표현 수법에는 비유, 반어, 반 문, 역설, 대조, 반복, 완곡화, 생략 등 수법들이 있다고 하였다. 이 두 논문은 문체의 이론을 체계화한 대표적인 연구 논문이라고 할 수 있다.

60년대 중반기에 들어서면서 조선어문체론을 언어학의 독자적인 분야로 내세우기 위한 연구 사업이 활발하게 진행되어 문체 이론을 종 합적으로 고찰하기 시작하였다. 그리하여 문체의 이론을 체계화한 연 구 저서들이 집필 출판되었다. 김수경의 ≪조선어문체론≫(고등교육도 서출판사, 1964년)은 조선에서 처음으로 출판된 문체론 저서로서 문체론 의 연구 대상과 연구 방법을 밝힌 것으로 하여 조선어문체론의 성립을 인정받을 수 있게 하였으며 박용순의 ≪조선어문체론연구≫(과학, 백과 사전출판사, 1978년)에서는 필자가 그때까지 연구한 문체 이론을 개괄하 여 종전의 문체론 저서들에서 언급되지 않았던 문제 즉 문체와 문체론 적 수법의 실현 방법을 새롭게 밝혔다.

1980년대에 이르러 조선어 문체론 연구는 전통적인 연구 방법의 틀 에서 벗어나 일반적인 문체 이론보다 언어 사용 분야와 글의 목적에 따라 다르게 표현되는 기능 문체에 대한 연구가 위주로 되었다. 김선 규의 ≪소설문체에 대한 연구≫(교육도서출판사, 1985년)에서는 소설 문체에서 표현 수단과 표현 수법의 이용과 방법에 대하여 서술하고 있으며 한정직의 ≪문학예술언어문체에 대한 연구≫(예술교육출판사, 1986년)에서는 문학 예술 작품의 언어와 그 표현 수법을 전면적으로 분석하고 있다. 강상호의 ≪조선어 입말체 연구≫(사회과학출판사, 1989년)는 글말에 대비한 조선어 입말체의 연구를 전면적으로 심화시킨 과학적 저술이며 김범주의 ≪신문 문체론≫(기자학교, 1990년)은 출판 보도 부문의 기자, 편집 일군들에게 기사의 언어 표현 방식과 그 효과성에 대하여 인식시킬 목적으로 집필 출판한 참고서이다.

문체론에 대한 연구는 중국에서도 심도 있게 진행되었는데 대표적인 저서들로는 최웅구의 ≪조선어 문체론≫(요녕인민출판사, 1978년), 김기종의 ≪조선어 수사학≫(요녕인민출판사, 1983년), 리원길의 ≪조선어 문체론 개설≫(북경민족출판사, 2002년) 등을 들 수 있다. 조선과 중국의 이러한 저서들은 문체론을 이론적으로 체계화한 이론적 저서들이다.

이 밖에 김영황의 ≪조선민족어 발전력사 연구≫(과학백과사전출판사, 1978년), ≪조선어사≫(김일성종합대학출판사, 1997년)에서는 구체적인 작품을 분석하면서 시대별로 어휘와 문체의 특징을 밝히고 있다. 특히 김기종의 ≪조선어 문체론적 수단과 수법의 력사적발전≫(동북조선민족교육출판사, 1999년)에서는 고대시기로부터 19세기까지의 문학 작품에 반영된 문체론적 수단과 수법을 고찰하면서 문체론적 표현 수단과 표현 수법의 발전 과정을 보여 주고 있다.

위에서 말한 이런 연구 저서들은 분석의 각도가 다르고 내용 범위가 다르지만 조선어 문체의 발전 역사를 연구하는 데 좋은 참고 자료가 된다. 물론 이 밖에 조선어 문체에 관한 수많은 연구 논문과 연구 저서가 있으나 지면상 관계로 다 소개하지 못한다.

제2절 중세조선어[1] 문체 연구에서 고려할 문제

고대에 신지문자가 쓰였다고 하나 중세에 들어서면서 우리의 조상들은 주로 중국의 한자를 가져다 서사 생활을 시작하였기 때문에 이 시기에는 한문으로 서사 생활을 할 수밖에 없었다. 그러나 한어는 음운, 문법에서 조선어와 완전히 다른 특성을 가지고 있어 조선 사람들이 서사 생활을 하는 데 많은 불편을 가져다주었다. 그리하여 조선 사람들은 총명한 지혜와 뛰어난 상상력을 동원하여 어순, 어휘, 토에 있어서 조선어 문법 구조에 맞게 한자를 가지고 서사 생활을 시작하게 되었다. 이러한 서사 방법이 바로 삼국 시기의 이두식 표기법인데 그것은 불편하기 짝이 없었다. 15세기 중엽에 훈민정음의 창제로 이러한 불편을 덜게 되었으며 조선 사람들의 서사 생활에서는 고유한 민족 문자가 등장하게 되었다. 그러나 여러 면에서 작용하는 사회적 요인 때문에 한문과 이두식 표기는 계속 사용되면서 조선 인민들의 서사 생활에는 한자, 이두식 표기, 정음자가 공존하고 있었다. 그리하여 중세시기 문자 생활은 한문, 이두문, 국문으로 일관된 일련의 특징을 가지게 되었다.

중세 시기 문체의 구분상 특성은 한마디로 글말체가 기본을 이루면서 문체의 분화가 제한적이다. 중세시기 작품을 보면 언해 문체가 대부분을 차지하고 있다. 이 시기 많은 작품이 창작되었다고 하지만 양적으로 언해 문체보다 적다. 다 아는 바와 같이 언해 문체는 한문을 번역한 번역 산문체이기 때문에 번역의 제한성으로 하여 글말체가 기본을 이루면서 당시 인민 대중의 입말을 제대로 반영하지 못하였다.

---

[1] 시대 구획에서 17세기 조선조 후반기를 근대로 확정하는 견해도 있으나 이 글에서는 삼국 시기부터 조선조 후반기까지의 봉건사회를 중세로 잡았다.

물론 인민들에 의하여 창작된 이두문이나 국문들은 인민들의 입말언어를 반영하고 있다고 하지만 창작에서 언해 문체의 영향을 많이 받아 실제상 언문 일치와는 거리가 멀었던 것이다.

중세조선어 문체를 보면 크게 번역 문체와 창작 문체2)로 갈라볼 수 있다. 번역 문체는 번역 산문체와 대화체로 나눌 수 있다. 여기서 대화체는 형식에서 보면 언해 문체에 속하지만 완전히 대화문을 이루고 있는 점을 고려하여 이 글에서는 대화체를 따로 취급하였다. 번역 산문체나 대화체는 모두 언해 문체로서 번역상 제한성으로 하여 조선어의 문체적 특징을 고찰하는 데 일정한 제약성이 있지만 번역 이론과 번역 기교를 동원하여 조선어 표현에 맞게 번역한 작품이 많기 때문에 연구 자료로 삼았다. 창작 문체는 이두문과 국문으로 나눌 수 있다. 이렇게 보면 중세조선어 문체의 유형은 언해 문체에 속하는 번역 산문체, 대화체와 창작 문체에 속하는 시가체, 예술 산문체로도 구분이 된다고 말할 수 있다.

이 글에서는 근대 이전 시기인 중세에 국한시켜 중세조선어 문체의 연구를 시도하였다. 근대에 이르러 진행된 언문 일치 운동이나 근대의 문체의 분화에 따르는 각 문체의 특징에 대한 고찰은 앞으로 더 연구하고자 한다.

---

2) 여기서 말하는 창작 문체란 조선 인민들이 자체로 창작한 작품의 문체를 뜻한다.

제3절 중세조선어 문체 연구의 목적 · 범위 · 방법

1.3.1. 연구 목적

이미 거둔 연구 성과들은 문체론을 이론적으로 체계화하거나 어느 한 시기, 한 방면의 문체를 밝히는 데 그치고 있지만 이 글에서는 조선어의 발전 과정에 따르는 조선어 문체의 발전 역사를 밝히는 것을 목적으로 하고 있다. 이 글에서는 문체의 종류를 시가체, 산문체, 대화체로 크게 나누어 각이한 시기, 서로 다른 문체의 특징을 밝히려고 한다.

1.3.2. 연구 범위

이 글은 삼국 시기부터 조선조 후반기에 이루기까지 1,000여 년간의 이두식 표기와 정음자로 창작된 여러 작품의 문체적 특징을 밝히면서 계승 발전의 역사적 과정을 고찰하려고 하였다. 물론 수백, 수천 편에 이르는 작품을 모두 연구 자료로 삼는다는 것은 불가능한 일이다. 따라서 이 글에서는 각이한 시기, 서로 다른 문체를 대표할 수 있는 대표적 작품들을 선택하여 연구 자료로 삼고자 한다. 여기에는 한문으로 된 원문을 조선어로 번역한 일부 번역 작품들도 취급하고 있다. 이러한 번역 작품을 취급한 데는 비록 번역 작품으로 하여 조선어의 문체적 특징을 고찰하는 데 일정한 제한성을 가지고 있으나 번역하는 과정에 조선 사람들의 감정 정서에 맞게 다듬어진 작품이기에 다소 조선어의 문체적 특징을 찾아볼 수 있다고 생각되기 때문이다. 대표적 작품들을 들어 보면 아래와 같다.

시가체 :

① 향가 : ≪신라 향가≫, ≪균여 향가≫

② 고가요 : 고구려의 ≪동동≫, 백제의 ≪정읍사≫, 신라의 ≪처가≫
고려 시기의 ≪청산별곡≫, ≪서경별곡≫, ≪사모곡≫,
≪성석가≫, ≪이상곡≫, ≪가시리≫, ≪쌍화점≫, ≪만
전춘≫, ≪정과정≫

③ 정음으로 창작된 첫 작품 : ≪월인천강지곡≫

④ 번역 시가 : ≪용비어천가≫, ≪두시언해≫, ≪백련초해≫

⑤ 시조 : ≪청구영언≫, ≪해동가요≫, ≪청구가요≫, ≪남훈태평
가≫, ≪가곡원류≫에 실린 일부 작품

⑥ 가사 : 서경3)가사 : ≪송강가사≫, ≪노계가사≫, ≪고산가사≫
월령체가사 : ≪농가월령가≫
기행가사 : ≪한양가≫, ≪표해가≫, ≪북천가≫
규방가사 : ≪노처녀가≫, ≪추풍감별곡≫, ≪계녀가≫

⑦ 잡가 : ≪상사곡≫, ≪춘면곡≫, ≪백구사≫, ≪황계가≫, ≪매화
가≫, ≪단가(8편)≫, ≪난봉가(6편)≫, ≪제전≫, ≪배따
라기≫, ≪도라지타령≫, ≪천안삼거리≫, ≪닐리리야≫,
≪사발가≫, ≪홍타령≫, ≪신고산타령≫, ≪담방구타령≫,
≪새타령≫, ≪토끼타령≫

산문체 :

① 번역 산문체 : ≪석보상절≫, ≪삼강행실도언해≫, ≪정속언해≫,
≪태평광기언해≫

② 이야기소설 : ≪홍길동전≫, ≪구운몽≫, ≪사씨남정기≫, ≪박씨
부인전≫, ≪장화홍련전≫, ≪숙영낭자전≫

---

3) 주로 자연경치를 묘사하면서 양반들의 강호한정(江湖閒靜), 충군 사상(忠君思想)
을 보여 주는 가사를 말한다.

③ 판소리소설 : ≪춘향전≫, ≪심청전≫, ≪홍부전≫
④ 규방 산문 : ≪규합총서≫, ≪규중칠우쟁공론≫, ≪계축일기≫,
　　　　　　　 ≪한중록≫

대화체 :
≪번역노걸대≫, ≪번역박통사≫, ≪노걸대언해≫, ≪박통사언해≫,
≪화음계몽언해≫

1.3.3. 연구 방법

이 글에서는 중세조선어 문체의 역사를 고찰함에 있어서 문체론적
표현 수단과 표현 수법의 발전 과정을 밝히는 외에 서사 규범의 변화
를 밝히고 언어 형식과 문법적 특징도 얼마간 다루고자 한다. 김기종
의 ≪조선어 문체론적 표현 수단과 수법의 력사적발전≫(동북조선민족
교육출판사, 1999년)에서도 문체를 고찰함에 있어서 문체론적 표현 수단
과 표현 수법을 다루고 있으나 이 글에서는 각이한 문체들의 변화를
계승 발전의 각도에서 음운, 어휘, 형태, 문장 등 수단들과 표현 수법
이 어떻게 변화되어 근대로 이어졌는가를 밝히는 데 중점을 두고 있
다. 이 글에서는 중세조선어 문체를 전반적으로 연구하기 위하여 역사
적 순차에 따라 각이한 문체를 다루면서 그 어휘적 수단, 운율적 수단,
문법적 수단, 문체론적 표현 수법 등 여러 측면에 대한 전반적인 분석
을 하고자 한다.

제2장 시가체의 문체적 특징

시는 시어와 시구가 아름다운 운율을 타고 맞물려진 운문문학이다. 조선시가에는 우리 민족이 발휘한 훌륭한 재능이 깃들어 있으며 우리 선조들의 위대한 정신적 충동들이 내포되어 있다. 지금까지도 침체됨이 없이 창조되고 축적되어 온 우리의 시가 유산은 사상 면에서 조국에 대한 사랑, 자기 민족에 대한 긍지, 외래 원수에 대한 증오, 피착취 계급에 대한 사랑과 동정, 사회와 자연 및 인간 생활에 대한 풍부한 감흥과 고상한 도덕적 관습의 표현 등을 보여 주고 있다. 시가는 내용과 형식의 통일을 이루면서 시가의 형식, 장르와 작시법상에서 역사적 시기마다 뚜렷한 자기의 특징을 가지고 있다.

조선 시가의 역사적 발전 과정을 보면 민요, 향가, 고가요, 별곡, 시조, 가사와 잡가, 창가, 현대시 등의 순으로 발전해 왔다고 말할 수 있다.

이 글에서는 유구한 전통을 자랑하는 조선 민족 시가의 발전 과정을 역사적으로 고찰하면서 매 시기에 나타난 각이한 시가 형식의 문체적 특징을 밝혀 보고자 한다. 이 글에서는 구전되어 온 민요나 한문시로 된 별곡과 근대의 창가나 현대의 현대시는 연구 범위에 넣지 않고 조선 민족에 의해 창작된 중세조선어 시가체와 일부 번역 시가를 고찰 대상으로 삼고자 한다.

제1절 향가의 문체

향가(鄕歌)는 신라 시기에 나타난 시가 작품으로서 조선 시가 문학의 초기 단계를 열어 놓은 시가이다. 물론 그 이전에 집단적 노동을 반영한 노동민요 ≪거북의 노래≫나 악부 시로 되어 있는 ≪공후인≫ 같은 시들도 있으나 다 한시로 되어 있어 그 원 바탕으로 되어 있는 조선어를 그대로 복원하기란 쉬운 일이 아니다. 그리하여 고유한 조선어로 창작된 시가를 체계적으로 엮은 작품으로는 향가가 조선시가사의 첫 자리를 차지한다고 할 수 있다. 여기에는 ≪삼국유사≫에 수록되어 있는 신라 향가 14수와 ≪균여전≫에 실려 있는 ≪균여 향가≫ 11수를 포함한 25수의 작품이 있다. 향가에 대한 연구가 역사적으로 비교적 활발하게 진행되어 오면서 향가의 해독법에 대한 연구가 많은 학자에 의하여 성과를 올렸는데 이 글에서는 ≪향가해석≫(홍기문, 1957년)의 해독법을 따르기로 한다.

2.1.1. 어휘적 수단

1) 고유어와 한자어의 사용

삼국 시기에는 단어 체계 내에 아직 외래적 성격의 어휘가 많이 침투되지 않았고 순수 고유어의 체계를 확보하고 있어 조선어의 순결성이 보장되어 있었다.

향가에는 조선 고유의 어휘가 많이 반영되어 있다.

    (1) 밤(夜音)＞밤, 지시(兒史)＞짓, 시름(憂音)＞시름, 봄(春)＞봄,
          해(年)＞해, 마숨(心)＞마음

                                                ≪죽지랑가≫

(2) 바회(岩)＞바위, 암쇼(母牛)＞암소, 곳(花)＞꽃

≪꽃홀가≫

(3) 아비(父)＞아버지, 어싀(母史)＞어머니, 아히(阿孩)＞아이, 짜
(地)＞땅, 나라(國)＞나라

≪백성가≫

(4) 구름(雲音)＞구름, 나리(川理)＞내, 자시(栢史)＞잣, 이슬(露)＞
이슬, 눈(雪)＞눈

≪기파랑가≫

(5) 가슬(秋察)＞가을

≪누이제가≫

(6) 여름(菓音)＞열매

≪법륜가≫

그러나 한자어의 사용도 적지 않게 눈에 띈다.

중국으로부터의 불교와 유교의 수용과 신라 경덕왕 때 진행된 지명
과 관직명의 개정은 한자어가 조선어 어휘 구성에 들어와 고유어와 한
자어 두 계열을 형성하는 하나의 계기로 되었다고 볼 수 있다. 이것은
6～9세기에 창작된 ≪신라 향가≫와 그 후에 창작된 ≪균여 향가≫의
어휘 사용 실태를 통해 더 잘 알 수 있다.

≪신라 향가≫와 ≪균여 향가≫의 한자어 사용 양상을 표[1]로 보면
다음 [표 1], [표 2]와 같다.

---

1) 리득춘, ≪조선어 어휘사≫, 연변대학출판사, 1988년, 50쪽 참고.

[표 1] 신라 향가

신라 향가	한자어	한자어 수
죽지랑가	郎	1
꽃흘가		0
백성가	君, 臣, 民, 太平	4
기파랑가	耆郎, 郎	2
처용가	东京	1
서동가	善化公主, 薯童, 房	3
관음가	千手观音, 慈悲	2
오라가	功德	1
달하가	西方, 无量寿佛, 尊, 愿往生, 大愿	5
도솔가	散化, 命, 弥勒座主	3
누이제가	弥陀刹, 道	2
혜성가	乾达婆, 倭军, 烽, 彗星	4
잣나무가		0
도적가	破戒主, 潓陵, 尚宅	3
합계(14수)		31

[표 2] 균여 향가

균여 향가	한자어	한자어 수
부처가	(法界), 塵塵, 九世, 身語意業無疲厭	4
여래가	南無佛, 無盡辯才, 一念, 塵塵, 虛物, 功德, 身, (德), 一毛, 王	10
공양가	佛前燈, 燈炷, 須彌, 燈油, 大海, (法界), (法供), 佛佛, 供하다, 最勝供	10
참회가	顚倒, 菩提, 法界, 三業, 爭戒主, 頓部, 懺悔, 十方, 衆生界盡我懺盡, 來際, 造物	11
공덕가	迷悟同體, 緣起, 理, 衆生, 頓部, 善, 嫉妬	7
법륜가	法界, 佛會, 法雨, 無明土, 煩惱熱, 善芽, 衆生, 菩提, 覺月	9

누리가	化緣, 佛影, 應하다	3
고행가	難行, 苦行, 願, 頓部, 命, 佛道	6
중생가	覺樹王, 大悲, 法界, 敬, 同生同死, 衆生, 安하다, 念念相續無間斷	8
회향가	善, 頓部, 衆生, 懺하다, 業, 法性, 寶, 宅, 禮하다	9
총결가	生界, 願, 衆生, 願海, 善, 普賢行願, 普賢	7
합계(11수)		84

신라 향가의 한자 어휘는 양적으로 적으며 매 편에 한두 마디의 한 자어가 나오는데 그 대부분은 불교용어로서 당시 통치 계급이 불교를 끌어들이게 됨에 따라 들어오게 된 말들이다. [표 2]에서 볼 수 있는 바와 같이 균여 향가의 경우는 한자어의 사용이 신라 향가보다 퍽 많 으며 한자 성구나 한문투 표현까지 쓰이고 있다.

아래는 한자 성구의 사용이다.

   (6) 無盡辯才

                        ≪여래가≫

   (7) 迷悟同體

                        ≪공덕가≫

   (8) 同生同死

                        ≪중생가≫

   (9) 普賢行願

                        ≪총결가≫

한문투 표현은 다음과 같다.

(10) 身語意業無疲厭

≪부처가≫

(11) 衆生界盡我懺盡

≪참회가≫

(12) 念念相續無間斷

≪중생가≫

2) 형상적 어휘의 사용

여기서 말하는 형상적 어휘는 사전적으로 해석되는 어휘적 의미 외에 가지는 형상적 의미를 나타내는 어휘를 뜻한다. 이러한 형상적인 의미를 띠고 있는 단어들은 작품의 주제를 표현하는 데 중요한 역할을 하고 있다.

향가는 내용적인 면에서 주로 불교와 유교적인 것도 있고 남녀 간의 사랑을 주제로 한 것도 있다.

(13) 君은 아비야
    臣은 ᄃᆞᅀᆞ샬 어싀야
    民ᄋᆞ 어리한 아히고 ᄒᆞ샬디

≪백성가≫

(13)에서 형상적 의미를 가진 단어 '아비', '어싀', '아히'는 '임금', '신하', '백성'으로 해석된다. 이 글은 나라를 한 가정에 비유하면서 각자는 다 자신의 신분에 맞게 일을 행사해야 나라가 태평할 수 있다는 도리를 말해 주고 있다. 이렇게 당시의 통치 계급들은 유교 사상을 끌어들여 자기들에게 유리한 통치 수단으로 이용하였던 것이다.

(14) 간 봄 다리미

　　모둘 사ᄅᆞᆹ 우리 시름

　　　　　　　　　　　　≪죽지랑가≫

(14)의 '간 봄'은 '떠난 님'이라는 형상적 의미를 가지면서 '떠난 님'을 그리는 한 여인의 절절한 마음을 나타내고 있다.

우리는 향가에 나타난 이런 형상적 의미를 가진 어휘를 통하여 당시 통치 계급이 유교와 불교를 받아들였다는 것을 알 수 있으며 벌써 사랑을 노래한 작품들이 향가에 반영되었다는 것을 알 수 있다.

2.1.2. 운율적 수단

1) 음절군

신라 향가를 보면 주요하게 엄밀한 시행 조직과 2, 3 음절의 간단한 형태의 결합으로 운율이 조성되고 있는데 이러한 운율 조성의 작시법상 기교는 빈 토대에서 산생된 것이 아니다. 예컨대 구전민요인 ≪거북의 노래≫나 ≪회소곡≫의 작시 기교가 향가의 창작에 일정한 영향을 주었다고 할 수 있다. 다 아는 바와 같이 유구하고도 풍부한 조선의 인민 구전가요 작시 체계의 일반적 특징은 그 시행이 2, 3 음절군의 단순한 연속적 반복 형태를 취하고 있는데 이것은 구전가요가 항상 노동 활동의 절주와 일치한 간단한 반복을 기초로 하여 이루어진 데 기인한다. 신라 향가의 ≪오라가≫와 ≪서동가≫를 보면 향가의 작시법상 기교가 구전민요에 기초하고 있다는 것을 잘 말해 주고 있다.

(15) 오라 오라 오라

오라 셜ᄫᅩ더라
셜ᄫᅩ다 의니야
공덕 닷ᄀᆞ라 오라

≪오라가≫

(16) 션화공주니ᄆᆞᆫ
남 그스기 얼어 두고
셔동 지블
바므란 안고 가다

≪서동가≫

이상의 (15), (16) 두 향가에서 음절군이 대부분 2음절로 되어 있는 것을 보면 향가가 구전민요에 기초하고 있다는 것을 알 수 있다.

2) 시련 조직

조선의 정형시 작시 체계상 시행 조직의 발전 과정을 보면 2구체로부터 4구체로 발전하였고 그것이 다시 배가 된 8구체의 형식으로 발전하였으며 다시 2구의 후구를 동반하는 10구체의 정형시로 완성되었다는 것을 알 수 있다. 그러다가 분절되지 않은 단련체 시가에서 분절된 다련체 시가로 변화, 발전하여 갔다. 신라 향가의 시행 조직을 보면 그것은 이러한 발전 과정을 잘 보여 주는 대표적인 실례로 된다. 이렇게 향가는 시행 조직에서도 구전가요의 정형시 작시 체계를 물려받았던 것이다.

≪신라 향가≫의 시행 조직을 보면 4구, 8구, 10구체로 나뉘고 ≪균여 향가≫는 모두 10구체로 되어 있다. ≪신라 향가≫의 4구체 향가에는 ≪꽃흘가≫, ≪서동가≫, ≪도솔가≫, ≪오라가≫ 등이 있고 8구체 향가에는 ≪죽지랑가≫, ≪처용가≫, ≪잣나무가≫ 등이 있으며 10구

체 향가에는 ≪백성가≫, ≪기파랑가≫, ≪달하가≫, ≪누이제가≫, ≪관음가≫, ≪혜성가≫, ≪도적가≫ 등이 있다. 그리고 ≪균여 향가≫는 모두가 10구체 향가로 되어 있다.

향가는 정형 시가의 첫 형태인 것만큼 작시 형식이 비교적 단조롭고 아직은 시행 조직에 의하여 운율을 조성하는 단계에 머물러 있었다. 물론 ≪서동가≫나 ≪오라가≫와 같은 경우 2음절의 결합 형태로 운율이 조성되고 있지만 대부분은 운율을 조성함에 있어서 시행 내부의 규칙적인 음절수에 의하여 운율이 조성된 것이 아니라 시행이 엄밀한 정형을 이루면서 운율을 조성하고 있다. 시행 조직도 4, 8, 10구체 등 여러 가지 형태로 존재하다가 ≪균여 향가≫에 와서 비로소 통일된 10구체의 시행 조직을 구성하였다.

10구체 향가는 형식상 마지막 두 구가 수사학적 감탄으로 되면서 운율을 조성하고 있으며 내용적인 면을 보면 1~4장, 5~8장, 9~10장이 하나의 내용으로 되고 세 개의 내용이 하나의 작품을 이루는 3장체로 되고 있다.

3) 운율 조성의 보조적 수단

운율 조성의 보조적 수단으로 반복법이 쓰이고 있다. 반복법에는 단어의 반복과 토의 반복을 들 수 있는데 여기서 밑줄 친 부분이 반복법이 실현된 실례이다.

단어의 반복은 아래와 같다.

(17) <u>두후른</u> 내하엇고
　　　<u>두후른</u> 누기하언고

　　　　　　　　　　　≪처용가≫

(18) 오라오라오라

　　　오라 셜본더라

　　　셜본다 의니야

　　　功德 닷ㄱ라 오라

　　　　　　　　　　　≪오라가≫

(19) ㄱ. 無量壽佛저네

　　　　 열ㅈ옴 다가디 숣고샤셔

　　 ㄴ. 願往生願往生

　　　　 그리 사롬 잇다 숣고샤셔

　　　　　　　　　　　≪달하가≫

　이상의 예문 (17)에서는 수사 '두훌'이, (18)에서는 동사 '오다'의 명령형 '오라'와 형용사 '셟다'의 변이형이, (19ㄱ)에서는 '願往生'이, (19ㄴ)에서는 '숣다'가 반복 사용되었다.

　토의 반복은 아래와 같다.

(20) ㄱ. 君은 아비야

　　　　 臣은 드수샬 어싀야

　　　　 民ᄋ 어리한 아히고 ᄒᆞ샬디

　　 ㄴ. 아야 君다빙 臣다히 民다빙 ᄒᆞ눌돈

　　　　 나라아디 태평ᄒᆞ니밋다

　　　　　　　　　　　≪백성가≫

　이상의 예문 (20ㄱ)에서는 도움토 '은/ᄋ'이, (20ㄴ)에서는 '다빙'가 반복 사용되었다.

2.1.3. 문체론적 표현 수법

향가에는 일련의 문체론적 수법들이 사용되고 있는데 ≪신라 향가≫에는 열거법, 비유법, 의인법, 수사학적 감탄법 등이 쓰이고 ≪균여 향가≫에는 대조법, 과장법, 수사학적 감탄법이 사용되고 있다.

비유법과 열거법이 사용된 실례를 보면 다음과 같다.

> (21) 어느 ㄱ술 이른 ㅂ로매
>   이리 뎌리 뻐러 딜 닢다뵈
>   ㅎ둔 가재 나고
>   가논 곧 모둘호뎌
>
> ≪누이제가≫

(21)에서는 직유의 수법으로 작가 자신의 신세를 "어느 가을 이른 바람에 이리저리 떨어질 잎"에다 비유하면서 처량한 신세를 한탄하고 있다.

> (22) 君은 아비야
>   臣은 ᄃᆞᅀᆞ샬 어싀야
>   民은 어리한 아히고 ㅎ샬디
>
> ≪백성가≫

(22)는 은유, 열거, 토반복법이 융합된 실례인데 '임금', '신하', '백성'을 열거하면서 '임금, 신하, 백성'이 도움토 '은'에 의해 강조되면서 은유의 수법으로 '임금, 신하, 백성'을 '아비, 어미, 아이'에 비유하고 있다.

의인법이 사용된 예는 다음과 같다.

(23) 봉 술안 <u>ㄱ쇄고야</u>
    세 고죄 오롬 보샤오리 듣고
    돌도 브지리 혜럴 바에
    길 쓸 벼리 브라고
    <u>彗星야</u> 술봉야 사르미 잇다

                              ≪혜성가≫

위에서는 의인법을 이용하여 '국경'의 뜻으로 쓰인 'ㄱ쇄고'와 '혜성'
에 호격토 '야'가 붙어 쓰이면서 비활동체명사(非活動體名詞)에 인간의
성격을 부여하고 있다.
    과장법은 아래와 같이 사용되고 있다.

(24) 불가락 자봄마
    佛前燈을 고티란대
    燈炷는 須彌야
    燈油는 大海 일우고야

                              ≪공양가≫

(24)에서 "등유가 대해를 이루었다"는 표현은 과장법이 사용된 실
례이다.
    대조법의 예는 아래와 같다.

(25) <u>붉논 아촘 가만 바매</u>
    아ᄋ실 벋 아라 고티리여

녀 알기 드빙매
길 이반 물아 셜보리여

≪누리가≫

(25)에서는 대조법을 이용하여 '밝다'와 '깜깜하다', '아침'과 '밤'을 대조시켜 표현하고 있다.

수사학적 감탄법은 10구체 향가의 마지막 두 구에서 집중적으로 표현되고 있다. 이것은 작가 자신의 서정을 토로하는 데 이바지한다.

(26) 아야 자싀 가지 놉호
서리 모ㄹ누올 꽃한야

≪기파랑가≫

(27) 아야 이 몸 기뎌 두고
四十八 大願 일우고샤가

≪달하가≫

(28) 아야 衆生界盡我懺盡
來際 기리 造物 브리뎌

≪참회가≫

(29) 아야 法ㅅ供싀 하나
이어의 바 最勝供야

≪공양가≫

위의 (26), (27), (28), (29) 등은 10구체 향가의 마지막 두 구인데 여기에서는 감탄사 '아야'에 의하여 작가의 서정을 토로하고 있다.

2.1.4. 표기 수단

훈민정음이 창제되기 전에는 한자를 빌려다 서사 생활을 하였는데
서사 체계에는 초기이두, 이찰, 향찰, 구결이 있었다. 향찰은 향가를
표기하는 서사 체계이다. 즉 향찰은 단어의 어휘적 의미를 가진 부분
(어간)은 의역으로 적고 문법적 의미를 가진 부분(접사, 토)은 음역으로
적는 것을 표기 원칙으로 삼았던 것이다.

종성(終聲)의 표기에서 'ㄴ'은 '隱(은)', 'ㄹ'은 '乙(을)', 'ㅁ'은 '音(음)'
으로 표기하였다.

> (30) 君隱父也(임금은 아비야)
>   薯童房乙(서동방을)
>   菓音(여름>열매)

대부분 경우 문법적 의미를 음역하고 일부 경우에 의역하였는데 토
들의 구체적인 표기는 다음과 같다.
주격토로는 '伊, 是'가 쓰였다.

> (31) 脚烏伊(가롤이), 人是(사람이)

대격토로는 '乙, 肹'이 쓰였다.

> (32) 薯童房乙(서동집을), 二肹(두흘)

조격토로는 '留'가 쓰였다.

> (33) 筆留(붓으루)

여격토로는 '也中, 惡希, 良, 希, 矣' 등 많은 변종이 쓰였다.

    (34) ㄱ. 汀理也中(나리아히)

         ㄴ. 川理叱 磧惡希(나리ㅅ 벼ᄅ아히)

         ㄷ. 月良(ᄃᆞᆯ애)

         ㄹ. 岩乎邊希(바호가히)

         ㅁ. 耆郎矣(기랑에)

호격토로는 '下, 也'가 쓰였다.

    (35) ㄱ. 月下(달하)

         ㄴ. 彗星也(시별아)

도움토인 '는/은'은 '隱, 焉'으로 쓰였다.

    (36) ㄱ. 군隱(임금은)

         ㄴ. 민焉(백성은)

종결토에서 서술식에는 '多, 如', 의문식에는 '古, 遣, 去', 명령식에는 '羅, 良', 권유식에는 '齊'가 쓰였다.

    (37) ㄱ. 來叱多(오시다)

         ㄴ. 待是古如(기다리고다)

         ㄷ. 何如爲理古(엇더ᄒᆞ리고)

         ㄹ. 去賜里遣(가시리고)

         ㅁ. 成遣賜去(이루고실가)

         ㅂ. 治良羅(다스리라)

　　　ㅅ. 陪止羅良(모시어라)

　　　ㅇ. 墮支行齊(디기니저)

접속토 '고'는 '古, 遣', '며'는 '旀', '나'는 '乃, 奈'가 쓰였다.

　　(38) ㄱ. 吾下於叱古(내하엇고)

　　　　ㄴ. 放敎遣(노ᄒ겨시고)

　　　　ㄷ. 古召旀(고조며)

　　　　ㄹ. 望阿乃(바라나)

　　　　ㅁ. 多奈(하나)

규정토 'ㄴ'은 '隱', '논'은 '奴隱', '던'은 '頓隱, 呑', 'ㄹ'은 '尸'가 쓰
였다.

　　(39) ㄱ. 去隱 春(간 봄)

　　　　ㄴ. 去奴隱(가논)

　　　　ㄷ. 仰頓隱 面矣(울월던 ᄂ치)

　　　　ㄹ. 只將來呑 日(기려던 날)

　　　　ㅁ. 宿尸 夜音(잘 밤)

결합자음 'ㅅ'는 '叱'이 쓰였다. 그리고 명사가 규정어로 될 때 '叱'은
속격의 의미로 쓰였다.

　　(40) ㄱ. 吾下於叱古(내해엇고)

　　　　ㄴ. 佛體叱 刹亦(부텨ㅅ 뎔이)

향가의 이러한 표기 체계인 향찰은 번잡하면서도 조선어를 정확히 표기하는 데 많은 제한성이 있는 것으로 하여 고려 초엽까지 존속되어 오다가 그 자취를 감추고 만다.

제2절 고가요

고려 시기에 들어와서 향가가 자취를 감추면서 경기체 시가 형식이 나타났다. 그러나 이 경기체가는 주로 양반 사대부들에 의하여 창작되면서 언어적 표현이 한문투로 되어 있어 대중적으로 환영을 받지 못하고 점차 쇠퇴의 길을 걷게 되었다. 그리고 이 시기 민족 시가 형식의 하나인 서정가요 문학이 발전하게 되었다. 이 서정가요는 대부분이 분절식 형식을 취하고 있고 3, 4 음절군이 중심이 되어 순 조선말로 구성되어 있으며 분절마다 후렴구가 붙어 있는 것이 특징적이다. 이 서정가요에는 고구려의 ≪동동≫, 백제의 ≪정읍사≫, 신라의 ≪처용가≫ 등 작품과 고려 시기에 유행된 ≪청산별곡≫, ≪서경별곡≫, ≪사모곡≫, ≪정석가≫, ≪정과정≫, ≪이상곡≫, ≪가시리≫, ≪쌍화점≫, ≪만전춘≫ 등이 있는데 이런 작품들은 입으로 전해지다가 조선조 시기에 와서 ≪악학궤범≫, ≪악장가사≫에 정음자로 고착되게 되었다. 이 글에서는 이 시기에 나타난 서정가요들을 조선조 시기의 가요와 구별하여 고가요(古歌謠)2)라고 명명한다.

---

2) 이 가요에는 삼국 시기의 가요와 고려 시기의 가요들이 포괄되는데 홍기문의 해석에 따라 고가요라고 한다.

2.2.1. 어휘적 수단

이 시기 서정가요는 고유한 조선어를 바탕으로 하고 있는데 향가보다 더 많은 수효의 고유어가 나타나고 있다. 이것으로 미루어 볼 때이 시기의 기본 어휘는 의연히 고유어로 일관되었다는 것을 알 수 있다.

1) 고유어와 한자어의 사용

고유어의 사용에는 현대조선어와 쓰임을 같이 하고 있는 단어도 있고 현대어에는 자취를 감춘 고어도 있으며 표기 형태가 현대어와 다른어휘도 있다.

현대어에 사용되지 않는 고대 어휘는 아래와 같은 것들이 있다.

(41) 곰비(뒤배), 림비(앞배), 즈이(모습), 욋고지(오얏꽃), ㅂ롯(보로쇠)

《동동》

(42) 머자(개암), 미ㅎ(들)

《처용가》

(43) 도람(사정)

《정과정》

(44) 싀구박(술바가지)

《쌍화점》

(45) 가시(안해)

《서경별곡》

(46) 어이(어시, 부모)

《사모곡》

(47) 한쇼(황소)

《정석가》

현대어와 표기 형태를 달리한 어휘에는 다음과 같은 것이 있다.

    (48) 아춤(아침), 알픠(앞에) 곳고리(꾀꼬리), 별ㅎ(벼랑)

                                           《동동》

    (49) 니마(이마), 고ㅎ(코), 닛발(이발), 특(턱), 엇게(어깨), 비(배),
          가슴(가슴), 신고ㅎ(신코)

                                           《처용가》

    (50) 접동새(소쩍새)

                                           《정과정》

    (51) 삿기(새끼), 블(불), 뎔(절), 말슴(말씀), 우믈(우물), 짓(집)

                                         《쌍화점》

    (52) 셔울(서울)

                                       《서경별곡》

    (53) 멀위(머루), ᄃ래(다래), 돌ㅎ(돌), 바ᄅ(바다), ᄂᄆ자기(나문
          재), 구조개(굴조개), 사슴(사슴)

                                       《청산별곡》

    (54) 바회(바위), 므쇠(무쇠), 삭(싹), 주롬(주름)

                                         《정석가》

    (55) 길ㅎ(길)

                                         《이상곡》

    (56) 호미(호미), 낟(낫), 아바님(아버님), 어마님(어머님)

                                         《사모곡》

현대어와 같은 어휘는 다음과 같다.

    (57) 님(님), 빗(빗)

                                         《동동》

(58) 달(달)

≪정읍사≫

(59) 아비(아버지), 머리(머리), 눈섭(눈섭), 눈(눈), 귀(귀), 입(입), 허리(허리), 발(발)

≪처용가≫

(60) 넋(넋)

≪정과정≫

(61) 손목(손목), 드레박(드레박), 술(술)

≪쌍화점≫

(62) 새(새), 낮(낮), 밤(밤)

≪청산별곡≫

(63) 움(움), 옷(옷)

≪정석가≫

(64) 몸(몸)

≪이상곡≫

이 시기에는 한자어가 증가됨에 따라 고유어와 같은 뜻으로 사용되는 한자어들이 많이 나타나기 시작하였는데 고가요에서는 여전히 고유를 사용하고 있다.

(65) 누리(세상), 즈믄해(천년), 수릿날(단오날), 구슬(주), 뫼(산), 가배(가위, 추석), 설믜(지혜), 져재(시장)

그러나 고가요는 훈민정음이 창제되지 않았던 시기의 가요인만큼 한자 성구와 한문투가 많이 쓰이고 있다.

한자 성구의 사용은 다음과 같은 것들이 있다.

    (66) 新羅聖代(신라성대), 太平天下(태평천하), 三災八難(불교의 용
        어), 壽命長願(불교의 용어), 白玉琉璃(백옥같은 유리), 同樂太
        平(태평세월을 함께 즐긴다는 뜻), 熱病大神(열병귀신), 福智
        俱足(복과 지혜가 함께 충분하다는 뜻)

≪처용가≫

    (67) 殘月曉星(넘어가는 달과 새벽별)

≪정과정≫

    (68) 陷墮無間(가장 나쁜 지옥에 빠뜨린다는 뜻)

≪이상곡≫

    (69) 先王聖代(지나간 왕대중의 태평성대)

≪정석가≫

    (70) 太平聖代(태평성대)

≪가시리≫

한문투가 그대로 쓰인 것도 있지만 많이는 고유어 '하다'와 결합되어
쓰이고 있다. 이런 것들은 ≪처용가≫에 집중적으로 나타나고 있다.

    (71) ㄱ. 以是人生애 相不語ᄒ시란ᄃᆡ
        ㄴ. 一時消滅ᄒ샷다
        ㄷ. 愛人相見ᄒ샤
        ㄹ. 入盈庭ᄒ샤
        ㅁ. 人讚福盛ᄒ샤
        ㅂ. 滿頭挿花ᄒ샤

2) 형상적 어휘의 사용

이 시기 고가요는 내용상 주로 남녀 간의 애정에 관한 노래와 자연

에 대한 애착, 그리고 이별의 아쉬움 등을 사실적으로 솔직하게 표현하였는데 작품에 사용된 형상적 어휘들은 이러한 주제를 나타내는 데 적극 이바지하고 있다.

작품 ≪동동≫은 형상적 의미를 나타내는 어휘를 가지고 주제를 표현한 대표적인 실례이다. 작품에서 정월의 얼고 녹으려고[3]하는 '냇물'은 세상에 태어나 정을 녹여 줄 사람도 없이 홀로 슬픔을 삼키는 여인의 외로운 모습을 보여 주고 있으며 2월의 '등불'은 애인의 모습을 그리는 것을 의미하며 3월의 '오얏꽃'은 애인의 모습을 의미하고 4월에 잊지 않고 찾아오는 '꾀꼬리'를 통하여 사랑하는 사람을 그리는 여인의 심정을 표현하였다. 5월의 수릿날에 먹는 '약'은 '님'에게 드릴 장수의 약을 의미하고 6월의 벼랑에 버려진 '빗'은 버림받은 자신의 신세를 뜻하며, 7월의 온갖 음식을 벌여 놓고 지내는 '백종날'은 임과 함께 살아 보겠다는 애절한 소망이 담겨져 있고, 8월의 온 가족이 한데 모여 지내는 '한가위날'은 '님' 없이 홀로 지내는 여인의 고독과 그리움의 마음과 대조된다. 또한 9월의 집안에 가득 핀 '국화꽃'을 통하여 '님'이 없는 집안이 초라하다는 것을 말해 주고 있고, 10월에 열리는 '보리수'는 버림받은 신세에 대한 애상이 얽혀 있으며, 11월 추운 겨울의 '한삼(汗衫)'은 '님'을 그리는 자신의 가련한 처지를 말해 주고 있고 12월의 손님상에 올려놓은 '젓가락'을 통해 이루지 못할 사랑과 바라지 않은 사람에게 시집가게 된 비련의 주인공인 '나'의 신세를 말해 주고 있다.

(72) 호미도 눌히언마르는
낟그티 들 리도 업스니이다
아바님도 어이어신마라는

---

3) '얼고 녹으려' 한다는 것은 중의적인 의미를 가지고 있다.

　　어마님ㄱ티 괴시리 업세라

　　　　　　　≪사모곡≫

　　여기서 '호미와 낫'은 아버지와 어머니의 사랑을 의미하고 있는데 호미가 낫보다 더 잘 들 수 없듯이 아버지의 사랑이 어머니의 사랑보다 못하다고 하면서 작품의 주제인 어머니의 깊은 사랑을 잘 표현하고 있다.

　　작품 ≪청산별곡≫의 매 연에 쓰인 형상적 어휘는 어떤 형상적인 의미를 가지고 있는가 보기로 하자.

　　제1연의 '청산'은 어지러운 속세를 떠나 심심산천에서 자연과 벗하며 조용히 살겠다는 작자의 인생관을 보여 주고 있다.

　　제2연의 '새'는 작가 자신이 근심하는 유일한 벗이라는 것을 말해 주면서 새와 함께 한탄하고 있다.

　　제3연의 '새'는 자신의 분신으로 되면서 속세에 대한 미련을 보여 준다.

　　제4연의 '밤'은 절망적인 고독을 뜻한다.

　　제5연의 '돌'은 자신이 처한 고독한 생활을 운명적으로 받아들이는 것을 의미한다.

　　제6연의 '바다'는 고독으로 인하여 또 다른 삶의 현장을 찾아가는 것을 의미한다.

　　제7연의 '사슴'은 기적을 바라는 작자의 희망을 보여 주고 있다.

　　제8연의 '강술'은 청산에는 고독이 있고 바다에는 구원이 없으니 현실을 떠나서는 살 수 없는 삶의 고뇌를 잊기 위해 술에서 구원을 찾는 것을 뜻한다.

　　작품의 이러한 형상적 어휘를 통하여 고려 시기 무신의 횡포와 몽고군의 침입 등 내우외환(內憂外患)이 계속된 상황에서 양심적인 지성인들이 현실이 가져다주는 모순된 심정을 해소할 곳이 없어 술에 의탁하여 세월을 보내고 있는 주제를 아주 생동하게 보여 주고 있다.

(73) 유덕하신 님을 여히ᄋ와지이다

≪정석가≫

여기서 '정석가'의 '님'을 어떻게 보아야 하는가 하는 문제가 뒤따른다. 필자는 이 '님'을 두 가지 뜻으로 해석하는 것이 마땅하다고 생각한다. 하나는 남녀 간의 사랑을 속삭이는 상대를 뜻하는 '님'이고 하나는 '임금'을 뜻하는 '님'인 것이다. 작품의 내용을 보면 남녀 간의 절절한 사랑이 흐르고 있는 동시에 영원토록 임금의 은총을 받으며 태평성대(太平聖代)에 살고 싶다는 염원도 담겨져 있다. 이러한 두 가지 뜻으로 해석되는 '님'에 대한 표현은 후 시기의 많은 작품에서 나타나고 있는데 이런 작품에서는 표현을 바꾸어 '미인'으로 나타나고 있다.

2.2.2. 운율적 수단

이 시기 고가요는 향가에서 엄밀한 시행 조직에 의하여 운율을 조성하는 수법을 더욱 발전시켰는데 향가에서는 단련체(單聯體)시가 특징적이라면 고가요에 와서는 시행 조직이 더욱 세련되어 다련체(多聯體)시가 형식을 취하였다. 물론 고가요의 ≪정과정≫, ≪처용가≫, ≪이상곡≫ 등은 단련체시로 되어 있다.

1) 음절 구성

고가요에는 3, 4 음절이 많이 쓰이고 있고 그 배합에 어떤 격식이 없으며 한 시행이 3, 4 음절군으로 되고 있는 시가 형태는 향가의 작시법과 비슷하다.

예하면 ≪청산별곡≫의 3:3:2 음절군의 규칙적인 반복, ≪서경별곡≫의 매련 첫 행의 3:3 음절군과 두 번째 행의 3:3:3 음절군의 반복, ≪동동≫의 3음절이나 4음절의 반복에 의한 운율 조성, 그리고 ≪처용가≫의 3, 4 음절군의 결합과 한 시행의 4음절군 형식이 그 대표적인 실례라고 할 수 있다.

2) 시련 조직

고가요는 음절수에 의한 운율을 조성하는 수법뿐만 아니라 시행 조직에 의한 운율 조성의 수법도 향가의 영향을 많이 받았다. 작품 ≪정과정≫, ≪처용가≫, ≪이상곡≫의 단련체 시가 형식은 향가의 시행 조직과 같으며 음악성을 살린 후렴구는 향가의 후 구에서의 수사학적 감탄법으로 서정토로를 한 수법을 물려받은 것이다.

고가요의 형식을 살펴보면 다음 [표 3]과 같다.

[표 3] 고가요의 형식

작 품	분절 형식	시 행
동동	13연	매 연이 5행
정읍사	3연	1, 3연이 4행이고, 2연이 3행
처용가	단련체	분절 없이 45행
정과정	단련체	분절 없이 10행
쌍화점	4연	매 연이 10행
서경별곡	14연	매 연이 3행
청산별곡	8연	매 연이 5행
정석가	6연	첫 연이 3행으로 되고, 나머지 연은 6행

이상곡	단련체	분절 없이 13행
가시리	4연	매 연이 3행
사모곡	단련체	분절 없이 6행

이상의 [표 3]에서 보는 바와 같이 고가요의 대부분 작품은 다련체 시가 형식을 취하면서 시련조직이 매우 엄밀하고 규칙적이다. 그리고 분절형식을 취한 작품들은 매 연의 마지막 구에 세련되고 음악성이 강한 고유 조선어의 특징을 살려 시가의 음악성을 높이고 있는가 하면 문장의 반복으로 운율을 조성하고 있다.

다음의 실례는 내용과 형식면에서 삼국 시기의 가요가 향가에 준 영향과 향가가 고려 가요에 준 영향을 잘 말해 준다.

(74) ㄱ. 東京明期月良
夜入伊遊行如可
入良沙寢矣見昆
脚烏伊四是良羅
二肹隱吾下於叱古
二肹隱誰支下焉古

≪처용가≫

ㄴ. 동경 볼긴 ᄃ래 새도록 노니다가
드러 내 자리를 보니 가르리 네히로새라
아으 둘흔 내해어니와 둘흔 뉘해이니오

≪처용가≫

(74ㄱ)는 신라 향가의 ≪처용가≫이고 (74ㄴ)은 신라의 서정가요 ≪처용가≫이다. 여기서 시의 내용이 꼭 같은 것을 발견할 수 있는데

이것은 신라의 서정가요가 향가에 영향을 주면서 고려 시기에 서정가
요에 정착되었다가 몇 백 년이 지난 조선조 초기에 와서 정음으로 고
착된 사실을 말해 준다.

> (75) 둘하 노피곰 도두샤
>   어긔야 머리곰 비취오시라
>   어긔야 어강됴리 아으 다롱디리
>
> ≪정읍사≫
>
> (76) 烽 틴얀 어여 수프리야
>   삼화이 오롬 보시올 듣고
>   드라라도 ㄱ르그싀자자렬 바애
>   길 쓸 벼리 ㅂ라고
>   彗星이여 술바녀 사르미 잇다
>
> ≪혜성가≫
>
> (77) 山이여 미히여 천리외예
>   處容아비롤 어여러거져
>
> ≪처용가≫

(75)는 백제의 서정가요이고 (76)은 신라의 향가이며 (77)은 신라의
서정가요이다. 여기에서는 비활동체명사 '달, 수풀, 혜성, 산, 들' 등
단어에 인간의 성격을 부여하여 호격토 '이여'를 붙여 사용하였는데 이
러한 의인화 수법은 백제의 가요 ≪정읍사≫에 이미 나온 것으로 보아
꽤나 오랜 수법이었다는 것을 알 수 있다.

> (78) 아야 자싯가지 노포
>   누니 모둘 두폴 곳가리여
>
> ≪기파랑가≫

(79) 아야 君다 臣다히 民다
　　 ᄒᄂᆞᆯ돈 나락 太平ᄒᄂᆞᆷ싸

≪백성가≫

(80) 西京이 아즐가
　　 西京이 셔울히마르는
　　 위 두어렁성 두어렁성 다링디리

≪서경별곡≫

(81) 살어리 살어리랏다
　　 靑山애 살어리랏다
　　 멀위랑 ᄃᆞ래랑 먹고
　　 靑山애 살어리랏다
　　 얄리얄리 얄랑셩 얄라리 알라

≪청산별곡≫

　(78), (79)는 향가 작품이고 (80), (81)은 고려 가요의 작품이다. 여기서 밑줄 친 부분의 하나는 수사학적 감탄법이 이루어진 10구체 향가의 마지막 두 구이고 다른 하나는 음악성을 살려 사용한 고려 가요의 후렴구이다. 분석을 통해 우리는 고려 가요의 이러한 시가 형식은 향가의 영향을 받았다는 것을 알 수 있다.

　대비, 분석을 통해 보여주다시피 고구려, 백제의 가요는 내용이나 형식면에서 신라 시기의 향가에 영향을 주었으며 또 신라의 향가는 고려 시기의 가요에 영향을 주었던 것이다. 내용이나 형식면에서 삼국 시기와 고려 시기의 가요는 조선 고유의 독특한 작시 방법을 취하고 있으며 삼국 시기의 시가 형식이 많은 유사한 점을 가지고 있다는 것은 고구려, 백제, 신라는 엄연히 하나의 문화, 하나의 민족으로 구성된 동족의 나라라는 것을 확증해 주는 또 하나의 실례가 된다.

3) 운율 조성의 보조적 수단

운율 조성의 보조적 수단으로는 반복법을 들 수 있는데 이런 반복법
에는 문장의 반복, 단어의 반복, 토의 반복 등이 있다.

≪동동≫의 매 연의 마지막 시구인 "아으 動動다리"라는 문장의 반
복, ≪정읍사≫의 "아으 다롱디리"의 반복, ≪서경별곡≫의 "위 두어
렁셩 두어렁셩 다링디리"의 반복, ≪청산별곡≫의 "얄리얄리 얄랑셩
얄라리 얄라"의 반복, ≪가시리≫의 "나는 위 증즐가 太平聖代"의 반
복은 문장의 반복으로 운율을 조성한 대표적인 실례이다.

그리고 작품 ≪정석가≫는 전반 시가 반복법에 의하여 운율이 조성
되고 있다.

(82) 딩아 돌아 當수에 계샹이다
　　　딩아 돌아 當수에 계샹이다
　　　선왕성대예 노니ᅌᅡ와지이다

　　　삭삭기 셰몰애 별헤 나는
　　　삭삭기 셰몰애 별헤 나는
　　　구은 밤 닷되를 심고이다
　　　그 바미 우미 도다 삭 나거시아
　　　그 바미 우미 도다 삭 나거시아
　　　有德ᄒ신 님을 여희ᅌᅡ와지이다
　　　玉으로 蓮ㅅ 고즐 사교이다
　　　玉으로 蓮ㅅ 고즐 사교이다
　　　바회 우희 接柱ᄒ요이다
　　　그 고지 삼동이 퓌거시아
　　　그 고지 삼동이 퓌거시아

有德ᄒ신 님을 여희ᄋ와지이다

므쇠로 텰릭을 몰아 나는
므쇠로 텰릭을 몰아 나는
鐵絲로 주롬 바고이다
그 오시 다 헐어시아
그 오시 다 헐어시아
有德ᄒ신 님을 여희ᄋ와지이다

므쇠로 한쇼를 디여다가
므쇠로 한쇼를 디여다가
鐵樹山에 노호이다
그 ᄉ, 鐵草를 머거아
그 ᄉ, 鐵草를 머거아
有德ᄒ신 님을 여희ᄋ와지이다

구스리 바회예 디신ᄃᆞᆯ
구스리 바회예 디신ᄃᆞᆯ
긴힛ᄯᆞᆫ 그츠리잇가
즈믄 ᄒᆡ롤 외오곰 녀신ᄃᆞᆯ
즈믄 ᄒᆡ롤 외오곰 녀신ᄃᆞᆯ
신잇ᄃᆞᆫ 그츠리잇가

단어의 반복은 다음과 같다.

  (83) 덕으란 곰비예 받ᄌᆞᆸ고
      복으란 림비예 받ᄌᆞᆸ고

                                        《동동》

(84) 千金을 <u>주리여</u> <u>處容</u>아바
　　　七寶를 <u>주리여</u> <u>處容</u>아바

　　　　　　　　　　　　　　　　　≪처용가≫

(85) ㄱ. <u>서경</u>이 아즐가
　　　　 <u>서경</u>이 셔울히마르는
　　　ㄴ. <u>대동강</u> 아즐가
　　　　 <u>대동강</u> 너븐디 몰라서

　　　　　　　　　　　　　　　　　≪서경별곡≫

(86) ㄱ. <u>살어리</u> <u>살어리랏다</u>
　　　　 청산에 <u>살어리랏다</u>
　　　　 멀위랑 두래랑 먹고
　　　　 청산에 <u>살어리랏다</u>
　　　ㄴ. <u>우러라</u> <u>우러라</u> <u>새여</u>
　　　　 자고 니러 <u>우러라</u> <u>새여</u>

　　　　　　　　　　　　　　　　　≪청산별곡≫

(87) <u>가시리</u> <u>가시리잇고</u>
　　　나는 부리고 <u>가시리잇고</u>

　　　　　　　　　　　　　　　　　≪가시리≫

　위의 예는 단어의 반복이 이루어진 실례인데 이런 단어의 반복은 두
번 반복법, 세 번 반복법이 사용되면서 운율을 조성하고 있다.

　토의 반복의 예로 다음과 같은 것들을 들 수 있다.

(88) 어와 아븨 <u>즈이여</u> <u>處容</u>아븨 <u>즈이여</u>
　　　滿頭揷花 게<u>오샤</u> 기울<u>어신</u> 머리예
　　　아으 壽命長願ㅎ<u>샤</u> 넙<u>거신</u> 니마해

山象 이슷 깅어신 눈섭에
愛人相見ᄒ샤 오올어신 누네
風入盈庭ᄒ샤 우글어신 귀예
紅桃花 ᄀ티 븕거신 모야해
五香 마ᄐ샤 웅긔어신 고해
아으 千金 머그샤 어위어신 이베
白玉琉璃 ᄀ티 히 어신 닛바래
人讚福盛ᄒ샤 미나거신 특애
七寶 계우샤 숙거신 엇게예
吉慶 계우샤 늘의어신 ᄉ매길헤
셜믜 모도와 有德ᄒ신 가ᄉ매
福智俱足ᄒ샤 브르거신 비예
紅鞓 계우샤 굽거신 허리예
同樂太平ᄒ샤 길어신 허튀예
아으 界面 도ᄅ샤 넙거신 바래

≪처용가≫

(88)에서는 존칭토 '시'에 접속토 '여'가 결합된 '샤'와 존칭토 '시'에 규정토 'ㄴ'가 결합된 '신'의 반복으로 운율을 조성하였다. 그리고 또 여격토의 옛 형태인 '예/애/에'에 의하여 압운법(押韻法)이 사용되고 있는데 여기에서는 각운(脚韻)을 밟고 있으면서 운율을 조성하고 있다. 이러한 운율 조성의 보조적 수단으로서의 반복법과 압운법은 후에 나타나는 가사, 잡가, 창가나 현대자유시의 작시법에 많은 영향을 주었다.

고가요의 운율 조성에 보조적 수단으로 이용되는 수법으로는 음상학적 수단을 예로 들 수 있다. 여기에는 'ㄴ, ㄹ, ㅁ, ㅇ' 등의 유향자음으로 끝나는 종성의 시어들에 의하여 시적 감흥을 음향적으로 살리고

있다. 다 아는 바와 같이 조선어의 모음이 자음보다, 자음에서도 유향
자음이 소음자음보다 소리느낌이 강하고 음악성이 강하다. 이렇게 우
리 조상들은 일찍부터 시가의 창작에 있어서 조선어의 음향적 묘미를
깊이 있게 파악하고 시어의 선택에서 음악성이 강하고 율동적인 시어
로써 시적 운율을 조성하였다.

(89) 아으 동동다리
　　(모음-모음-ㅇ-ㅇ-모음-모음)

　　　　　　　　　　　　　　　　　　　　　≪동동≫

(90) 아으 다롱디리
　　(모음-모음-모음-ㅇ-모음-모음)

　　　　　　　　　　　　　　　　　　　　　≪정읍사≫ .

(91) 위 두어렁성 두어렁성 다링다리
　　(모음-모음-모음-ㅇ-ㅇ-모음-모음-ㅇ-ㅇ-모음-ㅇ-모음-
　　모음)

　　　　　　　　　　　　　　　　　　　　　≪서경별곡≫

(92) 얄리얄리 얄랑셩 얄라리 얄라
　　(ㄹ-모음-ㄹ-모음-ㄹ-ㅇ-ㅇ-ㄹ-모음-모음-ㄹ-모음)

　　　　　　　　　　　　　　　　　　　　　≪청산별곡≫

(93) 나는 위 증즐가 태평성대
　　(모음-ㄴ-모음-ㅇ-ㄹ-모음-모음-ㅇ-ㅇ-모음)

　　　　　　　　　　　　　　　　　　　　　≪가시리≫

위에서는 시의 매 연에 음악성을 띤 사설(辭說)들을 반복하면서 운
율을 조성하였다.

(94) 둘하 노피곰 도드샤
    어긔야 머리곰 비취오시라

                                    ≪정읍사≫

(95) 이 말ᄉᆞ미 이 점 밧긔 나명들명

                                    ≪쌍화점≫

(96) 즈믄 ᄒᆡ롤 아즐가
    즈믄 ᄒᆡ롤 외오곰 녀신돌

                                    ≪서경별곡≫

(97) 이링공 뎌링공 ᄒᆞ야
    나즈란 디내와손뎌

                                    ≪청산별곡≫

위에서 토 '곰'은 강조의 뜻을 나타내고 '명', '공'은 접속토 '며', '고'에 유향자음 'ㅇ' 종성이 결합된 음절로서 접속의 의미를 나타내고 있지만 유향자음으로 운율을 조성하려는 시인의 의식적인 배려가 엿보인다.

이 밖에 작품 ≪쌍화점≫에서는 어두에 자음 'ㄷ', 'ㄹ'을 교차적으로 반복하면서 운율을 조성하고 있는데 같은 자음이 주기적으로 반복되면 거기에 음악적률동이 생기면서 시의 운율이 조성된다. 왜냐하면 조선어의 자음 'ㄷ'은 탄력성이 강하고 'ㄹ'은 물체의 유동, 연속 반복의 소리느낌을 주기 때문이다.

(98) 더려둥셩 다리러디러 다리러디러
    다리러디러 다로러거디러 다로리

(98)에서는 매 연에 이러한 음악 소리를 본 딴 사설들을 이용하여

운율을 조성하였다.

> (99) 살어리 살어리랏다
> 청산에 살어리랏다
> 멀위랑 드래랑 먹고
> 청산애 살어리랏다
> 얄리얄리 얄랑셩 얄라리 얄라
>
> 《청산별곡》

(99)에서 작가는 자음 '르'이 가지는 음성적 특징을 살려 혀 바닥에서 머루 알이 굴러가는 것과 같은 향기롭고 명쾌하고 유창한 음악적 느낌을 살려 내고 있다.

이런 과학적인 작시법상의 기교는 후기 시가 창작에 영향을 주었을 뿐만 아니라 고유 조선어의 음악성을 살려 간결하고 세련된 고유 조선어를 가공하고 다듬어 자기의 시가 작품에 인용한 것으로 하여 민족의 시인으로 현대문학사에서 첫손을 꼽을 만한 김소월의 시가 작품에까지 진보적인 영향을 주었던 것이다[4].

> (100) 붉은 전등
> (ㄹ-ㄴ-ㄴ-ㅇ)
> 푸른 전등
> (모음-ㄴ-ㄴ-ㅇ)
> 넓다란 거리면 푸른 전등
> (ㄹ-모음-ㄴ-모음-모음-ㄴ-모음-ㄴ-ㄴ-ㅇ)

---

4) 강용택, 《김소월과 조기천의 시어사용 양상 비교 연구》, 역락출판사, 2003년, 48쪽.

막다른 골목이면 붉은 전등

(ㄱ-모음-ㄴ-ㄹ-ㄱ-모음-ㄴ-ㄹ-ㄴ-ㄴ-ㅇ)

전등은 반짝입니다.

(ㄴ-ㅇ-ㄴ-ㄴ-ㄱ-ㅁ-모음-모음)

전등은 그물입니다.

(ㄴ-ㅇ-ㄴ-모음-ㄹ-ㅁ-모음-모음)

전등은 또다시 어스럿합니다.

(ㄴ-ㅇ-ㄴ-모음-모음-모음-모음-모음-ㅅ-ㅁ-모음-모음)

전등은 죽은 듯한 긴 밤을 지킵니다.

(ㄴ-ㅇ-ㄴ-ㄱ-ㄴ-ㅅ-ㄴ-ㄴ-ㅁ-ㄹ-모음-ㅁ-모음-모음)

나의 가슴의 속모를 곳의

(모음-모음-모음-ㅁ-모음-ㅇ-모음-ㄹ-ㅅ-모음)

어둡고 밝은 그 속에서도

(모음-ㅂ-모음-ㄹ-ㄴ-모음-ㄱ-모음-모음-모음)

붉은 전등이 흐득여 웁니다.

(ㄹ-ㄴ-ㄴ-ㅇ-모음-모음-ㄱ-모음-ㅁ-모음-모음)

푸른 전등이 흐득여 웁니다.

(모음-ㄴ-ㄴ-ㅇ-모음-모음-ㄱ-모음-ㅁ-모음-모음)

붉은 전등

(ㄹ-ㄴ-ㄴ-ㅇ)

푸른 전등

(모음-ㄴ-ㄴ-ㅇ)

머나먼 밤하늘은 새카맙니다.

(모음-모음-ㄴ-ㅁ-모음-ㄹ-ㄴ-모음-모음-ㅁ-모음-모음)

머나먼 밤하늘은 새카맙니다.

(모음-모음-ㄴ-ㅁ-모음-ㄹ-ㄴ-모음-모음-ㅁ-모음-모음)

서울 거리가 좋다고 해요

(모음-ㄹ-모음-모음-모음-ㄷ-모음-모음-모음-모음)

서울 밤이 좋다고 해요

(모음-ㄹ-ㅁ-모음-ㄷ-모음-모음-모음-모음)

붉은 전등

(ㄹ-ㄴ-ㄴ-ㅇ)

푸른 전등

(모음-ㄴ-ㄴ-ㅇ)

나의 가슴의 속모를 곳의

(모음-모음-모음-ㅁ-모음-ㅇ-모음-ㄹ-ㅅ-모음)

푸른 전등은 고적합니다.

(모음-ㄴ-ㄴ-ㅇ-ㄴ-모음-ㄱ-ㅁ-모음-모음)

붉은 전등은 고적합니다.

(ㄹ-ㄴ-ㄴ-ㅇ-ㄴ-모음-ㄱ-ㅁ-모음-모음)

(100)은 김소월의 시 ≪서울밤≫이다. 시 창작에서 김소월은 이전의 작시 기교를 답습하여 유향자음으로 된 종성의 시어들을 선택, 가공함으로써 아름다운 조선어의 음악성을 살려 시적 감흥을 불러일으켰던 것이다.

2.2.3. 문체론적 표현 수법

이 시기 고가요에 이용된 문체론적 수법에는 직유법, 의인법, 과장법, 어순전도법(語順顚倒法), 대구법, 대조법, 열거법을 들 수 있다.

1) 직유법의 실례는 다음과 같다.

    (101) ㄱ. 二月ㅅ 보로매

        아으 노피 현 <u>燈블</u> 다호라

        ㄴ. 六月ㅅ 보로매

        아으 별해 ᄇ론 <u>빗</u> 다호라

        ㄷ. 十月애

        아으 져미연 <u>ᄇᄅᆺ</u> 다호라

                          《동동》

위에서는 직유의 수법으로 2월, 6월, 10월의 '보름달'을 "높이 켠 등불", "벼랑에 버려진 빗", "잘게 썰어 놓은 보로쇠"에 비유하고 있다.

    (102) ㄱ. <u>紅桃花</u> ᄀ티 붉거신 모야해

        ㄴ. <u>白玉琉璃</u> ᄀ티 희어신 닛바래

                          《처용가》

(102ㄱ)와 (102ㄴ)에서는 '처용 귀신'의 모양을 묘사함에 있어서 직유의 수법으로 "홍도화같이 붉은 모양", "백옥 유리같이 흰 이빨"이라고 비유하고 있다.

2) 의인법이 사용된 실례는 아래와 같다.

    (103) <u>둘하</u> 노피곰 도ᄃᆞ샤

                          《정읍사》

(104) 山이여 미히여 천리외예
　　　處容아비롤 어여러거져

　　　　　　　　　　　　　　　≪처용가≫

　(103), (104)에서는 비활동체명사인 '달', '산', '들' 등 단어에 인간의 성격을 부여하여 존경의 뜻을 나타내는 호격토 '하'와 호격토 '이여'를 결합시키고 있다.

　이 밖에 의인법은 동물에 인간의 성격을 부여하여 의인화한 데서 나타난다.

　(105) ㄱ. 우러라 우러라 새여
　　　　　 자고 니러 우러라 새여
　　　　　 널라와 시름 한 나도
　　　　　 자고 니러 우니로라
　　　　 ㄴ. 사스미 짒대예 올아셔
　　　　　 奚琴을 혀거를 드로라

　　　　　　　　　　　　　　　≪청산별곡≫

　(105ㄱ)와 (105ㄴ)에서 '새'에 호격토 '여'를 결합시킨 것과 "사슴이 奚琴 켜는 것을 듣는다"는 표현은 동물에 인간의 성격을 부여하여 의인화한 실례이다.

　3) 과장법의 실례는 아래와 같다.

　(106) 아으 수릿날 아춤 藥은
　　　　즈믄힐 長存ᄒ샬

藥이라 받줍나이다

≪동동≫

(107) 山象 이슷 깅어신 눈섭에

≪처용가≫

(106)은 단오 날 아침에 마시는 약술에 대하여 "천년을 오래 살 수 있는 약"이라고 과장법을 이용하고 있으며 (107)에서는 '처용 귀신'의 눈섭을 묘사함에 있어서 "산 코끼리의 코같이 길다"고 과장의 수법을 사용하고 있다.

그리고 ≪정석가≫는 전편 문장이 과장법으로 관통되었다고 해도 과언이 아닐 정도로 과장법이 많이 쓰이고 있다.

(108) 삭삭기 셰몰애 별헤 나는
   구은 밤 닷되를 심고이다
   그 바미 우리 도다 삭 나거시아
   有德ᄒ신 님을 여히ᄋ와지이다
   玉으로 蓮ㅅ 고즐 사교이다
   그 고지 三同이 퓌거시아
   有德ᄒ신 님을 여히ᄋ와지이다
   므쇠로 텰릭을 물아 나는
   鐵絲로 주롬 바고이다
   그 오시 다 헐어시아
   有德ᄒ신 님을 여히ᄋ와지이다
   므쇠로 한쇼를 디여다가
   鐵樹山에 노호이다
   그 쇼, 鐵草를 머거아

有德ᄒ신 님을 여희ᄋ와지이다
즈믄 히룰 외오곰 녀신ᄃᆞᆯ
信잇ᄃᆞᆫ 그츠리잇가

(108)에서는 '유덕하신 님'에 대한 서정적주인공의 심정을 노래하면서 "무쇠로 재단하고 무쇠실로 주름을 박은 옷이 다 헐게 될 때까지, 무쇠로 만든 큰 소가 쇠풀을 먹게 될 때까지"라는 과장된 표현을 재치있게 사용함으로써 죽어도 '님'을 잊지 못하겠다는 한 여인의 절절한 애모의 감정을 잘 표현하였다.

4) 어순전도법(語順顚倒法)이 사용된 실례는 다음과 같다.

고가요들에서는 일정한 내용의 강조와 관련하여 어순전도법이 이용되었다.

(109) 구스리 바회예 디신ᄃᆞᆯ
긴힛ᄃᆞᆫ 그츠리잇가 나ᄂᆞᆫ
즈믄 히룰 외오곰 녀신ᄃᆞᆯ
신잇ᄃᆞᆫ 그츠리잇가 나ᄂᆞᆫ
대동강 너븐디 몰라셔
빈 내여 노흔다 샤공아
네 가시 럼난디 몰라셔
널 빈예 연즌다 샤공아
대동강 건너편 고즐여
빈 타 들면 것고리이다 나ᄂᆞᆫ

≪서경별곡≫

(110) 우러라 우러라 새여
　　　 자고니러 우러라 새여

　　　　　　　　　　　　　　　≪청산별곡≫

(111) 셜은 님 보내옵노니 나는

　　　　　　　　　　　　　　≪가시리≫

위의 예에서 '나는, 샤공아, 새여, 나는' 등은 해당한 문장 속에서 정상적인 위치에 놓여있는 것이 아니라 다른 내용을 강조하거나 또는 여운을 남기기 위하여 그 차례가 뒤바뀌어 있다.

5) 대조법은 아래와 같이 사용되고 있다.

(112) 덕으란 곰비예 받줍고
　　　 복으란 림비예 받줍고

　　　　　　　　　　　　　　　　≪동동≫

(112)에서는 단어 '덕'과 '복', '곰비'와 '림비'가 서로 대조되면서 대조법을 이루고 있다.

(113) 이링공 뎌링공 ㅎ야
　　　 나즈란 디내와손뎌
　　　 오리도 가리도 업슨
　　　 바므란 또 엇디 호리라

　　　　　　　　　　　　　　　≪청산별곡≫

(113)에서는 '이링공'과 '뎌링공', '낮'과 '밤', '오리'와 '가리'를 대조시키면서 대조법을 조성하였다.

6) 대구법의 실례는 다음과 같다.

(114) <u>천금을 주리여 처용아바</u>
　　　 <u>칠보를 주리여 처용아바</u>

　　　　　　　　　　　　　　　　　　　　　≪처용가≫

(115) ㄱ. 구스리 바회예 디신둘
　　　　　 긴힛둔 그츠리잇가 나는
　　　　　 즈믄 히룰 외오곰 녀신둘
　　　　　 신잇둔 그츠리잇가 나는
　　　 ㄴ. 대동강 너븐디 몰라셔
　　　　　 빅 내여 노흔다 샤공아
　　　　　 네 가시 럼난디 몰라서
　　　　　 널 빅예 연즌다 샤공아

　　　　　　　　　　　　　　　　　　　　　≪서경별곡≫

(116) ㄱ. 가던 새 가던 새 본다
　　　　　 물아래 가던 새 본다
　　　 ㄴ. 어듸라 더디던 돌코
　　　　　 누리라 마치던 돌코
　　　 ㄷ. 가다가 가다가 드로라
　　　　　 예정지 가다가 드로라

　　　　　　　　　　　　　　　　　　　　　≪청산별곡≫

　위의 예에서는 '나는, 샤공아, 본다, 돌코, 드로라'를 기준점으로 하여 앞뒤 문장이 서로 비슷한 표현 구조를 가지고 짝을 이루면서 대구가 이루어지고 있다.

　이 밖에 대조법과 대구법이 융합(融合)되어 사용된 실례도 있다.

(117) 이 말ᄉᆞ미 이 졈 밧긔 나명들명

다로러거디러 죠고맛감 삿기 광대

네 마리라 호리라

그 말ᄉᆞ미 이 뎔 맛긔 나명들명

다로러거디러 죠고맛간 삿기 상좌ㅣ

네 마리라 호리라

이 말ᄉᆞ미 이 우믈 밧긔 나명들명

다로러거디러 죠고맛간 드레바가

네 마리라 호리라

이 말ᄉᆞ미 이 집 밧긔 나명들명

아로러거디러 죠고맛간 싀구비가

네 마리라 호리라

≪쌍화점≫

　　(117)은 대조법과 대구법이 융합되어 사용된 실례인데 여기에서
'졈', '뎔', '우믈', '집'과 '광대', '上座', '드레박', '싀구비'의 대조는 대
조법이 이루어진 것이고 "네 마리라 호리라"를 기준점으로 한 네 문장
은 대구법이 이루어진 실례이다.

　　7) 열거법은 다음과 같이 실현되고 있다.

(118) 어와 아븨 즈ᅵ여 處容아븨 즈ᅵ여

滿頭揷花 계오샤 기울어신 머리예

아으 壽命長願ᄒᆞ샤 넙거신 니마해

山象 이슷 깅어신 눈섭에

愛人相見ᄒᆞ샤 오올어신 누네

風入盈庭ᄒᆞ샤 우글어신 귀예

紅桃花 ᄀᆞ티 븕거신 모야해

五香 마트샤 웅긔어신 고해

아으 千金 머그샤 어위어신 이베

白玉琉璃 ᄀᆞ티 히 어신 닛바래

人讚福盛ᄒᆞ샤 미나거신 특애

七寶 계우샤 숙거신 엇게예

吉慶 계우샤 늘의어신 ᄉᆞ매길혜

셜믜 모도와 有德ᄒᆞ신 가ᄉᆞ매

福智俱足ᄒᆞ샤 브르거신 비예

紅鞓 계우샤 굽거신 허리예

同樂太平ᄒᆞ샤 길어신 허튀예

아으 界面 도ᄅᆞ샤 넙거신 바래

≪처용가≫

(118)에서는 못생긴 '처용 귀신'의 모습을 묘사함에 있어서 열거법으로써 '머리, 니마, 눈섭, 눈, 귀, 모야ᄒ, 고ᄒ, 입, 닛발, 특, 엇게, ᄉᆞ매길ᄒ, 가슴, 빅, 허리, 허튀, 발' 등 신체 부위를 열거하고 있다.

2.2.4. 문법적 수단

고가요의 문법적 특징은 무엇보다도 높임법의 사용이라 할 수 있다. 향가의 경우 ≪처용가≫, ≪혜성가≫를 제외하고 대부분은 높임법이 사용되지 않은 서술문이 기본을 이루고 있으나 고가요는 상당수의 작품에서 높임법을 사용하고 있음을 알 수 있다.

작품별로 한 구절씩 그 예를 들면 ≪정과정≫의 '괴오쇼셔', ≪정읍사≫의 '비취오시라', ≪동동≫의 '나슥라오소이다', ≪처용가≫의 '一時消滅ᄒᆞ샷다', ≪서경별곡≫의 '좃니노이다', ≪정석가≫의 '노니ᄋᆞ와지이다', ≪이상곡≫의 '期約이잇가', ≪사모곡≫의 '업스니이다', ≪가시리≫의 '도셔오쇼셔' 등이다. 고가요에서는 ≪청산별곡≫과 ≪쌍화점≫에서만 높임법이 사용되지 않고 있다.

2.2.5. 표기 수단

고가요는 입으로 전해져 내려오던 삼국 시기와 고려 시기의 가요를 조선조 시기에 와서 정음자로 표기하였기 때문에 표기법은 조선조 시기의 표기를 따랐던 건만은 사실이다. 그러나 고가요에는 그 시기의 표기법상 흔적을 다소나마 찾아볼 수 있다.

1) 어두에 구개화된 ≪ㄴ≫이 쓰이고 있다.

> (119) 아으 壽命長願ᄒᆞ샤 넙거신 니마해
> 　　　白玉琉璃 ᄀᆞ티 히 어신 닛바래
>
> 　　　　　　　　　　　　　　　≪처용가≫
>
> (120) 우러라 우러라 새여
> 　　　자고 니러 우러라 새여
>
> 　　　　　　　　　　　　　　　≪청산별곡≫

한국어에는 두음법칙이라 하여 모음 'ㅣ'나 'ㅣ'를 첫 요소로 하는 모음 앞에서는 'ㄹ, ㄴ'이 탈락된다. 그러나 '니마, 닛발, 니러'의 표기는 이 시기 이러한 두음법칙이 아직 적응되지 않고 있는 것을 알 수 있다.

2) 일부 단어의 경우에 이두식 표기를 하고 있다.

(121) 팔월ㅅ 보로믄
아으 <u>嘉俳</u> 나리마룬

《동동》

(122) 죵죵 霹靂 아 生 陷墮無間
고대셔 싀여딜 내 모미

《이상곡》

(121)에서 '嘉俳'는 '가비, 가외'의 이두식 표기이고 (122)에서 '生'은 '나'의 대격 형태 즉 '날'의 이두식 표기이다.

3) 결합자음에 'ㅅ'가 있었다. 다만 한자의 경우에는 하철(下綴)하여 단독으로 표기가 되었고 정음자의 경우에는 상철(上綴)하여 위 음절에 붙어 표기되었다.

(123) ㄱ. 二月ㅅ 보로매
ㄴ. 七月ㅅ 보로매

《동동》

(124) 긔 잔디 ᄀ티 <u>덦거츠니</u> 업다

《쌍화점》

(125) 사스미 <u>짒</u>대예 올아셔

《청산별곡》

제3절 ≪월인천강지곡≫

≪월인천강지곡(月印千江之曲)≫은 수양대군이 지은 ≪석보상절≫을 세종이 보고 감동하여 석가모니의 공덕을 칭송한 노래로서 세종 31년 (1449년)에 간행한, 훈민정음으로 창작된 시가 작품이다. ≪월인천강지 곡≫은 세조 5년(1459년)에 ≪석보상절≫과 합본하여 ≪월인석보≫라 는 이름으로 다시 간행되었다. 원본은 상, 중, 하 세 권으로 나뉘어 총 500여 장이나 되지만 그중 상권의 194장만 전한다.

2.3.1. 어휘적 수단

이 작품은 석가세존이 이 세상에 태어나기 전의 멀고먼 옛날에 있었 다는 전세의 이야기를 다룬 작품으로서 일정한 인물과 줄거리를 갖추 고 있는 점에서 서사시의 일종으로 볼 수 있으며 특히 불교 서사시라 고 말할 수 있다. 그리고 독자 대상이 통치계급인 양반계층을 염두에 두었기 때문에 어휘의 사용에서 불교적인 용어들이 많고 딱딱하고 어 려운 한자어, 한자 성구, 한문투 등이 많이 사용되고 있다. 그러나 작 품은 처음 정음으로 창작을 시도한 작품인 만큼 고유어도 많이 쓰이고 있다.

1) 고유어와 한자어의 사용

고유어의 사용은 다음과 같다.

> (126) 님금(임금), 발자쵀(발자취), 그릇(그릇), 쑴(꿈), 겨집(녀자), 하늘(하늘), 별(별), 놀애(노래), 아둘(아들), 오늘(오늘), 비늘

(비늘), 마리(머리), 일홈(이름), 밤낮(밤낮), 쑬(딸), 며눌이
(며느리), 살(화살), 뫼(산), 짜(땅), ᄆ숨(마음), 눈믈(눈물),
각시(안해), 아바님(아버님), 아둘님(아드님), 가치(까치), 술
위(수레), 남기(나무), 나모(나무), 구룸(구름), 곳비(꽃비), 녯
날(옛날), 목숨(목숨), 손톱(손톱), ᄇᄅᆷ(바람), 줌(잠), 차반
(반찬), 불휘(뿌리), 발(발), 발ㅎ(팔)

　작품은 국한혼용체(國漢混用體)[5] 즉 한자어의 경우는 한자로 표기하
고 고유어의 경우에는 정음자로 표기하고 있지만 일부 한자어도 정음
자로 표기하고 있다.

　　(127) 쳔(錢)[돈], 긔별(寄別)[기별], 지조(才操)[재주], 유무(有無)
　　　　　[소식]

　이러한 어휘는 그 기원을 한자어에 두고 있으나 오랜 세월을 거쳐
이미 고유어 체계에 깊숙이 들어와 고유어처럼 사용된 사실을 말해준
다. 때문에 한자어의 경우에도 정음자로 표기하였던 것이다.
　이 밖에 한자어가 고유어화하는 과정에서 음운 구성이 변화된 어휘
들도 있다.

　　(128) 보패(寶貝)＞보배, 맹서(盟誓)＞맹세, 사량(思量)＞사랑(생각)

---

5) 여기서 말하는 국한혼용체는 한자와 정음자가 혼용된 표기법을 말한다. 국한혼용
　체는 근대의 유길준의 ≪서유견문≫처럼 한자에 구결토를 단, 문체의 한 갈래인 국
　한문혼용체와는 구별되는 개념이다.

한자어의 사용에는 한자 어휘, 한자 성구, 한문투 표현, 한자어와 고유어가 합성된 어휘 등을 들 수 있다.

한자 어휘의 사용은 다음과 같다.

(129) 普光佛, 大瞿曇, 釋迦佛, 吉慶, 地獄, 光明, 諸佛

한자 성구의 사용은 아래와 같다.

(130) 天龍八部, 五衰五瑞, 諸佛菩薩, 三界受苦, 梵志外道

한문투의 표현은 아래와 같다.

(131) ㄱ. 巍巍釋迦佛無量無邊功德

　　　 ㄴ. 五百前世怨讐

　　　 ㄷ. 不用處定

　　　 ㄹ. 入定放光

　　　 ㅁ. 四天王天帝釋梵天

작품에는 한자어에 고유어 ≪하다≫가 합성되어 쓰이고 있는 어휘가 많다.

(132) 讚歎하다, 震動하다, 分別하다, 救하다, 流轉하다, 病하다, 請하다, 放光하다, 出家하다, 沐浴하다, 議論하다, 降하다, 勸하다, 無數하다, 得하다, 供養하다, 濟度하다, 吐하다, 爲하다, 盛하다, 孝道하다

2) 형상적 어휘의 사용

앞에서도 언급한 바와 같이 ≪월인천강지곡≫은 주로 석가모니의 공덕을 이야기 형식으로 엮어 나갔기 때문에 고가요와 같은 서정적인 요소를 띤 것이 아니라 서사시적 성격을 띤 산문적인 운문 시가이다. 따라서 작품에는 비유법이 사용된 실례를 찾아볼 수 없으며 주제를 돌출하게 표현하는데 이바지되는 형상적인 어휘들이 쓰이지 않고 있다. 작품은 산문적인 운문 시가인 만큼 내용보다 형식적인 면에 중점을 두면서 운율을 조성하는 데 많은 힘을 기울이고 있다.

2.3.2. 운율적 수단

≪월인천강지곡≫의 작시 기교상 특징은 한마디로 말해서 창작 연대를 같이 하고 있는 ≪용비어천가≫의 영향을 많이 받고 있는 점이다. ≪용비어천가≫는 한문으로 창작된 시를 번역한 시가 작품인 만큼 작시 기교상 한문 원문의 체계를 벗어나지 못한 제약성을 가지고 있다. 그것은 대체적으로 중국 고시체(古詩體)의 형태를 답습하여 매 장은 2절, 매절은 4구로 된 작시 체계를 이루고 있다. 그러나 반면에 ≪용비어천가≫는 시가 창작에서 조선 고유의 작시 체계를 이어받은 장점도 가지고 있다. ≪월인천강지곡≫은 ≪용비어천가≫가 편찬된 지 4년 후에 창작된 시가 작품인 것으로 하여 창작 기법이 ≪용비어천가≫와 비슷하게 매 장이 2절 8구로 된 작시 체계를 갖추고 있으면서도 ≪용비어천가≫의 작시 체계를 더 발전시키고 있다. ≪월인천강지곡≫을 창작한 세종은 앞선 시기 향가, 고가요, 시조의 작시 체계를 과학적으로 터득하고 조선 고유시가가 내포하고 있는 묘미를 살려 선행 시기의 작시법을 계승, 발전시켜 독특한 작시 체계를 확립하였다. 그는 향가, 고가

요, 시조가 가지는 조선 고유의 3, 4 음절의 결합 형태와 한 시행이
3, 4 음절군으로 된 특징을 이어받아 창작에서 조선 민족의 감정과 정
서에 맞는 독창적인 작시법을 창조하였던 것이다.

1) 음절군

≪월인천강지곡≫의 음절 구성을 보면 조선 고유의 음절 구성의 특
징을 살려 대부분이 3, 4 음절로 되어 있으며 1절과 2절이 규칙적인
음절수의 반복으로 운율을 조성하느라 노력을 기울었다.

> (133) 世尊ㅅ 일 술ᄫ오리니 萬里外ㅅ 일이시나 눈에 보논가 너기ᅀᆞ
> ᄫᅧ쇼셔(3/4/3/4/5/6//)
> 世尊ㅅ 말 술ᄫ오리니 千載上ㅅ 말이시나 귀예 듣논가 너기ᅀᆞ
> ᄫᅧ쇼셔(3/4/3/4/5/6//)
> ≪월인천강지곡 其二≫
> 馬勝이 舍利佛 보아 ᄒᆞᆫ 偈롤 닐어들여 제 스승을 곧 닛긔ᄒᆞ
> 니(3/5/3/4/4/5//)
> 目蓮이 舍利佛 보아 ᄒᆞᆫ 偈롤 아라드러 새 스승의 곧 모다오
> 니(3/5/3/4/4/5//)
> ≪월인천강지곡 其一百十二≫
> 다ᄉᆞᆺ 곳 두 고지 空中에 머믈어늘 天龍八部ㅣ 讚嘆ᄒᆞᅀᆞᄫᅵ니
> (3/3/3/4/5/6//)
> 옷과 마리롤 路中에 펴아시늘 普光佛이 ᄯᅩ 受記ᄒᆞ시니
> (2/3/3/4/4/6//)
> ≪월인천강지곡 其七≫

이상에 든 예의 음절 구성을 보면 3, 4 음절이 대부분을 차지하는데

이런 작시 기교는 ≪월인천강지곡≫이 향가나 고가요의 음절 구성을 계승하고 있다는 것을 잘 말해 주고 있다. 그리고 음절군의 조직을 보면 고가요나 시조의 음절군 조직을 계승, 발전시킨 흔적을 찾아볼 수 있다.

2) 시련 조직

≪월인천강지곡≫은 첫 연을 제외한 매 연이 두 개의 시행으로 되어 있으면서 글을 엮어 나가고 있는데 그 시행 조직이 극히 엄밀한 특징을 가지고 있다.

> (134) 世尊 일 술ᄫᅥ리니 萬里外 일이시나 눈에 보논가 너기ᅀᆞᄫᅥ쇼셔
> 世尊 말 술ᄫᅩ리니 千載上 말이시니 귀예 듣논가 너기ᅀᆞᄫᅥ쇼셔
> ≪월인천강지곡 其二≫
> 七寶山ᄋᆞᆯ 내니 믈와 남기 이시며 곳과 여름이 다 ᄀᆞ초잇더니
> 金剛力士ㅣ 나니 金剛杵를 자바 머리 견지니 고대 믈어디니
> ≪월인천강지곡 其一百六十≫

3) 운율 조성의 보조적 수단에는 반복법과 약음법을 들 수 있다.
  반복법에는 단어의 반복과 토의 반복이 있다.
  단어의 반복은 아래와 같다.

> (135) 三界受苦ㅣ라 ᄒᆞ샤 仁慈ㅣ 기프실ᄊᆞᆫ 하ᄂᆞᆯ 따히 ᄀᆞ장 震動ᄒᆞ니
> 三界便安케 호리라 發願이 기프실ᄊᆞᆫ 大千世界 ᄀᆞ장 볼ᄀᆞ니
> ≪월인천강지곡 其二十一≫
> (136) 寶冠이 오나ᄂᆞᆯ 아바님 보시고 따해 디여 우르시니

　　　　騫特이 오나놀 妃子ㅣ 보시고 고갤 안아 우르시니

　　　　　　　　　　　　　　　≪월인천강지곡 其五十七≫

토의 반복은 압운법과 융합되어 사용되고 있다.

　　(137) 補處ㅣ 두외샤 兜率天에 겨샤 十方世界예 法을 니ᄅ더시니
　　　　　釋種이 盛ᄒᆞᆯ씨 迦夷國에 ᄂᆞ리샤 十方世界예 法을 펴려 ᄒᆞ시니
　　　　　　　　　　　　　　　≪월인천강지곡 其十二≫

　　이상의 (137)에서는 주격토 'ㅣ/이', 여격토 '에', 존칭토 '시'와 접속
토 '여'의 결합으로 된 '샤', 여격토 '예', 존칭토 '시'와 접속토 '니'의
반복으로 운율을 조성하고 있는 동시에 상술한 토의 반복에 의하여 두
운(頭韻), 요운(腰韻), 각운(脚韻)을 밟고 있다. 이러한 토의 반복에 의
한 압운법이 실현된 실례는 작품 전반에 관통되어 있으며 이런 수법은
운율 조성의 주요한 수법으로 이용되고 있다.
　　약음법(略音法)은 주요하게 음절수의 규칙적인 결합에 이용되고 있다.

　　(138) 阿僧祗前世劫에 님금 位ᄅ ᄇᆞ리샤 精舍애 안잿더시니
　　　　　五百前世怨讐ㅣ 나랏 쳔 일버ᅀᅡ 精舍애 디나아가니
　　　　　　　　　　　　　　　≪월인천강지곡 其三≫

　　(138)에서는 1, 2절에 서로 대응되는 단어의 음절수를 맞추기 위하
여 약음법(略音法)을 사용하고 있다. 예에서 보면 '位'와 대응되는 단어
는 '쳔'인데 '쳔'의 한 개 음절에 대응시키기 위하여 대격토 '를' 대신에
'ᄅ'을 사용하여 한 개 음절로 하고 있다.

(139) 뫼님을 모롤씨 발자쵤 바다 남기 빼여 性命을 민추시니

　　　子息 업스실씨 몸앳 필 뫼화 그르세 담아 남녀를 내수뱃니

　　　　　　　　　　　　　　　　　≪월인천강지곡 其四≫

(139)에서 대격토 '를' 대신에 'ㄹ'를 위 음절에 상철(上綴)하여 아래
에 오는 단어와 함께 5음절을 이루고 있다. 작자는 음절 구성이 기본
3, 4, 5 음절로 되어 있는 조선 고유어의 특징을 살려 되도록이면 이런
특징에 부합되게 하려고 노력을 기울였다.

2.3.3. 문체론적 표현 수법

표현 수법에는 주로 문장론적 수법인 대구, 대조, 열거법, 점층법이
사용되고 있는데 이러한 수법들은 주로 시의 운율을 조성하는 구실을
하고 있다. 서사를 중심으로 하는 산문적인 운문체의 글에서는 문장론
적 수법들이 잘 이용되고 있다. 그것은 어휘론적 수법이 단어의 형상
적인 요구와 관련하여 대상, 현상들에 대한 표현의 효과성을 높이는
것과 관련되어 있다면 문장론적 수법은 매듭지어진 생각의 효과적 실
현과 연결되어 있기 때문이다. 어휘론적 수법에는 과장법이 쓰이고 있
는데 그것도 한 곳에서만 사용된 흔적을 찾아볼 수 있다.

≪월인천강지곡≫은 주로 대구법으로 시의 운율을 조성하고 있는데
첫 장을 제외한 매 장의 1, 2절이 모두 대구법으로 되어 있다.

대조법의 사용은 아래와 같다.

　(140) 世尊ㅅ 일 술보리니 萬里外ㅅ 일이시나 눈에 보논가 너기슨
　　　　뵁쇼셔

世尊ㅅ 말 술ᄫ오리니 千載上ㅅ 말이시나 귀예 듣는가 너기ᅀᆞᆸ쇼셔

≪월인천강지곡 其二≫

(140)에서 '일'과 '말', '萬里外'와 '千載上', '눈'과 '귀', '보다'와 '듣다' 등 단어가 서로 대조되면서 대조법을 이루고 있다.

(141) 어마님 短命ᄒ시나 열둘이 ᄌᆞ랄ᄊᆡ 七月ㅅ 보롬애 天下애 ᄂᆞ리시니

아ᄃᆞ닐 誕生ᄒ시고 닐웨 기틀ᄊᆡ 四月ㅅ 보롬애 天上애 오ᄅᆞ시니

≪월인천강지곡 其三十一≫

(141)에서는 '어마님'과 '아ᄃᆞ님', '短命'과 '誕生', '자라다'와 '남다', '天下'와 '天上', '내리다'와 '오르다' 등 단어들이 서로 대조를 이루고 있다.

(142) 右手左手로 天地 ᄀᆞᄅ치샤 ᄒᆞ오ᅀᅡ 내 尊호라 ᄒᆞ시니

溫水冷水로 左右에 ᄂᆞ리와 九이 모다 싯기ᅀᆞᄫᆞ니

≪월인천강지곡 其二十≫

(142)에서 1절의 '좌'와 '우', '천'과 '지', 2절의 '온'과 '냉', '좌'와 '우' 등 단어들의 대조는 대조법이 사용된 실례이다.

이렇게 ≪월인천강지곡≫은 대조법 사용의 모범이라 할 수 있을 정도로 그 수법을 재치 있게 이용하고 있다.

열거법이 실현된 실례는 다음과 같다.

(143) 諸王과 靑衣와 長者ㅣ 아들 나ᄒᆞ며 諸釋 아들도 ᄯᅩ 나니이다
　　　象과 쇼와 羊과 廐馬ㅣ 삿기 나ᄒᆞ며 蹇特이도 ᄯᅩ 나니이다
　　　　　　　　　　　　　　　≪월인천강지곡 其二十四≫

(143)에서는 열거법을 사용하여 '象', '쇼', '羊', '廐馬' 등의 명사를 열거하고 있다.

(144) 한 쇼ᄅᆞᆯ 내니 몸 크고 다리 크고 두 쌜이 길ᄀᆞᆫ 놀캅고
　　　소리코 ᄴᅡ 허위여드리 ᄃᆞ라오더니 獅子ㅣ 나아 자바다 머그니
　　　　　　　　　　　　　　　≪월인천강지곡 其一百六十二≫

(144)에서는 열거법을 이용하여 '크다', '길다', '날카롭다' 등의 형용사를 열거하고 있다.

(145) 돋니며 머믈며 안즈며 누ᄫᅮᆯ 공중에 千萬變化ㅣ러니
　　　須陁洹斯陁含阿那含阿羅漢ᄋᆞᆯ 卽日에 千萬人이 일우니
　　　　　　　　　　　　　　　≪월인천강지곡 其一百六十五≫

(145)에서는 열거법으로 '다니다', '머물다', '앉다', '눕다' 등의 동사를 열거하고 있다.

점층법의 사용은 다음과 같다.

(146) 佛寶ᄅᆞᆯ 너피시며 法寶를 너피시며 僧寶를 ᄯᅩ 너피시니
　　　地神이 讚歎ᄒᆞ며 空天이 讚歎ᄒᆞ며 天龍八部ㅣ ᄯᅩ 讚歎ᄒᆞᅀᆞᄫᆞ니
　　　　　　　　　　　　　　　≪월인천강지곡 其九十六≫

(146)은 점층법이 반복법과 융합되어 사용된 실례이다. 단어 '너피시다'와 '讚嘆ᄒ다'의 반복에 의하여 반복법을 이루고 있다. 보어 '佛寶, 法寶, 僧寶'와 술어 '너피시다', 주어 '地神, 空天, 天龍八部'와 술어 '讚歎ᄒ다'가 문장에서 상관적 관계를 이루면서 '佛寶, 法寶, 僧寶'와 '地神, 空天, 天龍八部'가 점층적인 관계에 놓여 있으면서 점층법을 이루고 있다.

과장법은 아래와 같이 사용되고 있다.

> (147) 世尊ㅅ 일 술ᄫᅩ리니 萬里外ㅅ 일이시나 눈에 보논가 너기ᅀᆞᄫᆞ쇼셔
> 世尊ㅅ 말 술ᄫᅩ리니 千載上ㅅ 말이시나 귀예 듣논가 너기ᅀᆞᄫᆞ쇼셔
>
> ≪월인천강지곡 其二≫

(147)에서 "석가의 일이 만리 밖의 일이나 눈에 보는 것처럼 여기고 석가의 말이 천 년 전의 말이나 귀에 듣는 것처럼 여겨 달라"는 표현은 과장법이 사용된 실례이다.

2.3.4. 문법적 수단

≪월인천강지곡≫은 일련의 문법적 특징을 갖고 있다.

시 작품 전체가 존대 표현으로 되어 있다. 물론 석가모니의 공덕을 칭송한 작품인 것으로 하여 높임법이 사용되고 있다고 하지만 같은 내용을 담은 ≪석보상절≫의 경우는 높임법으로 일관되어 있지 않다. 이 것으로부터 미루어 볼 때 ≪월인천강지곡≫은 작시법상 고가요의 작

법을 답습하고 있는 것을 알 수 있다.

문장이 접속토 '니'에 의하여 끊임없이 이어지면서 만연체(蔓衍體)를 이루고 있다. '니'에 대하여 문법적으로 어떻게 해석되는가에 대해 의견이 구구하나 필자는 접속토로 보는 것이 비교적 타당하다고 본다. 왜냐하면 같은 내용을 담은 ≪석보상절≫의 경우에도 접속토에 의하여 문장이 끊임없이 이어지면서 만연체(蔓衍體)를 이루고 있기 때문이다. 접속토의 사용에 대해서는 산문체인 ≪석보상절≫에 가서 구체적으로 논하자고 한다.

≪월인천강지곡≫의 종결토에는 존대 계칭의 종결토 '이다', 권유식 종결토 '쇼셔', 의문식 종결토 '는가, 시뇨, 잇고, 잇가'가 쓰이고 있다.

2.3.5. 표기 수단

당시의 문헌들은 한자 밑에 정음으로 음을 달았으나 ≪월인천강지곡≫은 정음을 주 문자로 삼고 한자는 밑에 조그맣게 쓰고 있다.

> (148) 셰世존尊ㅅ 일 술보리니 먼萬리里 외外 ㅅ 일이시니나 눈에
>   보논가 너기ᅀᆞᇦ쇼셔
>
> ≪월인천강지곡 其2≫

정음에 사성(四聲)표기를 하고 있다.

> (149)·셰世존尊ㅅ :말 술·보리·니 쳔千지載·쌍上 ㅅ :말·이
>   시·나 귀·예 듣·논가 너·기 ᅀᆞ·ᇦ쇼·셔
>
> ≪월인천강지곡 其2≫

국한혼용체(國漢混用體)를 사용하고 있어 한자어는 한자로 표기하고
고유어는 정음자로 표기하고 있으나 한자어가 고유어화된 어휘는 정
음자로 표기하고 있다. 그리고 제107장과 제134장은 모두 정음으로
표기하고 있다.

> (150) 모새 드르시니 즘게남기 굽거늘 가지롤 자바나시니
>   ᄀ롬애 드르시니 믌결이 갈아디거늘 드틀에 소사나시니
>
> 《월인천강지곡, 其107》

표기상 '종성부용초성(終聲復用初聲)'의 원칙을 지켰으며 하철을 원
칙으로 사용하였으나 상철이 많이 보인다. 이것은 'ㄴ, ㄹ, ㅁ, ㅇ'을
끝소리로 가진 체언이 모음으로 시작되는 토와 결합할 때는 상철하고
있다.

하철의 예를 보면 아래와 같다.

> (151) 臺上애 모다 안자 몸애 믈이 나더
>
> 《월인천강지곡, 其185》
>
> (152) 그르세 담아 남녀를 내ᄉ봍니
>
> 《월인천강지곡, 其4》
>
> (153) 밤나줄 分別ᄒ더시니
>
> 《월인천강지곡, 其33》
>
> (154) 겨지비 하라늘 尼樓ㅣ 나가시니
>
> 《월인천강지곡, 其10》
>
> (155) 世尊ㅅ 말올 듣ᄌᆸ고 도라보아 ᄒ니
>
> 《월인천강지곡, 其29》

상철의 예를 보면 아래와 같다.

    (156) 萬里外ㅅ 말이시나 <u>눈</u>에 보논가 너기ᅀᆞᄫᆞ쇼셔

                                 ≪월인천강지곡, 其2≫

    (157) 목<u>숨</u>을 ㅂ료려 ᄒᆞ샤

                                 ≪월인천강지곡, 其93≫

    (158) 스<u>승</u>을 곧 닛긔ᄒᆞ니

                               ≪월인천강지곡, 其112≫

종성에는 8종성 외에 'ㅈ, ㅊ, ㅌ, ㅍ, ㅿ, 래, ㄿ' 받침이 쓰이고 있다.

    (159) 구룸과 <u>곶</u>비도 ᄂᆞ리니

                                 ≪월인천강지곡, 其81≫

    (160) 각시 꾀노라 <u>낯</u>고비 비<u>옃</u>여드라

                                 ≪월인천강지곡, 其49≫

    (161) 쏜 살이 세 <u>낱</u> 붏<u>쓴</u> 쎄여디니

                                 ≪월인천강지곡, 其40≫

    (162) 오늘 몯 <u>숣</u>뇌

                                 ≪월인천강지곡, 其26≫

    (163) <u>앒</u> 뒤헨 아히 할미러니

                                 ≪월인천강지곡, 其70≫

각자병서(各字並書)에 'ㆀ'가 쓰이고 있는데 이것은 피동형을 나타내는 데 쓰이고 있다.

    (164) 五通 메ᄫᅠ 술위는 마ᄀᆞᆫ 길 업스니

                                 ≪월인천강지곡, 其119≫

결합자음에 'ㆁ', 'ㅅ'이 쓰이고 있다.

    (165) 名賢劫이 <u>엻</u> 제 後ㅅ 일을 뵈요리라

≪월인천강지곡, 其9≫

  고유어에서 개음절의 경우 주격토 ' ㅣ '는 윗음절과 하나의 음절을 이루고 폐음절의 경우에는 '이'가 쓰이고 있으며 한자어에서 개음절의 경우 주격토 ' ㅣ '가 따로 붙고 폐음절의 경우는 '이'가 쓰이고 있다.

    (166) 부톄 거츨언마론

≪월인천강지곡 其七十七≫

    (167) 곶과 여름<u>의</u> 다ᄀ초잇더니

≪월인천강지곡 其一百六十≫

    (168) 五百前世怨讐<u>ㅣ</u> 나랏쳔 일버ᅀᅡ

≪월인천강지곡 其三≫

    (169) 魔王<u>이</u> 노호돌 道理 거츨씨

≪월인천강지곡 其八十六≫

제4절 번역시가체

  여기서 말하는 번역시가체(飜譯詩歌體)는 한문으로 창작된 작품을 정음자로 언해한 시가 작품을 가리킨다. 물론 번역 작품이라 하면 원문인 한문의 내용이나 형식을 벗어나지 못하는 제한성을 가지고 있으나 번역 작품이 아무리 원문에 충실하다고 하더라도 번역하는 과정에 꼭 자기 민족의 민족적 취미와 민족적 정서에 맞게 번역했을 것은 당

연한 일이다. 따라서 필자는 이런 번역 작품이 가지는 독특한 문체적 특징을 고찰하고자 한다.

번역 시가 작품으로는 ≪용비어천가(龍飛御天歌)≫, ≪두시언해(杜詩諺解)≫, ≪백련초해(百聯抄解)≫를 고찰 대상으로 삼기로 한다. ≪용비어천가≫는 훈민정음이 창제된 후 처음으로 번역한 시가 작품이다. 이 시는 조선조 건국의 정당성을 밝히기 위한 것에, 이씨 왕조가 후왕들을 훈계하기 위한 것에, 그리고 훈민정음을 시험해 보기 위한 것에 그 목적을 두고 있었다고 말할 수 있다. 이 시는 세종 27년(1443년)에 정인지와 권제 등 여러 학자가 지은 것으로서 총 125장이며 매 장이 2행으로 되어 있다.

≪두시언해≫는 중국 당나라의 시인 두보의 시를 훈민정음으로 번역한 총 25권 19책으로 되어 있는 시집이다. 이 책은 성종 때 조위(曹偉)에 의하여 1481년에 간행되었는데 이것이 초간본이고 인조 10년(1632년)에 다시 중간하였다. 초간본과 중간본 사이에는 내용상 차이가 없고 다만 시대적 차이를 갖고 있는 만큼 표기상에서 변화를 가져오고 있다.

≪백련초해≫는 중국의 7언 절구 중에서 100련을 모아 정음으로 번역한 시가이다. 이 시의 역자와 간행 연대에 대해서는 종래에 추측이 있을 뿐 가늠하기가 어렵고 다만 성종실록(1483년)의 기록에 의해 그 연대를 15세기말 16세기 중엽의 것으로 추측하고 있다.

2.4.1. 어휘적 수단

번역 시가로서 이런 작품들은 어휘 선택에서 서로 다른 특징을 가지고 있는데 ≪용비어천가≫는 창작에서 중국의 고사를 많이 인용한 것으로 하여 한자어, 한자 성구, 한문투가 비교적 많고, ≪두시언해≫는 고유어가 한자어보다 훨씬 많이 쓰였으며, ≪백련초해≫에 와서는 번역상 조선 고유의 민족적 취미와 정서에 맞게 번역하였기 때문에 언어적 표현에서 고유어적인 요소가 대부분을 차지하고 있다.

1) 고유어와 한자어의 사용

고유어의 사용에서는 현대에 쓰이지 않는 고어와 현대와 형태를 달리한 어휘, 현대와 형태를 같이 하고 있는 어휘가 많다.

고어의 사용은 다음과 같다.

> (170) 현(몇), 하리(참소), 저히다(두려워하다), 이바디(잔치), 쁟디시다(념려하다), 서리(사이), 스フ볼(시골), 여름(열매), 돝(돼지), 닷(탓), フ룸フ(강가),
>
> ≪용비어천가≫
>
> (171) 디샛(기와), 져재(시장), 아쳗다(싫어하다), 구숑ᄒ다(꾸중ᄒ다), 버텅(뜰층계), 잣(성)
>
> ≪두시언해≫
>
> (172) 깁(비단), 셩덕하다(화장하다), フ뭋(흔적), 이렁(고랑), 골(동네)
>
> ≪백련초해≫

현대어와 형태를 달리하거나 같이 한 어휘에는 다음과 같은 것들이 있다.

> (173) フ몰(가물), 바룰(바다), ᄇ얌(뱀), 말쏨(말씀), 오늘(오늘), 셔볼(서울), 하나비(할아버지), 할미(할머니), 갏(칼), 아ᄃ님(아드님), 글발(글), 번게(번개), 어름(얼음), 뫼(꾀), 재(령),

놀(노루), 굴허(구렁), 므지게(무지개), 새(새), 밀믈(밀물), 날
믈(날물), 션비(선비), 벼슬(벼슬), 드리(다리), 독소리(독수
리), 우룸(울음)

≪용비어천가≫

(174) 시내(시내물), 솔(소나무), 블(불), 피리(피리), 눈믈(눈물), 나
ㅎ(나이), 믈가(물가), 뼈(뼈), 술(살), 가매(가마), 붑(북), 버
들곳(버들꽃), 나비(나비), 준자리(잠자리), 돍(닭), 벌어지(벌
거지), 개야미(개미), 믈새(물새), 눌개(날개), 불근곳(붉은꽃),
굴며기(갈매기), 죠희(종이), 바늘(바늘), 낛(낚시)

≪두시언해≫

(175) 바독(바둑), 조오롬(졸음), 뜰(뜰), 벌(벌), 이슬(이슬), 녀름
(여름), 셔리(서리), 몰애(모래), 기려기(기러기), 갈공이(갈구
리), 조막구룸(쪼각구름), 묏부리(산뿌리), 나못가지(나무가
지), 하야로비(백로), 쇼아지(송아지), 주머구(주먹), 듣그리
(티끌), 새배(새벽), 개(덮개), 가히(개), 부체(부채), 나그내
(손님), 두던(언덕), ᄀ눌(그늘), 허리(허리), ᄭ리(꼬리), 옷ᄉ
매(옷소매), 물굽(말굽), 벼로(벼루)

≪백련초해≫

이 밖에 ≪두시언해≫에는 입말체를 바탕으로 하는 상징어가 쓰이
고 있다.

(176) 어른어른, 니셤니셤

그리고 ≪용비어천가≫에는 고유어 수사의 사용이 특징적이다.

(177) ᄒᆞᆫ, 두, 세, 다숫, 여슷, 닐굽, 열, 스믈, 닐흔,

한자에서 유리된 어휘와 한자어에 기원을 두고 있지만 음운 구성의 변화를 입어 고유어에 깊숙이 들어온 어휘도 많다.

한자에서 유리된 어휘는 작품에서 정음자로 표기되어 있고 고유어처럼 하철 표기로 되어 있는 것으로 보아 벌써 그때 당시 사람들의 의식 속에 한자어라는 표상이 사라지고 고유어처럼 인식되었다는 것을 알 수 있다.

    (178) 즁싱(衆生)

                         ≪용비어천가≫

    (179) 쟝긔판(板), 편안(便安)ᄒ다, 양ᄌᆡ(樣子), 샹녜(常例)

                         ≪두시언해≫

    (180) 란간(欄干), 쟝ᄎ(將次), 졈졈(漸漸), 금(金)미, 파내(板), 방튜긔(防築), 오기(玉), 등잔(燈盞)쌀, 평(平)ᄒ다, 댱(帳), 년(蓮)닙, 쳘리(千里), 양ᄌᆞ(樣子), 허믈(虛物), ᄆᆞ양(每樣), 댱샹(長常), 희롱ᄒ더(戲弄), 창(窓), 긔(旗), 일쳔(一千), 향(向)ᄒ고, 졍(情), 향(香)내, 신긔(神奇)로운, 룡(龍), 봉(鳳), 긔롱(欺弄)ᄒ고, 췌(醉)흔, 강(江), 일만(一萬), 방(房), 샤향(麝香), 병풍(屛風), 항녀리(行列)

                         ≪백련초해≫

음운 구성이 변화된 어휘에는 다음과 같은 것들이 있다.

    (181) 도죽(盜賊), ᄉ량(思量), 투구(頭盔), 보비(寶貝)

                         ≪용비어천가≫

    (182) 남지니(男人), 댱마기(帳幕), 구화(菊花)

                         ≪백련초해≫

한자어의 사용에는 한자어, 한자 성구, 한문투 또는 고유어 '하다'와 결합된 어휘가 있다.

한자어의 사용은 아래와 같다.

(183) 帝業, 王業, 聖子革命, 艱難, 改過

≪용비어천가≫

(184) 丞相, 祠堂, 軍師, 英雄, 藥物

≪두시언해≫

한자 성구의 사용은 아래와 같다.

(185) 勸進之日, 用兵如神, 四征無敵, 天下蒼生, 蓋世氣象

≪용비어천가≫

한문투의 사용은 다음과 같다.

(186) ㄱ. 赴援說凝ᄒᆞ샤
　　　ㄴ. 先登獻捷ᄒᆞ샤
　　　ㄷ. 天爲建國ᄒᆞ샤
　　　ㄹ. 天爲拯民ᄒᆞ샤

≪용비어천가≫

한자어와 고유어 '하다'가 결합된 어휘에는 다음과 같은 것들이 있다.

(187) 疑心ᄒᆞ다, 忠心ᄒᆞ다, 親近ᄒᆞ다, 革ᄒᆞ다, 罷ᄒᆞ다, 無藝ᄒᆞ다, 不恤ᄒᆞ다

≪용비어천가≫

(188) 幽深ᄒ다, 綉ᄒ다, 眞實ᄒ다, 感動ᄒ다, 傳語ᄒ다, 得ᄒ다, 失ᄒ다, 微細ᄒ다

《두시언해》

(189) 인ᄒ다(因), 편편ᄒ다(片片), 잔ᄒ다(殘), 당ᄒ다(當), 만ᄒ다(滿), 극ᄒ다(極)

《백련초해》

2) 형상적 어휘

《용비어천가》는 당시 이씨 왕조의 건국을 정당화하고 후왕을 훈계하기 위한데 그 목적을 두고 전구는 중국의 고사를 예를 들고 후구는 조선 창업의 사실을 합리화하는 수법을 사용하고 있는데 시가 내용상으로 보면 이야기 형식으로 된 서사시라고 말할 수 있다. 때문에 《월인천강지곡》과 같이 형상적인 수법의 사용을 거의 찾아보기 힘들다. 다만 제2장의 "뿌리 깊은 나무", "샘이 깊은 물"로 이씨 왕조를 형상화한 예를 들 수 있다. 여기에서는 뿌리 깊은 나무는 바람에 움직이지 않으므로 꽃이 아름답고 열매가 많듯이, 샘이 깊은 물은 가물에도 끊이지 않고 내를 이루어 바다에 가듯이 이씨 왕조도 "뿌리 깊은 나무", "샘이 깊은 물"과도 같다고 노래하고 있다.

중국 당나라의 시인 두보의 시를 번역한 작품인 《두시언해》의 내용을 보면 역시 형상적 수법과 비유법의 사용을 찾아보기 힘들다. 다 아는 바와 같이 두보는 같은 시기에 활약한 이백과 함께 '당송8대가'로 꼽힐 만큼 유명한 시인이다. 내용과 형식면에서 두보의 시는 이백의 시와 서로 다른 특징을 가지고 있는데 화려한 문구와 아름다운 언어적 표현으로써 조국의 산천경개를 노래한 것이 이백의 시 풍격이라 말한다면 소박한 문구와 우울한 표현으로 당시 사회의 암흑면을 폭로한 것

이 두보의 시 풍격이라 말할 수 있다. 그렇기 때문에 두보는 시 창작에서 문체적 표현 수법을 이용하기보다 소박한 언어적 표현으로 주제사상을 표현하였던 것이다. 아래와 같은 경우 형상적 어휘의 사용을 예들 수 있다.

(190) 고온 사롬미 누른 홀기 되오니 ㅎ믈며 粉黛롤 비러 쓰던 거시 쏘녀

《두시언해》

"고운 사람이 누른 흙으로 된다."는 것은 사람이 죽어서 진토가 된다는 표현을 형상적으로 그려 내였다. 여기서 '고운 사람'은 임금을 뜻하는 말이다. 임금을 '고운 사람'으로 표현한 것은 번역자의 미학적요구가 조선 민족의 고유의 민족적 정서에 부합된다는 것을 말해준다. 역자는 고가요 《정석가》의 '님'을 임금과 사랑하는 사람으로 표현한 수법을 답습하여 임금을 작품에서 '고운 사람'으로 표현하였던 것이다. 여기서 '고운 사람'은 연인과 임금의 두 가지 뜻을 내포하기 때문이다. 이러한 형상적 어휘의 표현은 후시기 송강 정철의 경우에도 찾아볼 수 있는데 송강의 《속미인곡》, 《사미인곡》이 그 대표적인 실례로 된다.

중국의 7언 절구를 번역한 《백련초해》는 다 같은 번역 시가이지만 여기에는 형상적 어휘의 사용이 매우 빈번하다.

(191) ㄱ. 곳 얇픠셔 수룰 브스니 블근 비출 숨끼고
　　　둘 아래셔 차롤 달히니 흰 비츨 마시놋다
　　ㄴ. 고지 마롤 아니 호더 나븨 혀 오기롤 잘ㅎ고
　　　비 믄회 업소녀 사롬 닫기를 아놋다

(191ㄱ)에서는 꽃과 달의 그림자를 묘사함에 있어서 "붉은 빛을 삼키고 흰 빛을 마신다."라고 형상적으로 표현하고 있고 (191ㄴ)에서는 꽃향기, 비를 묘사함에 있어서 "꽃이 말을 할 줄 몰라도 나비를 유인하고 비가 문이 없어도 사람을 가둔다."고 표현하고 있다.

> (192) ㄱ. 긴 대 믓겨리 비취니 고기 낙신가 저허ᄒ고
> 　　　　드린 버드리 길헤 배시니 ᄆ리 챈가 놀라놋다
> 　　　ㄴ. 댓슌니 갓 나니 누른 쇼아지 ᄲ리오
> 　　　　고사릿 어미 이믜 나니 아히 주머귀로다

(192ㄱ)에서 '대나무'와 '수양버들'을 '낚시'와 '채찍'에 비유하면서 "고기가 낚신가 하고 무서워하고 말이 채찍인가 하여 놀란다."고 형상적으로 표현하고 있고 (192ㄴ)에서는 '참대 순'과 '고사리'를 과장의 수법으로 "송아지 뿔과 아이 주먹"에 비유하면서 형상적으로 그려 내고 있다.

이렇게 ≪백련초해≫는 어휘 선택에서 민족적 특성에 맞는 형상적 어휘들을 골라 번역함으로써 내용과 형식의 통일을 이룩하였다.

2.4.2. 운율적 수단

≪용비어천가≫는 매 장이 2절로 되어 있고 매 절은 4구로 되어 있는 번역 시가 작품으로서 매 절의 첫 구는 중국의 고사를 예로 들었고 후구는 조선 건국의 이야기를 서술하였다. ≪용비어천가≫는 중국의 고시체의 작시법을 답습하고 있지만 번역에 있어서 고가요나 시조의 3, 4 음절의 음절 구성과 한 시행이 3, 4 음절군으로 되어 있는 작시법

을 계승, 발전시켜 한 시행이 6음절군이나 8음절군으로 되어 있다.

≪두시언해≫를 보면 두보의 7언이나 5언 절구를 번역한 번역 시가 작품이라 하지만 번역에 있어서 시적 운율을 염두에 둔 것이 아니라 시의 내용에 중점을 둔 것으로 하여 형식이 산문체에 가까운 특징을 띠고 있다. 여기에는 일부 구절에 의하여 운율이 조성되고 있지만 그 수가 매우 적으며 따라서 시적 운율이 조성되지 않고 있다.

같은 중국의 7언 절구를 번역한 ≪백련초해≫는 번역에 있어서 시적 운율에 많은 힘을 기울이고 있는바 작시법상 시조의 작시 체계를 답습하고 있다. 즉 시조의 3장 6구의 작시법을 이어받아 매 행이 2구로 되어 있다. ≪백련초해≫는 매 연이 두 개의 시행으로 구성되었고 매 시행이 2구로 되어 있으며 음절 구성을 보면 3, 4, 5 음절이 기본을 이루고 있다.

1) 음절군의 분포를 보면 아래와 같다.

≪용비어천가≫에는 1, 2, 6, 7 음절로 된 음절도 있으나 기본은 3, 4, 5 음절로 되어 있다. 그리고 음절군이 6, 8 음절군으로 되어 있는 것이 기본을 이룬다.

(193) 불휘 기픈 남ㄱ ㄴ ㅂㄹ매 아니 뮐쎄 곶 됴코 여름 하ㄴ니
(4/2/3/4/3/5//)
싣미 기픈 므른 ㄱㅁ래 아니 그츨쎄 내히 이러 바ㄹ래 가ㄴ니
(4/2/3/5/4/6//)

≪용비어천가 2장≫

(194) 周國 大王이 幽谷애 사ㄹ샤 帝業을 여르시니
(2/3/3/3/3/4//)

우리 始祖ㅣ 慶興에 사ᄅᆞ샤 王業을 여르시니

(2/3/3/3/3/4//)

≪용비어천가 5장≫

(195) 五年을 改過 몯ᄒᆞ야 虐政이 날로 더을ᄊᆡ 倒戈之日에 先考ㅎ

뜯 몯 일우시니

(3/5/3/5/5/3/1/4//)

쳣나래 讒訴를 드러 凶謀ㅣ 날로 더을ᄊᆡ 勸進之日에 平生ㄱ

뜯 몯 일우시니

(3/5/3/5/5/3/1/4//)

≪용비어천가 12장≫

위의 예를 보면 음절군의 수는 6, 8 음절군으로 되어 있고 음절 구성을 보더라도 5장과 12장은 앞, 뒤 구의 음절 구성이 일치를 이루면서 운율을 조성하고 있다.

(196) ㄱ. 고지 란간 앏픠셔 우스더 소리롤 듣디 몯ᄒᆞ고

(2/5/3/3/5//)

새 스플 아래셔 우르더 눈믈 보미 어렵도다

(1/5/3/4/4//)

ㄴ. 고존 쇠잔ᄒᆞ야도 반ᄃᆞ시 다시 퓔 나리 잇거니와

(2/5/3/3/2/4//)

사ᄅᆞ믄 늘그면 일즉 다시 져믈 휘 업도다

(3/3/2/4/1/3//)

≪백련초해≫

≪용비어천가≫는 앞, 뒤 구가 규칙적인 음절 결합에 의해 운율을 조성하고 있으나 ≪백련초해≫는 음절 결합이 ≪용비어천가≫보다 규

칙적이 되지 못하고 있다.

2) 시련 조직

≪용비어천가≫는 모두 125장으로 되어 있다. 제1장이 1행, 제125
장이 3행으로 되어 있다. 그 나머지 장은 2행으로 되어 있다.

≪백련초해≫는 매 연이 2행으로 되어 있다.

3) 운율 조성의 보조적 수단

운율 조성의 보조적 수단에는 반복법, 압운법, 약음법 등을 들 수
있다.

반복법에는 단어의 반복과 토의 반복을 들 수 있다.

단어의 반복을 보면 아래와 같다.

   (197) 狄人ㅅ 서리예 <u>가샤</u> 狄人이 <u>굴외어늘</u> 岐山 올ᄆ샴도 <u>하ᄂᆞᆯ 뜨</u>
      <u>디시니</u>

      野人ㅅ 서리예 <u>가샤</u> 野人이 <u>굴외어늘</u> 德源 올ᄆ샴도 <u>하ᄂᆞᆯ 뜨</u>
      <u>디시니</u>

                            ≪용비어천가 4장≫

   (198) 太子를 <u>하ᄂᆞᆯ히</u> <u>굴히샤</u> 몯ㄱ 뜨디 일어시늘 聖孫올 <u>내시니이다</u>

      世子를 <u>하ᄂᆞᆯ히</u> <u>굴히샤</u> 帝命이 ᄂᆞ리어시늘 聖子를 <u>내시니이다</u>

                            ≪용비어천가 8장≫

   (199) ㄱ. <u>뫼히</u> 프르며 <u>뫼히</u> 희요ᄆᆞᆫ 구로미 오며 가몌오

        <u>사ᄅᆞ미</u> 즐기며 <u>사ᄅᆞ미</u> 시름ᄒᆞ요ᄆᆞᆫ 수리 이시며 업스미로다

      ㄴ. <u>뫼</u>바띄 <u>뫼히</u> 이시니 <u>뫼히</u> 다ᄋᆞ디 아니ᄒᆞ고

        <u>깊</u> 가온ᄃᆡ <u>길히</u> 하니 <u>길히</u> 그지 업도다

                              ≪백련초해≫

토의 반복법은 압운법과 융합되어 실현되고 있는데 실례를 보면 아래와 같다.

> (200) 말쓰몰 스뵈리 하딕 天命을 疑心ᄒ실ᄊᆡ 꾸므로 뵈아시니
> 놀애롤 브르리 하딕 天命을 모르실ᄊᆡ 꾸므로 알외시니
>
> ≪용비어천가 8장≫
>
> (201) 聖孫이 一怒ᄒ시니 六百年 天下ㅣ 洛陽애 올ᄆ니이다
> 聖子ㅣ 三讓이시니 五百年 나라히 漢陽애 올ᄆ니이다
>
> ≪용비어천가 14장≫

이상의 (200)에서는 대격토 '울/를', 접속토 '딕', 대격토 '을', 존칭토와 규정토가 결합된 '실', 조격토 '으로', 존칭토 '시', 접속토 '니'에 의하여 토의 반복이 이루어지면서 두운, 요운, 각운을 밟고 있다. (201)에서는 주격토 '이/ㅣ', 존칭토 '시', 접속토 '니', 여격토 '애', 존대 계칭의 종결토 '이다'에 의하여 토의 반복이 이루어지면서 시의 운을 밟고 있다.

> (202) ㄱ. 고지 쟈근 뜰헤 불거시니 누른 버리 들에오
> 프리 긴 방튜긔 프르러시니 흰 ᄆ리 우놋다
> ㄴ. 버드리 프론 댱마기 되어시니 곳고리 소니 되고
> 고지 블근 방이 되어시니 나븨 남지니 되였쏘다
>
> ≪백련초해≫

(202ㄱ)은 주격토 '이', 규정토 'ㄴ', 여격토 '예/의', 접속토 '니' 등 토들이 반복되면서 두운, 요운, 각운을 이루고 있으며 (202ㄴ)은 주격토 '이', 규정토 'ㄴ', 시간토 '였', 접속토 '니'에 의하여 토의 반복이 이

루어지면서 시의 운을 밟고 있다.

《용비어천가》에는 앞, 뒤 구의 음절을 맞추기 위하여 약음법을 사용하고 있다. 이런 약음법은 주로 규칙적인 음절수의 결합 형태로써 운율을 조성하는 역할을 하고 있다.

> (203) 세 살로 세 샐 쏘시니 府中엣 遼使ㅣ 奇才를 과ᄒᅇᄫᅵ니
>
> 흔 살로 두 샐 쏘시니 짒 기신 百姓이 큰 功을 일우ᅀᄫᅵ니
>
> 《용비어천가 57장》
>
> (204) 賢君을 내요리라 하ᄂᆞᆯ히 부馬 달애샤 두 孔雀일 그리시니이다
>
> 聖武를 뵈요리라 하ᄂᆞᆯ이 님금 달애샤 열 銀鏡을 노ᄒᆞ시니이다
>
> 《용비어천가 46장》

(203)에서 대격토 '를' 대신에 'ㄹ'이 명사 '새'와 한 음절을 이룬 것은 약음법이 사용된 실례이고, (204)의 단어 '공작일'은 약음법을 사용하여 대격토 '를' 대신 'ㄹ'을 바꿈토 '이'[6)와 한 음절을 이루어 단어 '은경을'과 대응되게 하고 있는데 이것은 운율을 조성하려는 시인의 의식적인 배려인 것이다.

2.4.3. 문체론적 표현 수법

문체론적 표현 수법의 사용에서 《용비어천가》에는 문장론적 수법인 대구법, 대조법이 사용되었고 어휘론적 표현 수법에는 감탄법을 들수 있다. 《두시언해》에는 일부의 구절이 시적 형태를 갖추면서 대

---

6) '이다'에 대해서는 학계에서 논란이 많다. 한국의 학교문법에서는 서술격 조사로 하고 있고 어떤 학자들은 지정사로 인정하고 있는데 본고에서는 조선의 학교문법에 따라 바꿈토로 하였다.

구, 대조법이 사용되고 있다. ≪백련초해≫에는 문체론적 표현 수법의 사용이 활약을 보이고 있는데 거기에는 어휘론적 수법에서 비유법, 의인법, 과장법, 형상적 수법이 쓰이었고 문장론적 수법에서 대구법, 대조법이 사용되었다.

직유의 사용은 아래와 같다.

> (205) ㄱ. 댓 쓸위 따해 소스니 룡의 <u>허리 고븐 둧ㅎ고</u>
> 반촛 니펴 창이 발아시니 봉의 <u>꼬리 긴 둧하도다</u>
> ㄴ. 쉬운 머리예 옥으로 밍근 비슬 고자시니 <u>새 드리 고븐 둧</u>
> <u>ㅎ고</u>
> 누네 <u>구슬ㄱ툰</u> 눈므를 머구머시니 <u>새볏 고지 이슬 만흔</u>
> <u>둧ㅎ도다</u>
> ㄷ. 댓 엄시 붇 <u>곧토더</u> 글즈 일우미 어렵고
> 솔 닙피 <u>바놀 갇토더</u> 실 쎄디 몯ㅎ놋다
>
> ≪백련초해≫

(205ㄱ)에서는 직유의 수법으로 "참대뿌리가 용의 허리 굽은듯하고 파초 잎이 봉황새 꼬리 같다"고 비유하고 있고 (205ㄴ)에서는 '눈물'을 '구슬'에 비유하면서 "구슬 같은 눈물을 머금고 있는 것이 새벽 꽃에 이슬이 가득한 것 같"다고 표현하고 있으며 '빗'을 '달'에 비유하면서 "옥으로 만든 빗은 달이 굽은 것 같다"고 생동적으로 그려 내고 있다. 그리고 (205ㄷ)에서는 '참대의 엄'을 '붓'에, '솔잎'을 '바늘'에 비유하고 있는데 이런 참신한 비유법은 원문에 기초하고 있다고 하지만 번역하는 과정에 역자의 미학적 요구에 따라 재창작된 것이라 말할 수 있다.

은유의 수법은 형상적 수법과 융합되어 사용되고 있다.

> (206) ㄱ. 뫼 우희 흰 구르믄 뫼 우흿 개오
>   믈 가온딧 불곤 ᄃ론 믈 가온딧 구스리로다
>   ㄴ. 댓슌니 ᄀ 나니 누른 쇼아지 ᄲᆞ리오
>   고사릿 어미 이믜 나니 아히 주머귀로다
>   ㄷ. 못 가온디 년 니픈 고기의 우사니오
>   ᄆᆞᆯ 우희 거믜시론 져비의 바리로다
>   ㄹ. 곳 ᄉᆡ예 나비 춤츠니 어즈러은 눈이오
>   버들 우희 곳고리 ᄂᆞ니 편편흔 금미로다
>
> ≪백련초해≫

위의 예에서는 은유의 수법으로 '구름'을 '덮개', '달'을 '구슬', '참대
순'을 '송아지 뿔', '고사리 엄'을 '아이 주먹', '연잎'을 '고기의 우산',
'거미실'을 '제비의 발(簾)', '나비'를 '눈(雪)', '꾀꼬리'를 '금'에 비유하
고 있다. 이런 은유의 수법은 형상적 수법과 융합되어 사용되고 있다.
(206ㄱ)에서는 "구름이 덮이니 산우의 덮개 같고 달이 물가에 비취니
물 가운데 구슬 같다"고 하면서 자연 현상을 형상적으로 그려 내고 있
다. (206ㄴ)의 "참대순은 송아지 뿔 같고 고사리 엄은 아이 주먹 같다"
는 표현과 (206ㄷ)의 "연잎이 고기의 우산 같고 거미 실이 제비를 위
해 드리운 발 같다"는 표현은 사물의 형태를 형상적으로 그려낸 실례
이다. (206ㄹ)에서는 '나비'와 '꾀꼬리'의 행동을 묘사함에 있어서 형
상적 수법을 이용하여 "나비가 춤추니 어지럽게 흩날리는 눈 같고 꾀
꼬리가 나니 한 점 한 점의 금 같다"고 표현하고 있다.

의인법의 사용은 다음과 같다.

(207) ㄱ. 므렛 새는 졍이 이셔 우러 나롤 향ᄒᆞ고

　　　　드릇 고즌 마리 업서 길 녀는 사ᄅᆞᆷ롤 운놋다

　　　ㄴ. 강 누의 져비 춤츠니 보니 져믄 주룰 알오

　　　　두듥 남긔 곳고리 놀애 브르니 녀름 하ᄂᆞᆯ ᄒᆡᆫ줄 스치리로다

　　　ㄷ. 고지 란간 앏픠셔 우ᄉᆞ디 소리롤 듣디 몯ᄒᆞ고

　　　　새 스플 아래셔 우르디 눈믈 보미 어렵도다

　　　　　　　　　　　　　　　　　　　　≪백련초해≫

　(207ㄱ), (207ㄴ), (207ㄷ)에서는 동물이나 식물에 인간의 성격을 부여하여 인간의 행동을 보여 주고 있는데 "새가 운다", "들꽃이 말이 없다", "제비가 춤춘다", "꾀꼬리가 노래 부른다", "꽃이 웃는다"는 표현은 의인법이 사용된 실례이다.

　과장법의 사용은 다음과 같다.

(208) ㄱ. 흰 하야로비 바티 ᄂᆞ리니 일천 뎜 눈이오

　　　　누른 곳고리 남긔 오르니 ᄒᆞᆫ 가지 금이로다

　　　ㄴ. 댓슌니 ᄀᆞᆺ 나니 누른 쇼아지 ᄲᅳ리오

　　　　고사릿 어미 이믜 나니 아ᄒᆡ 주머귀로다

　　　ㄷ. 이스리 드린 버드래 얼의여시니 일천 실 오기오

　　　　나리 긴 강애 ᄇᆞ싀니 일만 이렁 그미로다

　　　　　　　　　　　　　　　　　　　　≪백련초해≫

　위의 예에서 과장법은 은유와 융합되어 사용되고 있는데 "백로가 밭에 내리니 온 밭이 새하얗고 꾀꼬리가 나무에 오르니 온 가지가 샛노랗다"는 표현은 과장법이 사용된 실례이다. "참대 순이 송아지 뿔처럼, 고사리 엄이 아이 주먹처럼 크고", "이슬이 나무에 응고되어 일천

실 옥 같"고, "해가 강에 비취어서 온 강에 다 금으로 덮었다"고 과장하면서 자연의 현상과 동물의 행동을 생동하게 그려 내고 있다.

수사학적 감탄법은 다음과 같이 실현되고 있다.

> (209) 千世 우희 미리 定ㅎ샨 漢水北에 累仁開國ㅎ샤 卜年이 곳 업스시니
>   聖神이 니ᅀᆞ샤도 敬天勤民ㅎ샤ᅀᅡ 더욱 구드시리이다
>   님금하 아ᄅᆞ쇼셔 洛水예 山行 가 이셔 하나빌 미드니잇가
>   ≪용비어천가 125장≫

(209)에서의 '님금하'는 감탄법이 사용된 실례이다. 이러한 수사학적 감탄법의 사용은 향가나 고가요에서 찾아볼 수 있는데 ≪용비어천가≫에서는 그 수법을 물려받았던 것이다.

≪용비어천가≫의 1장과 125장을 제외한 기타 장절과 ≪백련초해≫의 작품은 대구법으로 된 시가 작품이다.

≪두시언해≫에서도 대구법이 사용된 예를 찾아볼 수 있다.

> (210) 어득흔 房앤 귓거시 ᄇ리 ᄑᆞᄅ고
>   믈어딘 길헨 슬픈 ᄆᆞ리 흐르놋다
>   ≪두시언해 玉華宮≫
> (211) 세 번 도마보물 어즈러이 호ᄆᆞᆫ 天下를 위하야 혜아료미니
>   두 朝를 거리츄ᄆᆞᆫ 늘근 臣下이 ᄆᆞᅀᆞ미니라
>   ≪두시언해 蜀相≫
> (212) 절로 가며 절로 오ᄂᆞᆫ 집 우흿 져비오
>   서르 親ㅎ며 서르 갓갑ᄂᆞᆫ 믌 가온딧 굴며기로다
>   ≪두시언해 江村≫

위 예에서의 앞, 뒤의 두 문장은 서로 뜻이 비슷하게 놓여 있으면서 대구를 이루고 있다.

≪용비어천가≫에는 대조법의 사용이 매우 빈번하고 ≪백련초해≫ 에는 거의 매 연이 대조법으로 연관되어 있다고 해도 과언이 아닐 정 도로 대조법이 많이 이용되고 있다.

(213) 始終이 <u>다ᄅ실ᄊᆡ</u> 功臣이 <u>疑心ᄒ니</u> 定鼎無幾예 功이 그츠니이다
始終이 <u>ᄀᄐ실ᄊᆡ</u> 功臣이 <u>忠心이니</u> 傳祚萬世예 功이 그츠리이다
≪용비어천가 79장≫

(214) 四征無敵ᄒ샤 <u>오샤ᅀᅡ</u> 사ᄅ시릴ᄊᆡ <u>東</u>이 <u>니거시든</u> <u>西夷</u> ᄇ라ᅀᆞ
ᄫᅵ니
用兵如神ᄒ샤 <u>가샤ᅀᅡ</u> 이기시릴ᄊᆡ <u>西</u>예 <u>오나시든</u> <u>東鄙</u> ᄇ라ᅀᆞ
ᄫᅵ니
≪용비어천가 38장≫

(213)에서 '다르다'와 '같다', '疑心하다'와 '忠心하다', (214)에서 '오 시다'와 '가시다', '동'과 '서', '가다'와 '오다', '西夷'와 '東鄙'의 대조는 대조법이 사용된 실례이다.

(215) ㄱ. 곳 비치 <u>여ᄐ며</u> <u>기푸ᄆᆫ</u> 몬졔며 후에 ᄑ요미오
버들항녀리 <u>노프며</u> <u>낫가오ᄆᆫ</u> 녜며 이제 심구미로다
ㄴ. <u>고지</u> <u>쟈근</u> ᄯᅳᆯ혜 <u>불거시니</u> 누른 버리 들에오
<u>ᄑ리</u> <u>긴</u> 방튜긔 <u>프르러시니</u> 흰 ᄆᆞ리 우놋다
≪백련초해≫

(215ㄱ)에서는 '여트다'와 '깊으다', '먼저'와 '후', '높다'와 '낫다',

'이전'과 '이제' 등 단어를 대조시키고 있으며 (215ㄴ)은 전 연이 모두 대조법으로 되어 있는데 여기에서는 '꽃'과 '풀', '작다'와 '크다', '뜰'과 '방뚝', '붉다'와 '푸르다', '누른'과 '흰', '벌'과 '말', '시끄럽다'와 '운다' 를 대조시키고 있다.

> (216) 늘근 겨지븐 죠히롤 그려 쟝긔판눌 밍ᄀ어늘
> 　　　 져믄 아ᄃ론 바ᄂ롤 두드려 고기 낫굴 낙술 밍ᄀᄂ다
> 　　　　　　　　　　　　　　　　　　　　　≪두시언해≫

(216)에서 '늙은'과 '젊은', '겨집'과 '아들'의 대조는 대조법이 사용된 실례이다.

2.4.4. 문법적 수단

≪용비어천가≫는 전반 문장이 높임법으로 되어 있는데 이것은 고 가요의 대부분 작품이 존대 표현으로 되어 있는 특징을 그대로 살리고 있다. ≪두시언해≫와 ≪백련초해≫는 문장이 존대 표현이 없는 서술 문으로 되어 있다.

≪용비어천가≫는 접속토 '니'에 의하여 문장이 끊임없이 연결되고 있으면서 긴 복합문을 이루고 있다. ≪두시언해≫는 산문적인 형태를 취하면서 긴 복합문이 없으며 복합문의 경우에도 그 구성이 복잡하지 않다. ≪백련초해≫는 매 시행의 두 구절이 접속토 '니'에 의하여 원인 의 종속복합문을 이루고 두 시행이 접속토 '고'에 의하여 병렬복합문을 이루고 있는 것이 아주 많다.

종결토의 사용에서 ≪용비어천가≫는 서술식의 경우에는 존대 계칭

의 종결토 '이다'가 사용되고 있고 의문식의 경우에는 '잇가, 잇고'가
쓰이고 있고 제110장부터는 권유식 종결토 '쇼셔'가 쓰이고 있는데 이것
은 제110장부터는 후왕을 훈계하는 내용을 담은 것과 관계된다. ≪두시
언해≫에는 서술식의 경우 종결토 '도다, 로다, 놋다, 니라'가 주로 쓰
이고 있고 의문식의 경우에는 '고, 리오'가 쓰이고 있다. ≪백련초해≫
에는 종결토의 사용에서 서술식만 쓰이고 있는데 종결토들로는 '도다,
로다, 놋다, 놋짜'만 사용되고 있다.

2.4.5. 표기 수단

표기법에서 ≪용비어천가≫는 시대를 같이 하고 있는 ≪월인천강지
곡≫과 비슷하나 다른 점도 있다.

국한혼용체를 사용하고 있는데 한자어가 고유어화 된 어휘는 정음
자로 표기하고 있다. 그리고 2, 30, 67, 68장은 모두 정음자로 표기하
고 있다.

표기상 '종성부용초성(終聲復用初聲)'의 원칙을 지켰으며 대부분 경
우 하철을 하고 있고 일부 경우 상철을 하고 있다.

하철의 예는 아래와 같다.

(217) 黑龍이 흔 사래 죽거

≪용비어천가 22장≫

(218) 죄 한 도즈글 모르샤 보리라 기드리시니

≪용비어천가 19장≫

(219) 우루믈 슬퍼 너겨 드르샤

≪용비어천가 96장≫

(220) 오술 아니 바사 禮經을 從ᄒ시니

≪용비어천가 92장≫

(221) 두 도티 ᄒ 사래 마ᄌ니

≪용비어천가 43장≫

그러나 어떤 경우에는 상철하고 있다.
상철의 예는 아래와 같다.

(222) 졸애山 두 놀이 ᄒ 사래 ᄢᅦ니

≪용비어천가 43장≫

종성은 8종성 외에 'ᄣᅵ, △, ᄚ, ᄧ, ᄚ' 받침이 쓰이고 있다.

(223) 오ᄂᆞᆶ 나래 내내 웃ᄫᅳ리

≪용비어천가 16장≫

(224) 사ᄅᆞᆲ 뜨디리잇가

≪용비어천가 15장≫

(225) 셔ᄫᅳᆶ 使者ᄅᆞᆯ ᄭᅥ이샤

≪용비어천가 18장≫

(226) 죽다가 살언 百姓이 아ᄃᆞᆲ기

≪용비어천가 25장≫

(227) 功德을 國人도 ᄉᆞᆲ거니

≪용비어천가 72장≫

결합자음에 'ᅙ, △, ᄀ, ᄇ, ᄃ' 등이 쓰이고 있다.
훈민정음의 결합자음 삽입 원칙은 종성이 'ㅇ'인 경우 결합자음 'ᄀ',

'ㄴ'에는 'ㄷ', 'ㅁ'에는 'ㅂ', 'ㅱ'에는 'ㅸ'이 대응되며 종성이 없는 경우에는 'ㆁ'이 대응된다. 고유어인 경우 무성음 위에는 'ㅅ', 유성음 위에는 'ㅿ'이 대응된다. 예를 보면 많이는 이 원칙이 잘 지켜고 있으나 일부 경우에는 잘 지켜지지 않는 것도 있다.

정음자, 한자에 공동으로 사용되는 경우를 보면 아래와 같다.

(228) 英主ㅿ 알픠 내내 붓그리리

≪용비어천가 16장≫

(229) 오늜 나래 내내 웃브리

≪용비어천가 16장≫

(230) 先考ㆁ 뜯 몯 일우시니

≪용비어천가 12장≫

(231) 하놄 뜨디시니

≪용비어천가 4장≫

한자인 경우를 보면 다음과 같다.

(232) 平生ㄱ 뜯 몯 일우시니

≪용비어천가 12장≫

(233) 몃 間ㄷ 지븨 사ᄅ시리잇고

≪용비어천가 110장≫

일부 경우를 보면 다음과 같다.

(234) 九變之局이 사ᄅᆞᆷ 뜨디리잇가

≪용비어천가 15장≫

≪두시언해≫의 초간본과 중간본은 약 150년의 시대적 차이를 두고 있으므로 표기법이 서로 다른 것은 당연한 일이다. 구체적으로 살펴보면 아래와 같다.

1) 초간본에는 정음자에 사성 표기가 있지만 중간본에는 사성 표기가 없다.

2) 자음 'ㅿ'가 초간본에서는 대량적으로 쓰이고 있지만 중간본에서는 완전히 소실되어 그것이 다 'ㅇ'로 되었다.

   (235) 臣下의 ㅁᅀ미니라

           ≪두시언해 초간본≫

   (236) 臣下의 ㅁᅌ미니라

           ≪두시언해 중간본≫

3) 'ㆁ'이 초간본에는 초성(初聲)에서 많이 쓰이고 있으나 중간본의 경우에는 그것이 'ㅇ'으로 변하였다.

   (237) 당다이, 그에

           ≪두시언해 초간본≫

   (238) 당당이, 거긔

           ≪두시언해 중간본≫

4) 결합자음의 표기에서 'ㅅ' 하나로만 쓰이고 있다.

   (239) 믌ᄀᅀᅵ 내왯는 긦우미

           ≪두시언해 초간본≫

   (240) 믌긔 내왯는 긦우미

           ≪두시언해 중간본≫

5) 초간본에는 어간의 끝 음절의 받침 'ㄹ' 아래 오는 토의 자음이 'ㄱ'일 때 'ㄱ'를 탈락시키고 있는데 중간본에서는 형태 그대로 표기하고 있다.

    (241) 술햇 그미 ㄱ눌오

                           ≪두시언해 초간본≫

    (242) 술햇 그미 ㄱ눌고

                           ≪두시언해 중간본≫

  ≪백련초해≫의 표기법을 보면 기본상 그 시대의 표기법을 따르고 있으나 자체의 독특한 특징을 가지고 있다.

  다른 시가와 달리 모든 표기가 다 정음으로 되어 있다. 정음자의 경우는 물론이고 한자어의 경우에도 정음자로 표기를 하고 있는 것을 보면 한자어가 급격히 증가되는 과정에도 훈민정음의 창제로 하여 민족의 언어, 문자 생활이 획기적인 전환점을 가져왔다는 것을 알 수 있다. 조선 민족의 언어와 문자 생활에서 모범을 보여 준 ≪백련초해≫는 후에도 민족의 자주 의식을 키우고 민족 문화를 사랑하는 면에서 적극적인 역할을 하였다.

  받침에는 8종성의 원칙을 지키고 있으나 이 밖에 ≪ㄿ, ㄽ, ㄲ≫이 쓰이고 있다.

    (243) ㄱ. 버듨 가온디 닉 줌가시니
       ㄴ. 닑는 브리 도잇엿도다
       ㄷ. 란간 앏 소래 잇도다

                           ≪백련초해≫

6) 표기상 일정한 혼란을 가져오고 있는데 같은 음운론적 조건 하에서 어떤 경우는 표음(表音)주의 원칙에 따라 하철하고 또 어떤 경우는 형태(形態)주의 원칙에 따라 상철하고 있으며 일부 경우에는 복철(復綴)을 하고 있다.

하철의 예를 보면 아래와 같다.

(244) 므른 사룸미 <u>쁘들</u> 늘기게 호매

≪백련초해≫

상철의 예를 보면 아래와 같다.

(245) 가비야이 <u>옥을</u> 혼들오

≪백련초해≫

복철의 예를 보면 아래와 같다.

(246) 즌 봄 <u>뜰들</u> 머구머 이쇼매

≪백련초해≫

된소리 표기에서 어떤 경우는 합용병서(合用並書)를 하고 어떤 경우는 각자병서(各字並書)를 하고 있다.

(247) ㄱ. ᄀᅀᆞᆯ 깃기놋짜

　　　 ㄴ. ᄀᅀᆞᆯ ᄇ라며 ᄈ러디놋따

≪백련초해≫

어두에 합용병서인 'ㅵ'를 사용하고 있다.

(248) 둘 비쵠 뜰혜 비화룰 ᄢᅳ니

≪백련초해≫

어두에 'ㄹ'이 그대로 쓰이고 있다.

(249) ㄱ. 믈 싸온딋 련고치로다

ㄴ. 고지 란간 앏픠셔 우스디

ㄷ. 샤향 롤이 봄 뫼해 디나가니

≪백련초해≫

제5절 시조

시조(時調)는 조선 중세 문학사에서 가장 널리 보편화 된 시가 형식의 하나이다. 시조는 각이한 계층들에 의하여 다종다양한 주제의 작품들을 남겼으며 독특한 장르로서 가장 오랜 역사적 시기에 걸쳐 발전하여 왔다. 시조는 대체적으로 고려 말기부터 형성되어 조선조 시기를 걸쳐 근대에 이르기까지 그 맥락을 유지하고 있다. 시조의 발생 초기에는 그것을 표기할 우리의 민족 문자가 아직 없었던 조건에서 일부 작품만이 한역되어 전하고 대부분은 구전되어왔다. 훈민정음의 창제와 함께 이것을 기록하여 후세에 널리 전하고 있는데 18세기에 편찬된 ≪청구영언≫, ≪해동가요≫, ≪청구가요≫와 19세기에 편찬된 ≪남훈태평가≫, ≪가곡원류≫에 시조 작품이 수록되어 있다. 시조가 발생, 발전되어 오면서 몇 천 수에 달하는 작품들을 세상에 내놓았는데 이렇게 방대한 양의 작품을 다룬다는 것은 불가능한 일이다. 따라서 이 글에서는 상술한 시조집에서 시대 순으로 대표적인 작품들을 선택하여 연구 대상으로 삼고자 한다.

시조는 고려 시기, 조선조 전기, 조선조 후기로 이어지고 있다.

고려 시기의 시조는 형식상 주로 고려 귀족에 의해서 창작된 평시조가 많고 내용면에서는 연군지정(戀君之情)과 우국지사(憂國之士)를 표현한 일편단심을 노래한 것이 많다. 대표적 작품으로는 우탁의 ≪흔 손에 막뒤 잡고≫, 최영의 ≪綠駬霜蹄 살지게 먹여≫, 이색의 ≪白雪이 즈즈진 골에≫, 정몽주의 ≪단심가≫, 이방원의 ≪하여가≫ 등의 작품을 들 수 있다.

조선조 전기에 와서 시조는 형식상 평시조, 연시조가 나타났으며 내용상 주자성리학의 영향으로 실질적인 유교 이념의 생활이 소재가 된 시조가 융성하였는데 가장 대표적인 주제는 '삼강오륜(三綱五倫)' 즉 군신과 부자, 부부 사이에 지켜야 할 '삼강(三綱)'과 군신유의(君臣有義), 부자유친(父子有親), 부부유별(夫婦有別), 형제유애(兄弟有愛), 붕우유신(朋友有信)인 '오륜(五倫)'을 노래하고 있다. 이 밖에 사랑을 주제로 다룬 작품들도 적지 않다. 대표적 작가들로는 정도전, 황희, 김종서, 성삼문, 이개, 황진이, 정철, 이이, 이황 등등을 들 수 있다.

조선조 후기에 와서 시조의 형식은 더 한층 발전되었는데 중형 시조인 엇시조와 장형 시조인 사설시조가 나타났으며 내용면에서도 작자에 따라 다양하여 자연예찬(自然禮讚)과 연군지정(戀君之情), 우국지사(憂國之士)에 관한 주제에만 그치지 않고 소박한 평민들의 생활과 풍자, 해학까지 담긴 시조들이 많이 나타났다. 대표적 작품들로는 신흠, 박인로, 윤선도 등 작가들의 작품과 작가 미상의 작품들을 들 수 있다.

2.5.1. 어휘적 수단

훈민정음의 창제로 하여 민족적 자아 의식이 날로 확대되었는데 시조가 정음으로 고착되면서 고유어가 많이 나타나고 있으며 창작도 평민에 이르기까지 범위가 확대됨에 따라 언어적 표현이 쉽고 대중적인 입말체에 가깝게 되었다. 즉 양반계층이 창작한 시조에는 한자어가 많이 쓰이고 평민계층이 창작한 시조에는 고유어가 많이 사용되었다.

1) 고유어와 한자어의 사용

고유어의 사용에서는 현대어와 다른 고어의 사용을 찾아보기 어렵고 표현도 입말에 가깝다.

> (250) 시닛물(시내물), 막디(지팽이), 즈럼길(지름길), 가마귀(까마귀), 드렁츩(칡덩굴), 넜(넋), 대쵸(대추), 놓(얼굴), 골(골짜기), 벼(벼), 그르ㅎ(그루), 게(게), 허리(허리), 삿갓(삿갓), 누역(도롱이), 낙디(낚시대), 갈먹기(갈메기), 닉(연기), 노고지리(종달새), 회초리(회초리), 볕(해볕), 보리알(보리알), 잔벼룩(잔벼룩), 빈대(빈대), 사마귀(사마귀), 바퀴(바퀴), 모기(모기), 수파리(쉬파리), 벗(벗), 그림(그림), 노ㅎ(노끈), 두터비(두꺼비), 프리(파리), 매얌(매미)

고유 부사와 상징어의 사용된 실례는 아래와 같다.
부사의 사용을 예를 들면 아래와 같다.

> (251) 홀노(홀로), 구타야(구태여), 조히(좋게), 곳쳐(다시), 어이(어떻게), 아니(안), 못(못), 다(다), ᄀ득(가득), 쏘(또), 절로(절로), 더옥(더욱), ᄌ로(자주), 아모리(아무리)

사용된 상징어의 예를 들면 아래와 같다.

　　(252) 리서리, 구뷔구뷔, 즈로즈로, 웃득, 풀덕

　시조의 표기는 국한혼용체로서 한자어는 한자로, 고유어는 정음자
로 표기하고 있는데 한자어에 기원을 둔 어휘를 정음자로 표기하고 있
다는 것은 당시 사람들의 의식 속에서 점차 고유어처럼 인식된 사정을
알 수 있다.

　　(253) 매화(梅花), 일백번(一百番), 향(向)하다, 반(半), 백로(白鷺),
　　　　　체장스(匠事), 학(鶴), 힝(幸)혀, 은덕(恩德), 무심(無心)코,
　　　　　양(樣), 북당(北堂), 친(親)코, 사시(四時), 밤듕(中), 농부(農
　　　　　夫), 의원(醫員), 병(病), 북망산(北邙山), 잔(盞)

　한자어, 한자 성구, 한문투가 쓰이었는데 이러한 한자어는 시조의
규칙적인 음절을 맞추는 데 이바지하고 있다.
　한자 어휘는 주로 명사에 많이 사용되었다.

　　(254) 朔風, 蓬萊山, 第一峯, 春風, 靑草, 紅顔, 雨裝

　한자 성구가 사용된 예는 다음과 같다.

　　(255) 落落長松, 一片丹心, 爲國忠節, 萬頃蒼波, 千尋綠水, 萬疊靑
　　　　　山, 一葉片舟, 鶴髮雙親

한문투는 일반적으로 고유어 '하다', '이다'와 결합되어 함축적인 언어적 표현으로 음절을 맞추고 있다.

(256) ㄱ. 유란이 <u>在谷</u>ᄒ니
ㄴ. 백운이 <u>在山</u>ᄒ니
ㄷ. <u>天覆地載</u>ᄒ니 만물의 부모ㅣ로다
ㄹ. <u>父母生育</u>ᄒ니 이늬의 천지로다
ㅁ. <u>山頭閒雲起</u>ᄒ고 <u>水中白鷗飛</u>라
ㅂ. 춘풍에 <u>花滿山</u>이요 추야에 <u>月滿臺</u>라

한자어에 동사 '하다'와 접미사 '이, 히'가 결합되어 쓰이고 있다.

(257) 光明하다, 虛浪하다, 依舊하다, 離別하다, 勸하다, 多情하다, 閑暇하다, 相償하다, 無窮하다, 重하다, 傳하다
(258) 無端히, 貪貪이, 自然히

2) 형상적 어휘

시조는 함축적인 언어로써 자연 현상이나 자연풍물을 가지고 말하고자 하는 주제를 나타내는 시가 형식의 일종이다. 이렇게 우리의 조상들은 세심한 관찰력과 예리한 필치로 자연의 섭리를 깨달고 인간의 도리를 말하고 있다. 때문에 시조에는 상징적인 수법이 많이 사용되고 있으며 따라서 형상적 어휘를 많이 사용하고 있다.

(259) 白雪이 ᄌᆞᄌᆞ진 골에 구름이 머흐레라
반가온 매화는 어늬 곳듸 피엿는고
夕陽에 홀노 셔셔 갈 곳 몰나 ᄒ노라

≪이색의 시조≫

이상의 (259)에서 '구름'은 고려 왕조를 몰락시키려는 조선조를 뜻하고 있고 '매화'는 국운의 회복을 알리는 좋은 소식을 의미하며 '석양'은 쓰러져 가는 고려의 운명을 상징하면서 몰락해가는 고려의 운명을 한탄하고 있다.

(260) 가마귀 싸호눈 골에 白鷺야 가지 마라
　　　 셩낸 가마귀 흰 비츨 새오니
　　　 淸江에 조히 시슨 몸을 더러일가 ᄒ노라
　　　　　　　　　　　　　　　　　≪정몽주 어머니의 시조≫

(260)에서 '까마귀'는 이성계와 이방원을 의미하고 '백로'는 정몽주를 상징하는데 정몽주의 어머니는 고려를 위하여 지조와 의리를 갖추고 나쁜 무리에 어울리지 말라고 아들을 타이르고 있다.

(261) 五百年 都邑地를 匹馬로 도라드니
　　　 山川은 依舊ᄒ되 人傑은 간 듸업다
　　　 어즈버 太平烟月이 꿈이런가 ᄒ노라
　　　　　　　　　　　　　　　　　　　　≪길재의 시조≫

(261)에서 '오백년 도읍지'는 고려 왕조를 의미하고 '필마'는 작가의 외로운 신세를 뜻하면서 망국의 한과 회고의 정을 잘 말해 주고 있다.

(262) 仙人橋 ᄂ린 물이 紫霞洞에 흐르르니
　　　 반 千年 王業이 물소리뿐이로다
　　　 兒戲야, 古國興亡을 무러 무슴ᄒ리요
　　　　　　　　　　　　　　　　　　　≪정도전의 시조≫

(262)에서 '반 천년 왕업'은 고려 왕조를 의미하고 '고국 흥망'은 고려 왕조의 멸망을 뜻하는데 여기에서는 영화로웠던 시대에 대한 안타까움과 새 왕조를 따르겠다는 작가의 현실 위주 사상(現實爲主思想)이 잘 보여지고 있다.

> (263) 이 몸이 죽어 가서 무엇시 될고 ᄒ니
> 　　　蓬萊山 第一峯에 落落長松 되얏다가
> 　　　白雪이 滿乾坤할 제 獨也靑靑ᄒ리라.
> 　　　　　　　　　　　　　　　　≪성삼문의 시조≫

(263)에서 '낙낙장송'과 '독야청청'은 푸른 소나무처럼 높은 지조로 살겠다는 작가 자신의 굳은 결의를 표현한 것인데 여기에서는 수양대군이 단종의 왕위를 빼앗은 계유정란(癸酉靖亂)에 대하여 비분강개하여 사육신의 한사람으로서 역사의 한 폐지를 장식한 작자의 기개를 나타내고 있다.

> (264) 간밤의 부던 ᄇ람에 눈서리 치단말가
> 　　　落落長松이 다 기우러 가노미라
> 　　　ᄒ믈며 못다 핀 곳이야 닐어 므슴 ᄒ리오
> 　　　　　　　　　　　　　　　　≪유응부의 시조≫

(264)의 "간밤의 부던 바람"은 단종을 폐위시킨 계유정란을 의미하고 '낙낙장송'은 김종서 등을 비롯한 충신들을 말하며 "못다 핀 꽃"은 의리를 중요시하는 젊은 인재들을 의미하는데 여기에서는 계유정란으로 인한 충신들의 희생을 개탄하고 있다.

(265) 이런들 엇더 ᄒ며 저런들 엇더 ᄒ료
　　　草野愚生이 이러타 엇더 ᄒ료
　　　ᄒ믈며 泉石膏肓을 곳쳐 무슴 ᄒ리.
　　　　　　　　　　　　≪이퇴계의 도산십이곡 서곡≫

(266) 愚夫도 알며 ᄒ거니 그 아니 뉘 온가
　　　聖人도 못 다 ᄒ거니 그 아니 뉘 온가
　　　쉽거나 어렵거나 늙는 줄 모로리라.
　　　　　　　　　　　　≪이퇴계의 도산십이곡 결사≫

　서곡의 '泉石膏肓(천석고황)'은 자연에 순응하면서 순리대로 살아가려는 간절한 마음을 의미하고 결사(結辭)의 종장(終章) 부분은 학문 수양의 길이 쉽지 않다는 것을 보여주면서 자연을 즐기면서 영원히 학문 수양의 길을 닦겠다는 작자의 인생 태도를 노래하고 있다.

(267) 靑山裡 碧溪水ㅣ야 수이 감을 쟈랑마라
　　　一到滄海ᄒ면 도라오기 어려오니
　　　明月이 滿空山ᄒ니 쉬여간들 엇더리
　　　　　　　　　　　　　　　≪황진이의 시조≫

　(267)에서 '벽계수'와 '명월'은 두 가지 의미를 뜻하는데 '벽계수'는 벼슬이름을 뜻하는 동시에 맑은 시냇물을 의미하고 '명월'은 밝은 달을 뜻하는 동시에 황진이의 기생 이름이기도 하다. 여기서 황진이는 쌍관어(雙關語)[7]로 은근한 남녀의 정을 노래하고 있다.

---

7) 여기서 말하는 쌍관어는 하나의 단어가 두 가지 의미를 꿰고 있는 것을 말한다.

(268) 솔이 솔이라 ᄒᆞ니 무슨 솔만 너겻ᄂᆞᆫ다
　　　 千尋絶壁의 落落長松 너 긔로다
　　　 길 아릐 樵童의 졉낫시야 거러 볼 줄이 이시랴

《송이의 시조》

(268)에서 '솔'은 작가의 이름인 소나무의 한자음 '송'의 고유어이다. 여기에서도 작가는 쌍관어(雙關語)로 자기의 이름은 고유어 '솔'로 표현하면서 소나무 같이 지조를 지켜 나가고자 하는 다짐을 하고 있다.

(269) 냇가에 ᄒᆡ오라바 므스 일 셔 잇ᄂᆞᆫ다
　　　 無心ᄒᆞᆫ 져 고기를 여어 무슴 ᄒᆞ려ᄂᆞᆫ다
　　　 아마도 ᄒᆞᆫ 믈에 잇거니 니저신ᄃᆞᆯ 엇드리

《신흠의 시조》

(269)의 'ᄒᆡ오라비'는 백로의 뜻으로 권력자에 대한 상징이고 '고기'는 희생물로서 약자를 가리키고 있다. 이 작품에서는 당쟁에 나라가 혼란에 빠져 있는 것을 보고 작가는 평화로운 세상을 갈망하고 있다.

(270) 지아비 밧갈나 간ᄃᆡ 밥고리 이고 가
　　　 飯床을 들오ᄃᆡ 눈섭의 마초이다
　　　 친코도 고마오시니 손이시나 ᄃᆞᄅᆞ실가

《주세붕의 시조》

(270)의 "눈섭의 마초이다"는 조심스레 예의를 표시하는 아내의 태도를 의미하는데 여기에서는 아내가 남편을 섬기는 도리를 말하면서 유교의 부부유별 사상을 노래하고 있다.

(271) 두터비 포리를 물고 두험 우희 치도라 안자
   것너산 브라보니 白松骨이 써 잇거눌
   가슴이 금즉호여 풀덕 쮜여 내둣다가 두험 아래 쟛바지거고
   모쳐라 놀낸 낼싀망졍 에헐질 번호패라
   《작가 미상의 시조》

(271)의 '두꺼비'는 양반을 의미하고 '파리'는 힘없는 선비를 나타냈으며 '白松骨'은 중앙관리를 가리킨다. 여기에서는 파리, 두꺼비, 백송골 등 세 계층을 통해 당시 탐관오리의 부패상을 보여 주고 있다.

이렇듯 시조는 우로는 임금에서부터 아래로는 평민이나 기생들에 이르기까지 작가의 계층이 매우 다양한데 주로 통치계급인 양반계층에 의하여 많이 창작되어 왔다. 형상적 어휘의 사용에서 양반들의 시조를 보면 시어가 정중하고 글말체 어휘를 많이 사용하고 있는 반면에 작가 미상의 평민이나 기생들의 시조를 보면 시어가 "점잖지 못하"고 많이는 입말체 어휘에 그 바탕을 하고 있다.

(272) 이 몸이 죽어 가셔 무엇시 될고 호니
   蓬萊山 第一峯에 落落長松 되얏다가
   白雪이 滿乾坤할 제 獨也靑靑호리라.
   《성삼문의 시조》

(273) 일신이 사자 하니 물 것 계워 못 견딜쇠
   핏겨 같은 가랑니 보리알 같은 수통니 주린니 갓 깐 니 잔벼
   룩 굵은 벼룩 강벼룩 왜벼룩 기는 놈 쮜는 놈에 비파같은 빈
   대새끼 사령 フ튼 등에아비 갈따귀 사마귀 센바퀴 누른 바퀴
   바구미 고자리 부리 뾰족한 모기 다리 길다란 모기 야윈 모기
   살찐 모기 그리마 뾰로기 주야로 빈 때없이 물거니 쏘거니 빨

거니 뜯거니 심한 당비리 예서 어려워
그 중에 차마 못 견일손 유월 복더위에 수파린가 하노라
≪작가 미상의 시조≫

(272)의 성삼문의 시조를 보면 '落落長松', '獨也靑靑' 등 시어가 정중하고 무게 있는 느낌을 주나 작가 미상의 시조로 알려진 (273)을 보면 '니', '벼룩', '빈대', '사마귀', '바퀴', '모기', '쉬파리' 등 '점잖지 못한' 입말 어휘가 작품에 등장한다.

2.5.2. 운율적 수단

선행 시기의 향가, 고가요나 정음으로 창작된 ≪월인천강지곡≫과 번역 시가들이 조선 시가의 운율 조직의 일반적 원칙에 기초하여 발전하여 온 만큼 뒤에 형성된 새로운 시가 형식으로서의 시조도 선행 시기의 시가들의 여러 특성을 이러저러한 측면에서 계승하였던 것이다. 그것은 곧 고가요의 3, 4 음절을 기본으로 하고 4음절군으로 되어 있는 음절 구성과 10구체 향가의 3장체를 계승, 발전시켜 3, 4 음절을 규칙적으로 반복시키면서 운율을 조성하고 있다는 것이다.

1) 음절군의 분포를 보면 다음과 같다.
시조가 고려 말기에 발생하여 수백 년의 장구한 기간에 걸쳐 발전해 왔는데 형성 초기에는 평시조가 기본 형식으로 되어 있었다. 시조는 초, 중, 종장으로 나뉘며 매 장은 두 개의 구절로 된 3장 6구(三章六句)의 시가 형식이다. 이러한 시조는 규정된 음절수 안에 함축성이 있고 간결한 시어로 주제를 나타내었는데 시간을 더해 가면서 더 많은 내용

을 짧은 형식에 담을 수 없게 되었다. 하여 시조의 형식도 많은 변화를 가져오게 되었는데 평시조를 여러 수 이어서 같은 주제를 나타낸 연시조, 초, 중장(中章) 가운데 어느 한 구절이 약간 길어진 중형 시조인 엇시조, 3장 가운데 대체적으로 중장이 상당히 길어진 장형 시조인 사설시조가 나타나게 되었다.

평시조는 초장(初章)이 3:4:3(4):4, 중장이 3:4:3(4):4, 종장이 3:5:4:3으로 된 음절을 가지면서 음절수가 대체로 45자 안팎으로 된 시조이다. 여기서 종장의 첫 구절은 반드시 3음절로 되어야 하고 두 번째 구절은 반드시 5음절 이상으로 되어야 한다.

> (274) 이 몸이 죽어 죽어 일백번 곳쳐 죽어
> (3/4/3/4//)
> 白骨이 塵土 되어 넉시라도 잇고 업고
> (3/4/4/4//)
> 님 향한 一片丹心이야 가실 줄이 이시랴
> (3/6/4/3//)
>
> ≪정몽주의 단심가≫

연시조는 평시조의 시조 음절 구성을 지키고 있으면서 평시조를 여러 수 이어서 같은 주제를 나타내고 있다. 윤선도의 ≪오우가≫, 송강의 ≪훈민가≫, 퇴계의 ≪도산십이곡≫, 율곡의 ≪고산구곡가≫, 맹사성의 ≪강호사시가≫, 이현보의 ≪어부가≫가 그 대표적 실례로 된다.

엇시조의 음절군을 보면 아래와 같다.

> (275) 千歲를 누리소셔 萬歲를 누리소셔
> (3/4/3/4//)

무쇠 기둥에 꼿 픠여 여름이 여러 짜 드리도록 누리소셔
(5/3/3/3/4/4)
그 밧긔 億萬歲 外에 또 萬歲를 누리소셔
(3/5/4/4//)

≪작가 미상의 시조≫

(275)를 보면 초장과 종장이 시조의 기본 형식을 갖추고 중장이 두 음절군이나 길어졌다.

사설시조의 음절군 분포는 다음과 같다.

(276) 일신이 사자 하니 물 것 계워 못 견딜쇠
(3/4/4/4//)
핏겨 같은 가랑니 보리알 같은 수통니 주린니 갓 깐 니 잔벼룩 굵은 벼룩 강벼룩 왜벼룩 기는 놈 쮜는 놈에 비파같은 빈대 새끼 사령 ᄀᆞ튼 등에아비 갈따귀 사마귀 센바퀴 누른 바퀴 바구미 고자리 부리 뾰족한 모기 다리 길다란 모기 야윈 모기 살찐 모기 그리마 뾰로기 주야로 빈 때없이 물거니 쏘거니 빨거니 뜯거니 심한 당비리 예서 어려워
그 중에 차마 못 견일손 유월 복더위에 수파린가 하노라
(3/12/4/3//)

≪작가 미상의 시조≫

이상의 (276)을 보면 중장이 끊임없이 반복되면서 길어지고 시조의 정형이 파괴되고 있다.

평시조가 초기에 있어서 주로는 양반 사대부들에 의하여 창작되면서 우아한 음조에 중점을 두고 많이는 자연 풍경에 대한 자신의 감수

를 즉흥적으로 읊거나 유교 도덕의 추상적 설교를 시도한 교훈시들이 많은 반면에 엇시조, 사설시조에 오면 일반 서민계층이나 기생들이 자기의 처지와 사상 감정을 노래하면서 어휘가 입말체식으로 되고 있으면서 시조의 정형이 파괴되고 있다.

2) 시련 조직

평시와 엇시조는 초, 중, 종장으로 되고 있으면서 시행이 3행을 이루고 있다. 그러나 연시조의 경우는 같은 주제를 반영하는 시조가 연속적으로 반복되기 때문에 시행도 시련 조직에 따라 규칙적으로 반복되고 사설시조의 경우는 중장이 끊임없이 반복되면서 길어지기 때문에 시행 조직에 규칙성이 없다.

3) 운율 조성의 보조적 수단

운율 조성의 보조적 수단으로는 반복법과 약음법을 들 수 있다. 반복법에는 단어의 반복과 토의 반복으로 운율을 조성하고 있는 것이 있다.

반복법은 단어의 반복과 토의 반복을 들 수 있다.

단어의 반복을 보면 아래와 같다.

> (277) 靑山도 <u>절로절로</u> 綠水도 <u>절로절로</u>
> 山<u>절로</u> 水<u>절로</u> 山水間이 나도 <u>절로</u>
> 이 듕에 <u>절로</u> ㅈ란 모미 늘기도 <u>절로절로</u>
> ≪김인후의 시조≫

이상의 (277)에서 단어 '절로'를 반복하면서 운율을 조성하고 있는데 특히 유향자음 'ㄹ'의 반복이 이루어지면서 독자들로 하여금 강한 음악적 율동을 느끼게 한다.

> (278) 이 몸이 <u>죽어</u> <u>죽어</u> 일백번 곳쳐 <u>죽어</u>
>   白骨이 塵土 되어 넉시라도 잇고 업고
>   님 향한 一片丹心이야 가실 줄이 이시랴
>
> 《정몽주의 단심가》

위의 (278)에서는 단어 '죽다'가 초장에서 세 번이나 반복되면서 운율을 조성하고 있다.

> (279) 泰山이 놉다 ᄒ되 ᄒ늘 아레 뫼히로다
>   <u>오르고</u> 쏘 <u>오로면</u> 못 <u>오를</u> 리 업건마는
>   사ᄅᆷ이 제 아니 오르고 뫼만 놉다 ᄒ더라
>
> 《양사언의 시조》

위의 (279)도 역시 중장에서 동사 '오르다'가 세 번 반복되면서 운율이 조성되고 있다.

맹사성의 《강호사시가》와 율곡의 《고산구곡가》에도 반복법이 사용되고 있는데 《강호사시가》의 "亦君恩이샷다"와 《고산구곡가》의 "~은 어듸메오"의 반복이 그 실례에 속한다.

토의 반복을 보면 다음과 같다.

> (280) 幽蘭<u>이</u> 在谷ᄒ니 自然히 듯기 됴희
>   白雲<u>이</u> 在山ᄒ니 自然이 보기 됴희
>   이 中에 彼美一人을 더옥 잇지 못ᄒ여라
>
> 《도산십이곡 4연》

(281) 靑山은 엇뎨하여 萬古에 푸르르며
　　　流水는 엇뎨ᄒ여 晝夜에 긋지 아니는고
　　　우리도 그치디 말고 萬古常靑ᄒ리라

　　　　　　　　　　　　　　　≪도산십이곡 11연≫

(282) 愚夫도 알며 ᄒ거니 긔 아니 뉘 온가
　　　聖人도 못 다 ᄒ거니 긔 아니 뉘 온가
　　　쉽거나 어렵거나 늙는 줄 모로리라.

　　　　　　　　　　　　　　　≪도산십이곡 12연≫

　　이상의 (280), (281), (282) 등에서 밑줄 친 부분의 토들이 반복되면서 운을 밟고 있으며 이런 토의 반복은 단어의 반복과 융합되어 운율을 조성하고 있다.

　　약음법은 주로 시조의 정형을 지키면서 규칙적인 음절수의 반복에 의하여 운율을 조성하는 데 이바지하고 있다.

(283) 靑草 욱어진 곳에 자는다 누엇는다
　　　紅顔을 어듸 두고 白骨만 뭇쳐는다
　　　盞 줍고 勸하리 업스니 그롤 슬허 ᄒ노라

　　　　　　　　　　　　　　　≪임제의 시조≫

(284) 窓 안에 혓는 燭 불 눌과 離別ᄒ엿관듸
　　　것으로 눈물 디고 속 타는 줄 모르는고
　　　져 燭 불 날과 ᄀᆞᆺᄒ여 속 타는 줄 모르더라

　　　　　　　　　　　　　　　≪이개의 시조≫

　　이상의 (283)의 종장에서 '盞 잡고'의 표현은 대격토 '을'이 생략된 실례이다. "盞을 잡고"의 표현이 정확한 표현인데 그렇게 하면 종장에

서 첫음절이 반드시 3음절로 되어 있는 정형이 파괴되기 때문에 여기
에서는 대격토를 생략하였다.

(284)에서 '눌과', "눈물 디고 속 틋는 줄"의 표현은 약음법이 사용
된 실례이다. 초장에서는 3:4:3:4:의 음절 구성을 맞추기 위하여 '누
구와'에서 음운이 축약되어 '눌과'로 표현되었고 중장에서도 역시
3:4:3:4:의 음절 구성을 보장하기 위하여 "눈물을 지고 속이 타는 줄"
에서 대격토와 주격토가 생략되었다.

2.5.3. 문체론적 표현 수법

문체론적 표현 수법에는 비유, 과장, 의인, 수사학적 감탄법, 대조
법, 대구법, 열거법, 점층법 등을 들 수 있다.

비유법의 사용은 직유와 환유의 수법을 들 수 있다.

직유의 수법은 작자 미상의 시조에서 집중적으로 나타나고 있는데
이 시조들은 주로 창작 연대가 밝혀지지 않고 작가의 신원을 확인할
수 없는 것으로 보아 서민계층이나 기생들에 의하여 창작된 시조인 것
으로 짐작이 된다. 이런 시조들은 사물을 표현하는 데 있어서 더욱 직
설적인 직유의 수법을 많이 사용하였다.

> (285) 시어머님 며늘아기 나빠 부엌바닥 구르지 마오
>   빚에 받은 며느린가 값에 쳐 온 며느린가 <u>나무 썩은 긍걸에</u>
>   <u>회초리 난이같이</u> 앙살피신 아버님, <u>별 뵌 쇠똥같이</u> 되종고신
>   시어머님, 삼 년 결온 노망태에 새 송곳부리같이 뾰족하신 시
>   누이님, <u>당피 갈은 밭에 돌피 난이같이</u> 샛노란 외꽃 같은 피

똥 누는 아들 하나 두고
<u>건 밭의 메꽃 같은</u> 며느리 어디를 나빠하시는고
≪작가 미상의 시조≫

이상의 (285)에서는 직유의 수법으로 시아버지를 '나무 썩은 궁궐에 회초리 난이 같다'고, 시어머니를 '볕 뵈 쇠똥 같다'고, 시누이를 '삼년 결온 노망태에 새 송곳부리 같다'고, 아들을 '당피 갈은 밭에 돌피 난 이같이 샛노란 외꽃 같다'고 묘사하면서 '건 밭의 메꽃 같은' 며느리의 신세를 한탄하고 있다.

환유의 수법은 양반들의 시조에 집중적으로 나타나고 있는데 이런 수법은 형상적 어휘들에 의하여 이루어지고 있다.

(286) 엊그제 버힌 솔이 落落長松 아니런가
    져근덧 두던들 棟樑材 되리러니
    어즈버 明堂이 기울면 어느 남기 바티리
    ≪김인후의 시조≫

(286)에서 초장의 '落落長松', 중장의 '棟樑材'는 훌륭한 인재 즉 작가의 친구를 가리키고 종장의 '明堂'은 임금이 거처하고 있는 궁궐이나 나라를 뜻한다. 여기서 작자는 환유의 수법으로 장차 나라의 큰 인물이 될 인재들을 해치니 기울어져 가는 나라의 앞날을 누가 떠받쳐 줄 것인가 걱정하는 작자의 우국지정과 친구의 희생을 안타까워하는 친구간의 우애의 정을 보여 주고 있다.

(287) 鐵嶺 노픈 峰에 쉬여 넘는 저 구름아

孤臣寃淚롤 비사마 씌여다가

님 계신 九重深處에 쑤려 본들 엇드리

≪이항복의 시조≫

(287)의 "鐵嶺 노픈 峰"은 자신의 어려운 상황을 나타내고 '구룸'은 귀양 가는 자신의 처지를 보여주며 '九重深處'는 궁궐을 의미한다. 여기에서는 환유의 수법으로 정배 가는 자신의 억울함을 임금님께서 얼마라도 알아주었으면 하는 간절한 마음을 표현하고 있다.

비유법의 사용에서 볼 때 평민계층을 중심으로 하는 시조와 양반계층을 중심으로 하는 시조는 서로 다른 특징을 가지고 있다. 평민계층을 중심으로 하는 시조는 그 표현이 직설적인 직유의 수법이 주로 사용되고 있으며 비유의 대상도 흔히는 일상생활에 가까운 사물이나 현상에 있으며 언어적 표현도 이해하기 쉬운 입말체로 되고 있는 반면에 양반계층의 시조들은 표현이 비교적 완곡적이고 함축적이며 비유의 대상도 자연 경물에 있고 언어적 표현이 정중하고 우아하며 이해하기 어려운 한자어가 중심을 이루고 있다.

의인법이 실현된 예를 들면 아래와 같다.

(288) 흔 손에 막디 잡고 쏘 흔 손에 가싀 쥐고

늙는 길 가싀로 막고 오는 白髮 막디로 치려터니

白髮이 졔 몬져 알고 즈럼길노 오더라

≪우탁의 시조≫

(289) 風霜이 섯거친 날에 ⺀ 픠온 黃菊花를

金盆에 ⺀득 다마 玉堂에 보내오니

桃李야 곳이오냥 마라 님의 뜻을 알괘라

≪송순의 시조≫

이상의 (288)에서 "백발이 먼저 알고 즈럼길노 오더라"의 표현은 의
인법이 사용된 실례인데 늙음을 천방백계로 막으려 하나 늙음이 그것
을 피하여 지름길로 찾아온다고 표현하면서 늙어가는 것을 한탄하고
있다. (289)의 '桃李야'는 비활동체명사인 복숭아와 오얏꽃에 인간의
성격을 부여하여 호격토 '야'를 결합시켜 의인법을 조성한 실례이다.
과장법 사용의 예로 다음과 같은 것을 들 수 있다.

> (290) 冬至ㅅ돌 기나긴 밤을 한 허리를 둘헤내여
>   春風 니불 아레 서리서리 너헛다가
>   어론 님 오신 날 밤이여든 구뷔구뷔 펴리라
>   ≪황진이의 시조≫

(290)에서 "사계절에서 밤이 제일 긴 동짓날의 밤을 절반 잘라내어
봄바람이 부는 이불 안에 넣었다고 님 오시는 밤에 다시 꺼내 님과 함
께 오래도록 지내겠다"는 표현은 과장법과 상징법이 융합된 실례이다.
이 작품에서는 섬세한 필치로 정든 님을 그리는 애틋한 마음을 표현하
고 있다.

> (291) 萬釣을 느려 니여 길게 노흘 꼬아
>   九萬里 長天에 가는 히롤 좁아 미여
>   북당에 鶴髮雙親을 더듸 늙게 흐리라
>   ≪박인로의 시조≫

(291)에서 '만개의 낚시를 늘여 노를 꼬아서 가는 해를 잡아매겠다'는
표현은 과장법이 쓰인 예인데 작가는 과장법을 재치 있게 사용하면서

부모님을 오래오래 모시고 싶다는 작가의 효도 사상을 노래하고 있다.

> (292) 千歲를 누리소셔 萬歲를 누리소셔
> 무쇠 기둥에 곳 픠여 여름이 여러 짜드리도록 누리소셔
> 그 밧긔 億萬歲 外에 쑈 萬歲룰 누리소셔
>
> ≪작가 미상의 시조≫

이상의 (292)의 초장과 종장의 '천세', '만세', '억만세'를 점층적으로 보여주면서 불가능한 일이지만 오래오래 살았으면 좋겠다는 염원을 과장적으로 보여 주고 있으며 역시 과장의 수법으로 "무쇠 기둥에 곳 필 때"까지 장수하시길 바라고 있다. "무쇠 기둥에 곳 픠여"의 시구는 고가요 ≪정석가≫의 "무쇠로 만든 옷이 해져 떨어질 때까지 이별하지 않겠다"는 내용의 답습이 아닌가 짐작이 된다.

수사학적 감탄법이 사용된 실례를 들면 다음과 같다.

시조에는 수사학적 감탄법이 많이 쓰이고 있는데 이런 수법은 종장의 '어즈버'라는 시어에서 집중적으로 표현된다.

> (293) <u>어즈버</u> 太平烟月이 꿈이런가 ᄒᆞ노라
>
> ≪길재의 시조≫
>
> (294) <u>어즈버</u> 武夷를 想像ᄒᆞ고 學朱子룰 ᄒᆞ리라
>
> ≪이이의 고산구곡가≫
>
> (295) <u>어즈버</u> 明當이 기울면 어느 남기 바티리
>
> ≪김인후의 시조≫
>
> (296) <u>어즈버</u> 滄海桑田을 혼ᄌᆞ 볼가 ᄒᆞ노라
>
> ≪신흠의 시조≫

시조의 종장에서 사용되는 수사학적 감탄법은 10구체 향가에서 마지막 두 구가 수사학적 감탄법으로 되어 있는 것과 그 맥을 같이 하고 있다. 이것은 시조의 초, 중, 종장인 3장체계의 작시법이 10구체 향가의 작시법을 답습하고 그것을 계승, 발전시킨 또 하나의 유력한 증거가 된다.

대조법의 사용은 다음과 같다.

(297) 검으면 희다ᄒ고 희면 검다ᄒ네
      검거나 희거나 올타ᄒ리 專슼업다
      찰ᄒ로 귀막고 눈감아 듯도 보도 말리라
                          ≪김수장의 시조≫

(297)에서는 '검다'와 '희다', '눈감다'와 '귀막다', '듣다'와 '보다'의 대조를 통하여 당쟁싸움으로 인하여 혼란해진 사회상을 보여 주는 동시에 작가의 당파싸움에 대한 무관심을 나타내고 있다.

(298) 이런들 엇더ᄒ며 저런들 엇더ᄒ료
                          ≪이방원의 하여가≫
(299) 아마도 것 희고 속 검을슨 너뿐인가 ᄒ노라
                          ≪이직의 시조≫
(300) 굽어 보니 千尋綠水 도라 보니 萬疊靑山
                          ≪이현보의 어부가≫
(301) 靑山은 엇뎨ᄒ여 萬古에 푸르르며
      流水는 엇뎨ᄒ여 晝夜에 긋지 아니는고
                          ≪퇴계의 도산십이곡≫

위의 예에서는 '이런들'과 '저런들', '것'과 '속', '희다'와 '검다', '굽어보다'와 '도라보다', '千尋綠水'와 '萬疊靑山', '청산'과 '유수', '만고'와 '주야' 등 시어들이 서로 대조를 이루면서 대조법을 사용하고 있다.

대구법의 사용은 아래와 같다.

대구법으로 운율을 조성한 예를 들면 다음과 같다.

> (302) <u>山川은 依舊ㅎ되 人傑은 간 듸업다</u>
>
> ≪길재의 시조≫
>
> (303) <u>朔風은 나모 긋티 불고 明月은 눈 속에 찬듸</u>
>
> ≪김종서의 시조≫
>
> (304) <u>올히 댜른 다리 학긔 다리 되도록애</u>
> <u>거믄 가마괴 해오라비 되도록애</u>
>
> ≪김구의 시조≫
>
> (305) <u>아바님 날 나흐시고 어마님 날 기르시니</u>
>
> ≪정철의 시조≫
>
> (306) <u>山에는 눈이 오고 들에는 츤 비 온다</u>
>
> ≪권제의 시조≫
>
> (307) ㄱ. <u>春風에 花滿山이요 秋夜에 월만대라</u>
> ㄴ. <u>靑山은 엇뎨하여 萬古에 푸르르며</u>
> <u>流水는 엇뎨ㅎ여 晝夜에 긋지 아니는고</u>
>
> ≪퇴계의 도산십이곡≫
>
> (308) <u>功名도 이젓노라 富貴도 이젓노라</u>
>
> ≪김광욱의 시조≫

위에 쓰인 예문의 문장 형식을 보면 병렬적 관계에 놓여 있는 병렬 복합문이다. 여기에서는 앞, 뒤의 두 구가 비슷한 표현 구조를 가지고 짝을 이루면서 대구법으로 운율을 조성하고 있다.

이 밖에 맹사성의 ≪강호사시가≫의 초장 부분과 이이의 ≪고산구곡가≫의 서사를 제외한 초장 부분도 대구법으로 이루어지고 있다.

열거법은 다음과 같이 사용되고 있다.

열거법은 연시조나 사설시조에 많이 이용되고 있는데 이이의 ≪고산구곡가≫에서는 '冠嶽, 花叢, 翠屛, 松崖, 隱屛, 釣夾, 楓巖, 琴灘, 文山' 등 시어를 열거하면서 열거법을 사용하고 있다.

> (309) 一曲은 어딕메오 冠嶽에 힌 비췬다
> 平燕에 니 거드니 遠山에 그림이라
> 松間에 錄樽을 노코 벗 오는 양 보노라
>
> 二曲은 어딕메오 花巖에 春滿카다
> 碧波에 곳츨 씌워 野外로 보니노라
> 사름이 勝地롤 모르니 알게 흔들 엇더흐리.
>
> 三曲은 어딕메오 翠屛이 닙 퍼져라
> 錄樹에 春鳥는 下上其音흐는듸
> 盤松이 바룸을 바드니 녀름 景이 업셰라.
>
> 四曲은 어딕메오 松崖에 힌 넘는다
> 潭心巖影은 온갓 빗치 잠겨셰라
> 林泉이 깁도록 됴흐니 興을 겨워 흐노라.
>
> 五曲은 어딕메오 隱屛이 보기 됴희
> 水邊精舍는 瀟灑홈도 가이 업다
> 이 中에 講學도 하려니와 詠月吟風흐오리라

六曲은 어듸메오 釣夾에 물이 넙다
나와 고기와 뉘야 더옥 즐기는고
黃昏에 낙디롤 메고 帶月歸롤 ᄒ노라

七曲은 어듸메오 楓巖에 秋色 됴타
淸霜이 녑게 치니 絶壁이 錦繡로다
寒巖에 혼ᄌ 안ᄌ 집을 잇고 잇노라.

八曲은 어듸메오 琴灘에 달이 밝다
玉軫金微로 數三曲을 노리ᄒ니
古調를 알니 업스니 혼ᄌ 즐겨 ᄒ노라.

九曲은 어듸메오 文山에 세목커다
奇巖怪石이 눈 속에 뭇쳐셰라
遊人은 오지 아니ᄒ고 볼 것 업다 ᄒ더라
≪이이의 고산구곡가≫

작가 미상의 작으로 된 사설시조에서도 열거법을 사용한 예를 찾아
볼 수 있다.

(310) 시어머님 며늘아기 나빠 부엌바닥 구르지 마오
빚에 받은 며느린가 값에 쳐 온 며느린가 나무 썩은 긍걸에
회초리 난이같이 앙살피신 시아버님, 볕 뵌 쇠똥같이 되종고
신 시어머님, 삼 년 곁온 노망태에 새 송곳부리같이 뾰족하신
시누이님, 당피 갈은 밭에 돌피 난이같이 샛노란 외꽃 같은
피똥 누는 아들 하나 두고
건 밭의 메꽃 같은 며느리 어디를 나빠하시는고
≪작가 미상의 시조≫

(310)에서는 '시아버님, 시어머님, 시누이님, 아들'을 열거하고 있는데 재치 있는 비유로 열거 대상을 묘사하면서 봉건적인 가족 제도 밑에서 구박받는 며느리를 동정하고 있으며, 열거법과 비유법을 통해 유교적인 낡은 가부장적 제도를 비판하고 있다.

점층법이 쓰인 예를 들면 다음과 같다.

> (311) 이 몸이 죽어 죽어 일백번 곳쳐 죽어
> 白骨이 塵土 되어 넉시라도 잇고 업고
> 님 향한 一片丹心이야 가실 줄이 이시랴.
>
> ≪정몽주의 시조≫
>
> (312) 千歲를 누리소셔 萬歲를 누리소셔
> 무쇠 기둥에 꼿 피여 여름이 여러 짜드리도록 누리소셔
> 그 밧긔 億萬歲 外에 쏘 萬歲롤 누리소셔
>
> ≪작가 미상의 시조≫

이상의 (311)은 초장이 점층법을 이루고 있는데 "몸이 죽고 죽어 백번을 다시 죽어도 임금을 위한 붉은 마음은 변할 수 없다"고 작가는 자신의 마음을 토로하고 있다. (312)는 전 문장이 점층법으로 되어 있는데 '천세, 만세, 억만세'의 사용이 그 실례라 할 수 있다. 여기에서는 점층법을 이용하여 작가의 영원한 삶에 대한 소망을 표현하고 있다.

2.5.4. 문법적 수단

문장은 대부분 높임법의 말차림을 가지지 않은 서술문으로 되어 있다. 자립적인 단어가 문법적 추상화를 입어 일정한 문법적 의미를 가지는 후치사(後置詞)에 의하여 문법적 의미를 나타내고 있는 것이 있다.

단어 '다가'가 문법적 추상화를 입어 문법적 의미를 나타내고 있다.

(313) 어의 가단이<u>다가</u> 이제야 도라온고

≪퇴계의 도산십이곡≫

(313)에서 '다가'는 동사 '다가다'의 한 형태가 문법적 추상화를 입어 접속의 뜻을 나타내고 있다. 15~16세기 중세조선어에서 '다가'는 대격의 문법적 의미를 나타내고 있으나 여기에서는 접속의 의미를 나타내고 있다.

불완전명사 '만정'이 문법적 의미를 나타내고 있다.

(314) 아히야 濁酒山菜] 르만정 업다 말고 내여라

≪한호의 시조≫

이것은 불완전명사 ≪만정≫이 문법적 추상화를 입어 양보적 의미를 나타내는 접속토로 쓰이고 있다.

종결토의 사용에서 서술식에는 '-노라, -리라, -더라'가 쓰이고 의문식에는 '-소냐, -시랴, -리'가 사용되었으며 권유식에는 '-소셔, -쇼'가 쓰이고 있다.

2.5.5. 표기 수단

1) 종성의 표기는 기본상 8종성 표기를 원칙으로 하고 있다.

2) 표기에서 하철을 위주로 하고 있지만 일부 경우는 상철하거나 복철하는 현상도 보인다.

상철의 예는 다음과 같다.

　(315) 어의 가<u>단</u>이다가 이졔야 도라온고
　　　　　　　　　　　≪이퇴계의 도산십이곡≫

복철의 예는 아래와 같다.

　(316) 이 시렴 브디 갈짜 아니 가든 못홀<u>쏜냐</u>
　　　　　　　　　　　　　　　≪성종의 시조≫
　(317) 閑山 셤 달 <u>밝근</u> 밤에 戍樓에 혼즈 한즈
　　　　　　　　　　　　　　　≪이순신의 시조≫

　3) 표기가 혼란되고 있다. 같은 음운론적 조건하에서 서로 다른 표기를 하고 있다. 이것은 그때 당시 서사 규범(書寫規範)이 점차 혼란을 가져오고 있는 사정과 관계된다.

　(318) 淳風이 쥬다 ᄒ니 <u>眞實</u>로 거즛 말이
　　　　人性이 어지다 ᄒ니 <u>眞實</u>노 올홀말이
　　　　　　　　　　　　　　　≪퇴계의 도산십이곡≫

그리고 시조에는 고유어도 한자로 표기하고 있는 것도 있다.

　(319) 兒戲야, 古國興亡을 무러 무슴ᄒ리요
　　　　　　　　　　　　　　　≪정도전의 시조≫
　(320) 아모리 <u>思郞</u>이 重ᄒ들 가는 님을 잡으랴
　　　　　　　　　　　　　　　≪이원익의 시조≫

(319)와 (320)의 '兒戲'와 '思郞'은 고유어 '아희'와 '사랑'의 표기이다.
이 밖에 한자어의 경우 주격토 '이' 대신에 'ㅣ'가 쓰이고 있는데 'ㅣ'
에 규정토 'ㄹ, ㄴ'이 결합될 경우 표기가 혼란을 가져오고 있다.

    (321) 아희야 濁酒山茱ㅣㄹ만정 업다 말고 내여라

≪한호의 시조≫

    (322) 아모리 江村 漁夫ㅣ들 리별이야 업스랴

4) 결합자음 표기에 'ㅅ', 'ㄱ'가 쓰이고 있다.

    (323) 丈夫의 爲國忠節을 세워볼ㄱ가 ㅎ노라

≪최영의 시조≫

    (324) 冬至ㅅ둘 기나긴 밤을 한 허리를 둘헤내여

≪황진이의 시조≫

제6절 가사

  가사(歌辭)는 조선조 전반기에 나타난 국어 정형 시가의 하나이다.
가사(歌辭)가 발생하게 된 것은 15세기 변화, 발전하는 사회 현실 하에
서 생활과 감정을 폭넓게 반영하기 어려운 경기체나 시조의 형식상
제한성을 극복하고 사회생활과 감정을 더욱 자유롭게 반영하려는 당
시 인민들의 미학적 요구[8]와 관계되며 또한 별곡체(別曲體)가 점차 쇠

---

8) 김기종, ≪조선어 문체론적 수단과 수법의 력사적발전≫, 동북조선민족교육출판
  사, 1999년, 267쪽 참고.

퇴되고 시조체(時調體)가 바야흐로 번성해지고 있을 때 시인들이 새로운 서경(敍景) 묘사의 장가 형식을 탐구하지 않으면 안 된[9]것과 관련된다. 그리하여 가사는 시조 형식의 일부를 계승하면서 중장에서는 시조의 음절 구성을 무제한하게 확대하다가 끝구를 시조의 종장의 형식을 지키면서 자기의 특유한 작시 체계를 확립하게 되었다.

현전 문헌에 의하면 가사의 형성은 15세기의 시인 정극인(1401~1481)의 ≪상춘곡≫과 직접 관계된다. 이렇게 15세기 중엽에 발생한 가사는 16세기에 들어와 더욱 발전하였는데 정철의 ≪송강가사≫가 대표적인 실례로 된다. 가사는 발전을 거듭하면서 17세기에 와서는 박인로의 ≪노계가사≫, 윤선도의 ≪어부사시사≫[10] 등 대표적인 작품을 낳았다. 이렇게 발생한 가사는 그 자리에 머물 수 없었으며 인간들의 깊은 내면세계에 대하여, 그리고 웅대한 사회정치적 문제에 대하여, 그리고 기행 견문에 대하여 다양하고 폭넓게 반영하는 시가 형태로 발전하였다. 그리하여 가사는 규방가사와 기행가사로 발전, 변화되면서 광범한 사람들에 의하여 창작, 보급되었다.

지금까지 전해 내려오고 있는 가사로는 많은 양의 작품이 있는데 이 글에서는 각이한 문체를 대표할 수 있고 비교적 영향력이 있는 작품을 선택하여 연구 대상으로 삼는다. 여기에서는 가사의 장르에 따라 서경가사(敍景歌辭), 월령체가사(月令體歌辭), 기행가사(紀行歌辭), 규방가사

---

9) 현종호, ≪조선 시가의 종류와 작시법에 대한 사적고찰≫, 과학원출판사, 1963년, 118쪽.

10) 윤선도의 ≪어부사시사≫의 형식에 대해 서로 견해를 달리 하고 있다. 하나는 '배 떠라', '지국총 지국총' 등 삽입구를 빼버리면 매 연이 하나의 평시조 형식을 갖추고 있기 때문에 시조에 속한다는 주장이고 다른 하나는 음절 구성이 3·4 또는 4·4로 무제한하게 반복되었기 때문에 가사라는 주장이다. 필자는 두 번째 견해를 따르기로 한다.

(閨房歌辭)로 나누어 매 유형을 대표할 수 있는 작품들을 취급하였는데 서경가사는 ≪송강가사≫, ≪노계가사≫, ≪고산가사≫, 월령체가사는 주로 ≪농가월령가≫, 기행가사는 ≪한양가≫, ≪표해가≫, ≪북천가≫, 규방가사는 ≪노처녀가≫, ≪추풍감별곡≫, ≪계녀가≫ 등의 작품을 다루기로 한다[11].

조선조 시기에 나타난 가사는 기타 시가 형식과 서로 다른 일련의 독특한 문체적 특성을 가지고 있었다.

2.6.1. 어휘적 수단

훈민정음이 창제됨으로써 시가는 향찰이라는 표기 수단을 이용하던 표현의 제한성을 극복하고 조선말과 글을 시어로 함으로써 사람들의 생활과 감정 정서를 더욱 자유롭게 표현할 수 있었다. 특히 16세기에 들어서면서 민족적 자각과 애국적 자부심은 조선어에 대한 인식을 그 이전시기보다 더 한층 새롭게 하였으며 삼중 서사 수단(三重書寫手段)을 사용하는 문자 생활에서 조선어의 비중이 종전에 비하여 높아지게 되었다. 이 시기에 더욱 발전한 가사에는 고유 조선어가 많이 사용되면서 일상생활을 반영한 입말체 어휘가 가사 작품에 등장하기 시작하였다. 물론 점차 각성해 가는 민족적 자각과 애국적 자부심으로 하여 고유 조선어의 사용이 근대로 이어 오면서 높은 사용 비율을 보여 주고 있지만 고유어와 한자어의 사용은 작자의 창작적 개성과도 관련될

---

11) 이 글에서 선택된 가사나 잡가의 연구 자료는 ≪송강가사≫와 ≪노계가사≫를 제외하고 모두 ≪가사집≫(고정옥·김삼불, 국립출판사, 1955년)의 작품들을 취급하였다. ≪가사집≫의 작품들은 현대서사 규범을 따르고 있어 다소나마 제한성이 있으리라 짐작된다.

뿐만 아니라 가사의 내용과도 관계되며 독자층과도 관련이 있었다.

고유어의 사용은 대체적으로 창작 연대 순으로 이어가면서 높은 비율을 보이고 있지만 ≪노계가사≫나 ≪한양가≫ 등은 안빈락도(安貧樂道)와 강호한정(江湖閒靜)을 통해 숭고미(崇高美)와 우아미(優雅美)를 추구하는 작자의 창작석 개성으로 말미암아 한자어나 한자 성구의 사용 비율이 높다. ≪농가월령가≫는 양반들이 농민들에게 농사일에 전념하라는 권농 사상을 반영하고 있는 작품이기 때문에 당시의 독자층이 농민이라는 점을 염두에 두고 고유어와 구두적인 생활어를 많이 사용하였다. ≪노처녀가≫는 해학적인 수법으로 조선 여성들의 전통적인 생활과 조선의 풍습, 습관을 보여 주면서 고유어를 많이 사용하고 있다.

송강가사(松江歌辭)

송강 정철은 고유어의 사용에서 첫손 꼽히는 모범이라 할 수 있다. 정철은 시어의 선택에서 되도록이면 사회의 일상적인 용어와 아름답고 세련된 고유어를 골라서 조국 산천의 아름다운 경치, 임금에 대한 충성심, 사랑하는 연인에 대한 사랑 노래를 불렀던 것이 사실이다. 만약 그가 대중의 예술적 기호에 호응하려는 의도를 가지고 시어를 선택하지 않았다면 그의 가사는 당시 문자를 모르는 대중에게 입에서 입으로 전파되고 계승되지 못했을 것이다. 서포 김만중은 송강의 가사들을 애송하면서 정철의 가사를 두고 ≪송강의 〈관동별곡〉, 전후 〈사미인곡〉은 우리나라의 이소이며 옛날부터 우리나라에서 참된 문장은 이 세 편밖에 없다.≫12)라고 극찬하였던 것이다.

---

12) 원문은 다음과 같다.
　　松江關東別曲 前後思美人歌 乃我東之離騷……自古左海眞文章 只此三篇

이러한 사정으로 하여 우선 다양한 입말에서만 쓰이던 구두적인 생활적 어휘들이 서사화되어 문학 작품에 오르게 되었다.

1) 고유어와 한자어의 사용
고유어에는 다음과 같은 것들이 쓰이고 있다.

> (325) 지게, 거적, 풋줌, ㄱ는길, 아젹별, 초리, 쇼쇼리ㅂ롬, 어욱새,
>   속새, 덥가나모, ㄱ는비

≪송강가사(松江歌辭)≫에서는 부사의 사용과 함께 아름다우면서도 표현력이 강한 상징어들이 사용되고 있는데 이러한 어휘가 인민들의 입말에서 많이 조성되고 산생되어 점차 글로 고착된 것들이다.
부사의 쓰임은 다음과 같다.

> (326) 아미도(아마도), ㅎ마면(하마트면), 기디록(갈수록), 다믄(다
>   만), ㄱ씩(가뜩), 건둣(건득), 슬ㅋ장(실컷), 출하리(차라리)

상징어는 다음과 같은 것들이 있다.

> (327) 촌촌이, 구비구비, 철철이, 구부락비기락, 어둥졍

한자 의식에서 유리된 어휘에는 아래와 같은 어휘가 있다.

> (328) 금(金), 향(香), ㅅ셜(辭說), 거동(擧動), 원망(怨望), 교태(嬌
>   態), 편(便)ㅎ다, 사공(沙工), 지극(至極)ㅎ다, 위(爲)ㅎ다

《송강가사》의 표기는 국한혼용체로서 한자어는 한자로 표기하고 고유어는 정음자로 표기하였다. 그런데 상술한 한자어들은 정음자로 표기하고 있는데 이것은 이러한 단어들이 당시 사람들에게 고유어처럼 인식된 사정을 말해 준다.

《송강가사》에는 '玲瓏碧溪', '縞衣玄裳', '玉樓高處', '瑤臺月下' 등 한자어나 한자 성구를 사용하고 있지만 이러한 한자어는 많이는 시의 함축성을 보장하고 시의 운율을 조성하는 데 이바지하고 있다.

2) 형상적 어휘

《송강가사》에는 형상적 어휘를 가지고 아름다운 조국의 산천경개를 노래하고 임금에 대한 무한한 충성심을 담은 충군 사상을 표현하고 있는데 이러한 어휘들은 대체적으로 정중하고 우아한 특점을 가지고 있다.

《관동별곡》에서 금강산의 만폭동을 묘사함에 있어서 '은', '옥'에 비유하고 있고 학을 묘사함에 있어서 학의 형상을 잘 그려내어 '縞衣玄裳'에 비유하고 있으며 금강산의 만이천 봉우리의 각이한 형태를 묘사함에 있어서 '芙蓉', '白玉', '東溟', '北極'에 비유하고 있다. 작자는 이렇게 세심한 관찰력과 섬세한 필치로 형상적 어휘를 이용하고 조국의 아름다운 산천경개를 노래하고 있다.

《사미인곡》, 《속미인곡》에서 단어 '미인'에 대하여 앞 절에서도 언급한바 있다. 두 작품의 '미인'에는 임금과 사랑하는 '님'의 두 가지 뜻이 내포되어 있는데 이러한 수법은 《정석가》의 '유덕하신 님'과 《두시언해》의 '고운 사람' 등 단어가 두 가지 의미를 나타내는 어휘적 표현의 답습이 아닌가 생각이 된다. '미인'을 그리면서 사랑의 주제를 표현한 《사미인곡》과 《속미인곡》은 사랑을 주제로 한 후기의 잡가의 창작에 많은 영향을 주었다.

　　(329) 믈 ᄀᆞ툰 얼굴이 편ᄒᆞ실적 몃날일고

　　　　　　　　　　　　　　　　　　　　≪사미인곡≫

　　(330) 玉 ᄀᆞ툰 얼구리 ᄲᅮ이나마 늘거셰라

　　　　　　　　　　　　　　　　　　　　≪속미인곡≫

　이상의 (329), (330)에서는 수심에 가득 찬 임금 또는 사랑하는 '님'의 얼굴을 묘사하면서 임금과 사랑하는 '님'에 대한 충성된 마음을 표현하였다.

노계가사(蘆溪歌辭)

　≪노계가사≫의 경우에도 많은 양의 고유어휘가 사용되고 있는데 특히 작품 ≪누항사≫에서는 아름답고 표현력이 강한 상징어의 사용을 찾아볼 수 있다.

　1) 고유어와 한자어의 사용의 예를 들면 다음과 같다.
　상징어에는 아래와 같은 것들이 쓰이고 있다.

　　(331) 허위허위, 아함, 설피설피

　≪노계가사≫의 어휘는 고유 조선어보다 한자어나 한자 성구를 많이 사용하고 있다. 그 문체는 정철과는 달리 대체적으로 웅건하고 질박하여 정규양이 행장에서 지적한 바와 같이 ≪박인로의 가사는 사물에 부닥치는 대로 사상과 감정이 즉흥적으로 곧 수백 말의 노래가 일

사천리로 이루어졌다≫[13]고 말할 수 있다. 그의 시어는 정중하고 무게가 있으며 무사다운 풍격을 갖추고 있다. 왜냐하면 한자어나 한자 성구는 고유 조선어에 비해 정중하고 무게 있는 표현적 색채를 띠고 있기 때문에 노계 박인로는 한자어나 한자 성구로 무게 있고 무사다운 시적 풍격을 살렸던 것이다.

한자 어휘에는 다음과 같은 것들이 사용되었다.

(332) 龍旗偃蹇, 氷玉精神, 霽月胸襟, 簞食瓢飮, 黃帝作舟車

한자 성구, 한자 고사의 사용의 예를 들면 아래와 같다.

(333) ㄱ. 童男童女
　　　ㄴ. 死諸葛과 生仲達
　　　ㄷ. 孫臏과 龐涓
　　　ㄹ. 七縱七擒

2) 형상적 어휘

≪노계가사≫는 한자어나 한자 성구가 많은 어휘적 특징으로 말미암아 형상적 어휘의 사용에서도 한자어나 한자 성구가 위주로 되어 있다. 박인로의 ≪노계가사≫는 주로 임진왜란을 배경으로 하면서 왜놈들의 침략에 반대해 나선 인민들의 투쟁을 묘사하고 있다. 작품에서는 왜놈들을 '鼠竊狗偸'에 비유하면서 저주하고 있으며 침략에 의해 우리의 고을이 '豺狼窟'로 되었다고 형상적으로 표현하면서 침략 전쟁을 일으킨 왜놈들의 야수적인 침략적 본질을 까밝히고 있다. 그리고 백성

---

13) 고정옥・김삼불, ≪가사집≫, 국립출판사, 1955년, 98쪽.

들의 사랑을 받는 관리들을 찬양하면서 형상적 수법으로 백성들이 현명한 관리를 만난 것이 '涸轍枯魚가 깊은소애 감겨난닷'이라고 표현하고 있다.

고산가사(孤山歌辭)

≪고산가사≫의 작가 윤선도는 17세기에 활동한 조선의 재능 있는 시인의 한 사람으로서 작품의 창작에서 역시 아름답고 탄력성이 강한 조선어를 재치 있게 사용하고 민족적 정서에 맞게 시 창작을 한 것으로 하여 그의 작품은 정철의 ≪송강가사≫와 가히 비교할 만한 작품으로 후세에 높은 평가를 받고 있다. 그의 가사 ≪어부사시사(漁父四時詞)≫는 이현보의 가사 ≪어부가(漁父歌)≫를 기초로 하고 있다고 하지만 그 형식이 민족 시가로서는 자유롭고 진실하지 못한 데 불만을 느끼고 본래의 작품의 주제 사상에 기초하면서도 구성과 표현을 일신하였으며 형식을 완전히 민족적인 것으로 개작하였다. 그는 직접 ≪어부사≫를 개작한 이유에 대하여 ≪어부사시사≫의 서문에서 다음과 같이 썼다.

> 그러나 그 음조가 어울리지 않고 그 뜻이 갖추어지지 못하였으니 이는 대개 옛 시들을 모아 맞춘 것에 불과하기 때문에 부자연하지 않을 수 없는 것이다. 그래 나는 그 뜻을 보태고 또 알기 쉬운 우리말을 써서 어부사를 지었다.14)

이런 사정으로 말미암아 ≪어부사시사≫는 부사의 사용에서나 상징

---

14) 원문은 다음과 같다.

然音響不相應 音不甚備 蓋拘於集古 故不免有局促之缺也 余衍其意 用俚語作漁父詞

어의 사용에서나 그리고 구두적(口頭的)인 생활 어휘를 서사화하는 면
에서 아름다운 고유 조선어를 자기 작품에 활용하였던 것이다.

  1) 고유어의 사용은 입말체 어휘, 상징어의 사용을 예 들 수 있다.
사용된 입말체 어휘에는 아래와 같은 것들이 있다.

>   (334) 압개, 뒫뫼, 밤믈, 낟믈, 고기, 갈며기, 낫대, 벽국이, 버들숩,
>   낙시줄, 봄밤, 반찬, 굴은비, 시낻믈, 마람닙, 모래, 모긔, 부들
>   부채, 밀믈, 혈믈, 그러기, 낙시질, 박구기, 서리, 래일, 모레,
>   미끼, 그믈, 낙시, 가마괴, 된바람, 붉은곳

사용된 상징어에는 아래와 같은 것이 있다.

>   (335) 오락가락, 고비고비

부사에는 아래와 같은 단어들이 있다.

>   (336) 더욱, 건듯 고이, 또, 곧곧이, 못, 어찌, 슬카지

  2) 형상적 어휘
  작품에서는 바다의 물결을 '기름', '비단'에, 바다를 '萬頃琉璃'에,
물고기를 '銀脣玉尺', '巨口細鱗'에, 산을 '千疊玉山'에 비유하면서 자
연의 아름다움을 형상적으로 그려 내고 있다.

농가월령가(農家月令歌)

≪농가월령가≫에는 어휘 선택에서 우선 생활적인 어휘가 풍부하게 반영되고 있는데 이것은 농촌의 세태적인 어휘가 수천 년을 내려오면서 인민들 속에서 다듬어지고 다듬어지다가 비로소 글말로 깊숙이 들어온 사실을 똑똑히 보여 주고 있다.

1) 고유어에는 입말체 어휘, 고유 부사와 상징어, 한자어에서 유리된 어휘들의 사용을 들 수 있다.

입말체 어휘의 사용은 다음과 같이 갈라볼 수 있다.

살림살이와 관계되는 입말 어휘 :

(337) 우거지, 여물, 양념, 고들바기, 국수, 중두리, 소곰, 새끼, 삿갓, 김장, 빨래, 비(비자루), 처마, 며주, 이영, 등잔불, 파창국, 콩찐이, 장똑, 칼도마, 초롱불, 장앗지, 점심그릇, 팥죽, 느티떡, 채광주리, 점심밥, 젓국지, 젓조기, 보리단술, 보리밥, 품값, 냉이국, 오려송편, 개바자, 깨강정, 집마당, 쥐구녕,

식물과 관계되는 입말 어휘 :

(338) 가지, 아욱, 호박, 고초, 뽕, 참깨, 복사, 참외, 배차, 능금, 팥, 박, 대추, 무우, 엄파, 알밤, 고비, 고사리, 씀바귀, 곶감, 수수, 옥수수, 삽주, 찔레꽃, 삼, 다래, 밀, 미나리, 도랏, 두릅, 콩, 메밀, 메나리, 머루, 마눌, 파, 떡갈닢, 떡쌀, 들나물, 잡풀, 매눈이콩, 들깨모, 콩기름, 콩강정, 콩가지, 장맛나무, 멍지오리, 모밀쌀, 가지김치, 도마접, 문배, 대초벼, 물쑥, 담배밭, 담배모, 밀귀리, 청대콩, 박나물, 달래김치, 팥콩가리, 참배, 보리이삭,

봄보리, 가지모, 오조이삭, 비단차조, 풋고초, 오동닢, 뽕눈, 사발벼, 나뭇잎, 상취쌈, 엇접, 갯버들, 거름풀, 경사벼, 피접, 햇닢, 솔가지, 행차접, 수수이삭, 수숫대, 술쌀, 정근벼, 쌀고치, 호박나물, 고치나무, 고초다래, 고초모

동물과 관계되는 입말 어휘 :

(339) 개고리, 악마구리, 어아리, 제비, 귀또라미, 소로장이, 기러기, 꾀꼬리, 꿩, 뻐국새, 뵈짱이, 참새, 누에, 매아미, 묏비둘기, 무리고치, 흰고치, 누른고치, 범나비, 북어쾌, 새우젓, 쌍제비, 파리, 모기, 쓰르라미

농사와 관계되는 입말 어휘 :

(340) 댑싸리, 정의아비, 호미, 베, 베틀, 물고, 기즉, 도랑, 도리깨, 다라끼, 드렁, 거름, 외밭, 논밭, 보리밭, 보리짚, 논물, 오조밭, 나물밭, 길삼, 새통, 조피떠미, 들마당

자연과 관계되는 입말 어휘 :

(341) 장마, 기후, 몬지, 가을볕, 뒷동산, 되약볕, 밤낮, 보름날, 찬이슬, 성긴비, 아침볕

친족 명칭과 관계되는 입말 어휘 :

(342) 지어미, 남편

≪농가월령가≫는 조선 고유의 부사와 상징어의 사용에서도 특징적
이다.

부사의 사용은 다음과 같다.

    (343) 부지런히, 단단히, 넉넉히, 알뜰히, 낱낱이

상징어의 사용은 아래와 같다.

    (344) 구비구비, 부슬부슬, 와삭버석, 울긋불긋

≪농가월령가≫에는 한자어에 기원을 두고 있으나 오랜 언어생활을
거쳐 이미 조선어에 깊숙이 들어와 고유어처럼 인식되어 버린 어휘도
적지 않다.

명사에는 다음과 같은 단어들이 있다.

    (345) 인력(人力), 세상(世上), 중추(中秋), 만물(萬物), 의복(衣服),
             일기(日氣), 기운(氣運), 풍속(風俗), 음식(飮食), 풍년(豊年),
             은혜(恩惠), 농부(農夫), 목침(木枕), 백사장(白沙場), 장판(長
             板), 백성(百姓), 저축(貯蓄), 생강(生姜), 석양(夕陽), 세배
             (歲拜), 앵도(櫻桃), 면화(棉花)밭, 토란(土蓮)국, 정자(亭子)
             나무, 계란(鷄卵)찌개, 황(黃)부대, 주색(酒色)잡기, 과실(果
             實)나무, 들농사(農事), 면화(棉花)송이, 왕(王)채, 장구경(求
             景), 바람벽(壁), 방(房)고래, 백양(白楊)나무, 잡(雜)생각, 량
             식(糧食)걱정, 항(缸)아리, 초생(初生)달

동사에는 다음과 같은 단어들이 있다.

(346) 타작(打作)하다, 만발(滿發)하다, 면(免)하다, 재촉(再促)하다,
　　　변(變)하다, 기록(記錄)하다, 짐작(斟酌)하다, 행(行)하다, 준
　　　비(準備)하다, 공경(恭敬)하다, 시작(始作)하다

형용사에는 아래와 같은 단어들이 있다.

(347) 명랑(明朗)하다, 무성(茂盛)하다, 요란(擾亂)하다, 부족(不足)
　　　하다, 시급(時急)하다, 흥성(興盛)하다, 한가(閑暇)하다

부사에는 아래와 같은 단어들이 있다.

(348) 자연(自然)히, 자세(仔細)히, 우연(偶然)히, 극진(極盡)히, 다
　　　행(多幸)히

이상에서 보다시피 ≪농가월령가≫는 고유 조선어휘를 집대성한 어
휘자료집처럼 어휘 연구에서 높은 가치가 있는 자료라고 말할 수 있다.

2) 형상적 어휘

≪농가월령가≫는 산문적인 운문체의 글이기 때문에 어휘론적 수법
은 적게 쓰이고 주로는 문장론적 수법으로 운율을 조성하고 있다. 따
라서 형상적 수법 이 적게 쓰였으며 형상적 어휘의 사용은 몇 곳에서
만 찾아볼 수 있다.

(349) ㄱ. 쌀고치 무리고치 누른고치 흰고치를
　　　　　 색색이 분별하여 일이분 씨를두고

> 그나마 쓰오리라 자애를 차려놓고
> 왕채에 올려노니 빙설같은 실올이라
> ㄴ. 백설같은 면화송이 산호같은 고초다래
> 첨아에 널었으니 가을볕 명랑하다

(349ㄱ), (349ㄴ)에서는 '고치, 면화송이, 고추다래'의 형태적 특징을 관찰하여 '빙설, 백설, 산호'에 비유하고 있다. 이렇게 작자는 사물에 대한 세심한 관찰력과 섬세한 필치로 자연의 천태만상을 형상적으로 그려 내고 있다.

한양가(漢陽歌)

《한양가》는 당시 수도였던 한양을 묘사대상으로 하면서 궁전으로부터 시정에 이르기까지의 문물제도를 소개한 작품으로서 여기에는 구두적인 생활 어휘가 사용되었을 뿐만 아니라 더욱 많이는 한자어나 글말체 어휘가 수록되어 있다. 《농가월령가》가 생활 어휘를 여러 면에서 다룬 어휘자료집이라고 말한다면 《한양가》는 한자어나 글말체 어휘를 많이 담은 어휘자료집이라 말할 수 있다.

1) 고유어의 사용에는 순 고유어, 고유어와 한자어가 결합되어 우리말처럼 쓰인 단어들이 있는데 이런 고유어의 사용은 그 양이 적고 많이는 한자어가 쓰이고 있다.

입말체 어휘의 사용에는 다음과 같은 어휘들이 있다.

동식물과 관련되는 입말 어휘 :

(350) 민어, 석수어, 도미, 준치, 고도어, 낙지, 소라, 조개, 새우, 북

어, 꼴독이, 대구, 가오리, 가지미, 밤대초, 잣, 외얏, 복성와, 면빗, 찹쌀, 좁쌀, 기장쌀, 파래김, 우무가시

기타 입말 어휘 :

(351) 도끼, 벙거지, 두루마기, 갓끈, 더그레, 참빗, 어레빗, 쌈지, 줌
치, 허리띠, 바리, 감토, 이불감, 쪽비녀, 가락지, 노리개, 구슬,
재떠리, 거문고, 피리, 하룻날, 닷새날, 노름, 계추리, 가리마

부사와 상징어의 사용은 몇 곳에만 눈에 띈다.
부사에는 아래와 같은 단어가 있다.

(352) 높이, 두렷이

상징어에는 아래와 같은 단어가 있다.

(353) 촬촬, 얼룩덕룩, 알송달송

2) 형상적 어휘
형상적 어휘의 사용은 몇 곳에만 찾아볼 수 있는데 작품에서는 '長
春閣 나무다리'를 '무지개', '收卷數'를 '언덕', '뫼'에 비유하고 있다.

노처녀가(老處女歌)

가사는 그 발전을 거듭하면서 처음에는 양반들에 의해서만 창작되
다가 후에는 부녀자들에 의하여 많은 규방가사들이 창작되었는데 이

것은 조선어의 풍부화에 새로운 기여를 한 것으로 된다. 인민적 구두어와 생활적 어휘가 서사화 되는 데서는 부녀자들의 역할을 홀시할 수 없다. 그들은 전시기 한자어와 한자 성구가 압도적이었던 양반가사와는 근본적으로 다른 아름답고 세련된 고유 조선어가 주체를 이루는 규방가사를 창작하였다.

김만중은 ≪서포만필≫에서 ≪유식하다는 양반들이 남의 말과 글인 한자, 한문으로 작품을 쓰는 것은 앵무새가 남의 말을 흉내 내여 지껄이는 것과 같은 것≫이라고 비판하였다. 그리고 그는 ≪나무하는 어린 이와 물 긷는 아낙네들이 주고받는 말은 양반들의 시나 부와는 함께 병론할 수도 없는 것15)≫이라고 찬양하였다.

≪노처녀가≫는 이러한 부녀자들에 의하여 창작된 규방가사의 대표 작이라 할 수 있다. 이렇듯 시골 농민들의 인정세태를 기본으로 하고 있는 ≪농가월령가≫나 부녀자들에 의해 창작된 ≪노처녀가≫나 이러한 가사의 어휘는 무엇보다도 생활적 어휘에 바탕을 둔 입말체 어휘나 고유 부사와 상징어들이 많은 것이 특징이다. 당시 사회의 일반계층에 속하는 사람들에 의하여 창작된 가사는 작품의 소재를 광범한 인민성에 그 기원을 두었던 관계로 시어의 선택에서 봉건계급을 대표하는 양반계층들이 숭상하는 한자어나 한문투와는 달리 알기 쉽고 아름다운 우리 고유어를 많이 애용하였던 것이다. 따라서 한자 어휘가 갈수록 많아지는 그때 당시의 사정에서 입말체 어휘를 바탕으로 하는 고유어의 글말체화는 부녀자나 일반 백성들의 노력과 갈라놓을 수 없었다.

---

15) 원문은 다음과 같다.

今我國語文, 舍其言而學他人之言, 設令十分相似, 只是鸚鵡之言. 而閭巷間樵童汲婦咿啞而相和者, 雖曰鄙俚, 若論眞則, 因不可與學大夫所謂詩賦者同日而論.

1) 고유어에는 입말체 어휘, 고유 부사, 상징어의 사용의 예를 들 수 있다.

입말체 어휘의 사용에는 아래와 같은 단어가 있다.

> (354) 즈릉군, 시집, 서방, 바늘귀, 보선볼, 뒤깐, 내음새, 입시울, 엉덩뼈, 방구, 이, 뒷물그릇, 홑옷, 핫옷, 홑이불, 행주치마, 함박, 쪽박, 솔뿌리, 잇비짜루, 모닥불, 헌짚신, 헷웃음, 게정풀이, 벼개, 손바닥, 침, 어깨춤, 지게문, 기지개, 이마, 앞뜰, 뒤뜰, 귀엣고리, 옷고름, 단잠, 홍두깨, 저고리, 긴치마, 엉덩춤, 주머귀, 종종걸음, 삽살개

부사의 사용은 다음과 같다.

> (355) 설마, 어찌, 스사로, 차마, 아모리, 또, 더, 갈스록, 절로, 어서, 표차로이, 아니, 못, 아주, 역정스레, 길게, 잠간, 섬어히, 다시, 거의, 가마니, 넌즈시, 더구나, 도로혀, 가뜩

상징어의 사용은 아래와 같다.

> (356) 싱숭상숭, 활짝, 탁, 흔들흔들, 이리저리, 와당퉁당, 엎어지락 곱더지락, 암암, 쟁쟁, 불끈

2) 형상적 어휘

≪노처녀가≫에서 형상적 어휘의 사용은 위에서 서술한 양반들의 창작으로 된 가사와 달리 그 표현이 생활적인 것에 있으며 언어적 표현도 양반가사와는 달리 함축적이고 정중성을 띤 한자어에서 찾는 것

이 아니라 이해하기 쉽고 생동한 고유어에서 찾고 있다.

> (357) 오늘밤이 어서 가고 래일 아침 들어오면
> 　　　중매어미 불러다가 기운 조작으로
> 　　　표차로이 구혼하면 어찌 아니 못될손가
> 　　　이처럼 생가가하니 없든 웃음 절로 난다
> 　　　음식 먹고 체한병에 정기산을 먹은 듯이
> 　　　급히 앓는 곽락병에 청심환을 먹은 듯이
> 　　　활짝 일어 앉으면서 골통대를 입에 믈고
> 　　　끄덕이며 궁리하되 내 서방을 내가리지
> 　　　남다려 부탁할가

　(357)에서는 주인공 노처녀의 답답했던 마음이 '음식 먹고 체한 병에 정기산을 먹은 듯이', '급히 앓는 곽란병에 청심환을 먹은 듯이' 탁 트였다는 표현은 극히 생활적인 것에 바탕을 둔 규방가사의 형상적인 어휘적 특징을 잘 보여 주는 실례로 된다.

2.6.2. 운율적 수단

　가사는 시조를 계승, 발전시킨 정형시 시가 형태로서 주요하게 시조의 좁은 울타리를 뛰어넘어 생겨난 작시 체계이다. 가사의 발전은 폭넓은 시대적 생활 감정을 시화하려는 내용상 요구에 의하여 이루어졌다. 가사는 3·4조 또는 4·4조의 음절 구조로 음절군을 무제한하게 이어 가다가 흔히 시조의 종장 형식을 자기의 마지막 구절로 하는 새로운 장가적(長歌的) 시가 형태이다. 15세기에 발생한 가사체의 시가 형태는 시조와 더불어 2대 시가 형태로 호상 보충, 병존하였다.

1) 음절군의 분포를 보면 아래와 같다.

가사의 음절 구성은 3·4조 또는 4·4조가 기본을 이루면서 운율을
조성하고 있다. 가사의 구절은 기수 구절과 우수 구절이 서로 맞물려
가면서 대체적으로 우수(偶數)에 해당하는 내구(內句)는 4음절을 견지
하면서 기수(奇數)의 외구(外句)는 2, 3, 4 음절로 되어 있다.

(358) 江湖에 病이깁퍼 (기수행 3//4) 竹林의 누엇더니 (우수행 3//4)
　　　關東 八百里에 　(‥　2//4)　　方面을 맛디시니 (‥　3//4)
　　　어와 聖恩이야 　(‥　2//4)　　기디록 罔極ᄒ다 (‥　4//4)
　　　明月이 千山萬落의 아니비쵠 듸업다 (끝구 3//5//4//3)

≪관동별곡≫

(359) 어리고 迂濶홀산 (기수행 3//4) 이니우히 더니업다 (우수행 4//4)
　　　吉凶禍福을 　　(‥　2//3)　　하날긔 부쳐두고 (‥　3//4)
　　　陋巷 깁푼곳의 　(‥　2//4)　　草幕을 지어두고 (‥　3//4)
　　　그밧긔 남은일이야 삼긴디로 살렷노라 (끝구 3//5//4//4)

≪누항사≫

(360) 앞개에 안개걷고 (기수행 3//4) 뒷뫼희 해배쳔다 (우수행 3//4)
　　　배떠라 배떠라 (삽입구)
　　　밤믈은 거의지고 (‥　3//4) 낮믈은 밀려온다 (‥　3//4)
　　　지국총지국총어사와 (삽입구)
　　　江村 온갖고지 　(‥　2//4) 먼빛이 더욱좋다 (‥　3//4)
　　　설월이 서봉에 넘도록 송창을 비껴있자 (끝구 3//6//3//4)

≪어부사시사≫

(361) 천지 肇判하매 (기수행 3//4) 日月星辰 비쵀거나 (우수행 4//4)
　　　日月은 度數있고 (‥　3//4) 星辰은 躔次있어 (‥　3//4)
　　　一年三百 六十日에 (‥　4//4) 제度數 돌아오매 (‥　3//4)

　　　　皇天이 至仁하사 노함심도 一時로다 (끝구 3//4//4//4)
　　　　　　　　　　　　　　　　　　　　　　≪농가월령가≫
　　(362) 천지 開闢하니 (기수행 2//4) 日月이 삼겼에라 (우수행 3//4)
　　　　　星辰이 光輝하니 (‥ 　3//4) 五行이 되었에라 (‥ 　　3//4)
　　　　　與天地로 偕老하게 비나이다 비나이다 (끝구 4//4//4//4)
　　　　　　　　　　　　　　　　　　　　　　　　≪한양가≫
　　(363) 道袍짓는 手品알고 (기수행 4//4)
　　　　　홑옷이며 핫옷이며 누비상침 모를손가 (우수행 4//4//4//4)
　　　　　交足床 臥龍燭臺 세워놓고 (기수행 4//4)
　　　　　芙蓉香 피우면서 (우수행 3//4)
　　　　　功名이 이음차니 이아니 무던한가 (끝구 3//4//3//4)
　　　　　　　　　　　　　　　　　　　　　　　≪노처녀가≫

　　지금까지 가사의 음수율에 의한 운율 조성을 예 들어 살펴보았다.
그런데 흥미 있는 것은 초기 창작에서는 가사 고유의 작시 체계를 지
키고 오다가 ≪농가월령가≫에서부터는 가사의 규칙적인 작시 체계가
파괴되고 있다는 점이다. 예에서 보는 바와 같이 ≪송강가사≫, ≪노
계가사≫, ≪고산가사≫는 가사의 작시 체계를 엄밀히 준수하고 있는
반면에 그 아래의 가사들에서는 작시 체계가 지켜지고 있지 않다. 위
에서도 언급했지만 가사는 기수, 우수 두 구절이 서로 맞물리면서 3·
4조 또는 4·4조의 음절을 무제한 연철(連綴)하다가 끝구를 시조의 종
장과 같은 형식으로 하는 시가 형태의 일종이다. 다 아는 바와 같이
시조의 종장은 대체적으로 3//5//4//3의 음절 구성을 가지고 있는데
여기서 첫 음절은 반드시 3음절이고 둘째 음절은 반드시 5음절이거나
그 이상의 음절로 되어야 한다. 그러나 ≪농가월령가≫, ≪한양가≫,
≪노처녀가≫의 끝구는 시조의 엄밀한 음절 구성을 지키지 못하고 있

다. 또한 ≪노처녀가≫에서 어떤 경우에는 기수행과 우수행이 엄밀한 음절 구조를 이루지 않고 있는 것이 눈에 띈다. 이러한 작시 체계의 파괴가 세월을 더해 가면서 잡가의 작시 체계에 영향을 주었으리라는 것은 미루어 추측할 수 있다고 본다.

2) 시련 조직

가사는 시조의 형식을 계승하여 3·4조 또는 4·4조의 음절을 무제한 확대하여 이어 가는 시가 형식이기 때문에 대부분은 하나의 작품이 하나의 연을 이루고 있다. 그러나 ≪농가월령가≫나 ≪어부사시사≫의 경우는 단련체시가 아니고 다련체시로 되어 있다. ≪농가월령가≫는 모두 13개의 연으로 되어 있는데 첫 연이 서사 부분이고 1월령부터 12월령까지가 12개의 연으로 이루어져 있다. 이런 작시법은 고가요의 ≪동동≫의 작시법을 답습한 것이고 ≪어부사시사≫는 봄, 여름, 가을, 겨울 사계절에 의하여 4개의 연을 이루고 있는데 이런 작시법은 연시조인 이현보의 ≪어부가≫와 그 맥락을 같이 하고 있다.

3) 운율 조성의 보조적 수단에는 다음과 같은 표현 수법이 있다.

우선 먼저 반복법을 들 수 있다. 반복법에는 단어의 반복과 음절의 반복을 들 수 있는데 시에서 시어나 음절이 반복되면 운율이 생기면서 율조의 흐름을 빠르게 한다.

단어들의 반복으로 반복법이 이루어지면서 운율을 조성하는 예를 들면 다음과 같다.

> (364) ㄱ. 이제 와 보게 되니 <u>有情</u>도 <u>有情</u>홀사
>
> ㄴ. 넙거나 넙은 <u>天下</u> 엇띠ᄒ야 젹단말고

ㄷ. 어와 造化翁의 헌스토 헌스홀샤

≪관동별곡≫

(365) 山인가 구롬인가 머흐도 머흘시고

≪사미인곡≫

(366) 기나긴 밤의 좀은 엇디 자시는고

≪속미인곡≫

(367) 華山이 어디오 의 말을 보내고져
　　　天山이 어디오 의 활을 노피고쟈

≪태평사≫

(368) 昔日 舟中에는 杯盤이 狼藉터니
　　　今日 舟中에는 大劍長槍 뿐이로다

≪선상탄≫

(369) ㄱ. 오늘은 정근벼요 내일은 사발벼라
　　　　밀따리 대초벼와 동트기 경사벼라
　　　ㄴ. 쌀고치 무리고치 누른고치 흰고치를
　　　　색색이 분별하여 일이분 씨를 두고

≪농가월령가≫

(370) ㄱ. 밥이 없어 설어할가 옷이 없어 설어할가
　　　　설은 말 하자 하니 부끄럽기 칙량 없고
　　　　분한 말 하자 하니 가슴 답답 그 뉘 알리
　　　ㄴ. 중인이 모인 곳에 방구 뀌어 본 일 없고
　　　　밥주걱 엎어놓고 이를 죽여 본 일 없네
　　　　장독소래 벗겨내여 뒷물그릇 한 일 없고
　　　　양치대를 집어내여 추목하여 본 일 없네
　　　ㄷ. 간수 먹고 죽자 한들 목이 쓰려 어찌 먹고
　　　　砒霜 먹고 죽자 한들 내음새를 어찌 할고.

≪노처녀가≫

(371) ㄱ. 선비의 詩軸<u>노름</u> 한량의 成聽<u>노름</u>
　　　 貢物房 船遊<u>노름</u> 捕校의 歲饌<u>노름</u>
　　　 各司胥吏 受由<u>노름</u> 각집傔從 花柳<u>노름</u>
　　　ㄴ. <u>長安</u>의 便射<u>노름</u> <u>長安</u>의 豪傑<u>노름</u>
　　　 宰相의 吩咐<u>노름</u> 백성의 중포<u>노름</u>
　　　 각색노름 벌어지니 坊坊曲曲 노리철다

　　　　　　　　　　　　　　　　　　　≪한양가≫

　위의 예 (364)~(371)에서는 밑줄 친 단어들의 반복에 의하여 반복법이 이루어지면서 운율을 조성하고 있다.

　음절의 반복으로 운율을 조성한 예를 들면 다음의 (372)와 같다.

(372) 진<u>피</u>청<u>피</u> 대복<u>피</u>며 감초<u>자초</u> 하고<u>초</u>며
　　　 우황<u>타황</u> 구<u>황</u>이며 웅<u>담</u>구<u>담</u> 사<u>담</u>이며
　　　 침<u>향</u>정<u>향</u> 당사<u>향</u>과 룡<u>뇌</u>룡안 룡골이며
　　　 소합<u>환</u> 광제<u>환</u>과 태을<u>환</u> 소침<u>환</u>과
　　　 청심<u>환</u> 안신<u>환</u>과 포룡<u>환</u> 만응<u>환</u>과

　　　　　　　　　　　　　　　　　　　≪한양가≫

(373) 들깨<u>모</u> 담배<u>모</u>는 머슴아희 맡아내고
　　　 가지<u>모</u> 고초<u>모</u>는 아기딸 너하여라

　　　　　　　　　　　　　　　　　　　≪농가월령가≫

　위의 예 (372), (373)은 밑줄 친 부분의 음절의 반복에 의하여 운율을 조성한 실례이다.
　이 밖에 ≪어부사시사≫와 ≪농가월령가≫에서는 문장의 반복으로 운율을 조성하고 있다.

《어부사시사》는 고기잡이가 진행되는 과정을 표시하는 메김 소리
와 삽입구가 춘하추동 사계절의 매 편에 반복되면서 흥을 돋구고 음악
적인 운율을 조성하였다.

(374) 메김소리 :
① 배떠라 배떠라
② 닻들어라 닻들어라
③ 돛달아라 돛달아라
④ 이어라 이어라
⑤ 돛지여라 돛지여라
⑥ 배세여라 배세여라
⑦ 배매여라 배매여라
⑧ 닻지여라 닻지여라
⑨ 배브쳐라 배브쳐라

(375) 삽입구 :
지국총지국총 어사와

《농가월령가》는 농촌의 아름다운 풍속들과 매달 영농의 절차들에
관한 농본적인 권농 사상을 다채로운 사실적 필치로써 쉽고 소박한 감
정을 노래한 달거리체의 가사이다. 전체 13개 부분으로 되었는데 첫
부분은 머리 시에 해당하고 나머지 12개 부분은 매달별로 그 달의 영
농 기후 조건과 풍속을 노래하고 있다. 《농가월령가》는 정월 령부터
십이월 령까지 첫 시작인 '~은 ~이라 ~절기로다'형의 구절이 반복
되어 쓰이면서 운율을 조성하고 있다.

압운법(押韻法)의 이용에서는 음절이나 토로써 그 운을 밟고 있다.

(376) 芙蓉을 고잔ᄂᆞᆫᄃᆞᆺ
　　　白玉을 믓것ᄂᆞᆫᄃᆞᆺ
　　　東溟을 박ᄎᆞᄂᆞᆫᄃᆞᆺ
　　　北極을 괴왓ᄂᆞᆫᄃᆞᆺ

　　　　　　　　　　　　　　　　　≪관동별곡≫

(377) 佑我邦國ᄒᆞ샤 萬世無彊 눌리소셔
　　　唐虞天地예 三代日月 비최소셔
　　　於萬斯年예 兵革을 그치소셔
　　　耕田鑿井에 擊壤歌를 불니소셔

　　　　　　　　　　　　　　　　　≪태평사≫

(378) 우난 것이 벅국이가
　　　푸른 것이 버들숩가

　　　　　　　　　　　　　　　≪어부사시사≫

(379) 사나희 연날리기
　　　계집아희 널뛰기
　　　윷놀아 내기하기
　　　소년들의 노리로다

　　　　　　　　　　　　　　　≪농가월령가≫

(380) ㄱ. 하늘이 내신 王都 해동의 으뜸이라
　　　　　국호는 조선이요 都邑은 漢陽이라
　　　　　檀君의 舊族이요 箕子의 遺風이라
　　　ㄴ. 붉은얼골 봉의 눈은 반쯤웃는 모양일다
　　　ㄷ. 綠豆靑太 赤豆팥과 馬太中太 기름뗄다
　　　ㄹ. 길주명천 가는 뵈는 바리안에 드는뵐다

　　ㅁ. 各色노름 벌어지니 坊坊曲曲 노리철다

≪한양가≫

　(381) 설은 말 하자 하니 부끄럽기 측량없고
　　　　분한 말 하자 하니 가슴답답 그뉘알리

≪노처녀가≫

　　≪관동별곡≫에서는 대격토 '을'과 꾸밈토 '난닷'에 의하여 두운과
다리 각운이 이루어졌고 '태평사'에서는 여격토 '에'와 종결토 '소서'에
의하여 두운과 각운을 밟고 있으며 ≪어부사시사≫에는 규정토 'ㄴ'과
불완전명사 '것', 주격토 '이'와 종결토 '가'에 의하여 두운, 요운, 각운
이 조성되었다. 특히 종결토 '가'는 바꿈토 '이'가 없이 직접 체언에 붙
었는데 우리는 이런 현상을 통해 그때의 문법적 특성을 엿볼 수 있다.
그리고 ≪노처녀가≫에도 규정토 'ㄴ'과 접속토 '니'에 의하여 두운과
각운이 이루어졌으며 ≪한양가≫에는 바꿈토와 종결토가 결합된 '이
라'와 종결토 'ㄹ다'에 의하여 각운이 조성되었다. 여기서 종결토 'ㄹ
다'는 압운법을 사용하고 있으면서 유향자음 'ㄹ'을 직접 체언에 붙여
사용하면서 음악적인 율동 감을 주면서 운율을 조성하고 있다.
　　운율 조성의 보조적 수단으로서의 하나는 음상학적 수단으로 사용
한 예를 들 수 있다.

　　(382) 銀ㄱ튼 무지게　　（ㄴ-모음-ㄴ-모음-모음-모음）
　　　　　玉ㄱ튼 龍의 초리　（ㄱ-모음-ㄴ-ㅇ-모음-모음-모음）
　　　　　섯들며 쑌는 소리　（ㅅ-ㄹ-모음-ㄴ-ㅁ-모음-모음）
　　　　　十里의 즈자시니　（ㅁ-모음-모음-모음-모음-모음-모음）

≪관동별곡≫

(383) 이 몸 삼기실 제   (모음-ㅁ-ㅁ-모음-ㄹ-모음)

　　　님을조차 삼기시니   (ㅁ-ㄹ-모음-모음-ㅁ-모음-모음-모음)

　　　흔싱 緣分이며   (ㄴ-ㅇ-ㄴ-ㄴ-모음-모음)

　　　하늘 모롤 일이런가 (모음-ㄹ-모음-ㄹ-ㄹ-모음-ㄴ-모음)

　　　　　　　　　　　　　　　　≪사미인곡≫

(384) 江原道 金剛山은   (ㅇ-ㄴ-모음-ㅁ-ㅇ-ㄴ-ㄴ)

　　　外靑龍 되어있고   (모음-ㅇ-ㅇ-모음-모음-ㅅ-모음)

　　　黃海道 九月山은   (ㅇ-모음-모음-모음-ㄹ-ㄴ-ㄴ)

　　　外白虎 되어 있고   (모음-ㄱ-모음-모음-모음-ㅅ-모음)

　　　제주의 漢拏山은   (모음-모음-모음-ㄴ-모음-ㄴ-ㄴ)

　　　外案이 되어 있고   (모음-ㄴ-모음-모음-모음-ㅅ-모음)

　　　積城의 紺岳山은   (ㄱ-ㅇ-모음-ㄴ-ㄱ-ㄴ-ㄴ)

　　　後墻이 되어 있고   (모음-ㅇ-모음-모음-모음-ㅅ-모음)

　　　　　　　　　　　　　　　　≪한양가≫

　　조선어에서 모음은 자음보다 소리느낌이 부드럽고 자음에서도 유향자음이 소음자음보다 그 소리느낌이 경쾌하고 명랑하고 음악성이 강하다. 소음자음에서도 순한소리는 음이 순평하고 된소리는 새되며 거센소리는 둔탁한 느낌을 준다. 유향자음에서 'ㅇ'은 명동성(鳴動性)을 가지고 'ㄹ'은 물체의 유동, 연속 반복의 소리느낌을 준다. 이렇게 우리의 가사 작가들은 조선어의 음성학에 대한 연구가 깊었을 뿐만 아니라 조선어 음성학의 과학성을 터득하여 창작에서 시어를 선택함에 있어서 되도록이면 개음절 단어나 유향자음으로 끝나는 시어들을 선택하여 가사의 음악성을 살려내려고 애썼다.

　　'ㄴ, ㄹ, ㅁ, ㅇ' 등 유향자음으로 된 종성의 시어와 모음으로 된 개음절 시어를 선택함으로써 가사의 음악성을 강조하면서 운율을 조성한 실례는 주로 정철의 ≪송강가사≫와 한산거사의 ≪한양가≫에서 찾아볼 수 있다.

2.6.3. 문체론적 표현 수법

문체론적 수법에는 여러 수법들이 이용되고 있는데 여기에는 주로 비유법, 과장법, 대조법, 대구법, 열거법, 반문법 등을 들 수 있다.

비유법에는 직유와 은유의 수법을 예로 들 수 있다.

직유의 수법은 다음과 같이 실현된다.

> (385) 百川洞 겨틱두고 萬瀑洞 드러가니
>
> 　　　銀 フ톤 무지게 玉 フ톤 龍의 초리
>
> 　　　　　　　　　　　　　　　　　　　　　≪관동별곡≫

(385)에서는 '만폭동'의 아름답고 장엄한 경치를 직유의 수법으로 '은'과 '옥'에 비유하였고 은유적인 수법으로 '무지개'와 '용의 초리'에 비유하면서 폭포수의 경치를 시각적, 청각적으로 잘 그려 냈다.

> (386) 芙蓉을 고잔논 둧 白玉을 뭇것논 둧
>
> 　　　東溟을 박추논 둧 北極을 괴왓논 둧
>
> 　　　　　　　　　　　　　　　　　　　　　≪관동별곡≫

(386)에서는 직유, 압운법, 대구법, 열거법 등 수법들이 융합되어 세심한 관찰력과 섬세한 필치로 '금강산봉우리'에 대하여 "芙蓉을 꽃은 것", "白玉을 묶어놓은 것", "東溟을 박찬 것", "北極을 떠받치는

것” 같다고 묘사하면서 금강산 봉우리들이 마치 살아 움직이는 것처럼 잘 그려 내고 있다.

> (387) 銀河水 한 구비롤 촌촌이 버혀내여
> 실ㄱ티 플텨 이셔 뵈ㄱ티 거러시니
>
> ≪관동별곡≫

이상의 (387)에서는 십이 폭포수가 “실 같고”, “뵈 같다”고 묘사하면서 과장법과 직유의 수법으로 눈앞에 펼쳐진 십이 폭포의 아름다운 경치가 꼭 마치 “은하수 한 굽이를 베여낸 것 같다”고 형상적으로 보여 주고 있다.

> (388) 日出을 보리라 밤듕만 니러ᄒ니
> 祥雲이 집픠ᄂ동 六龍이 바티ᄂ동
>
> ≪관동별곡≫

위의 (388)에서는 동해바다 해돋이의 장면을 직유의 수법으로 입체적으로 보여 주고 있다.

은유의 수법이 쓰인 예를 들면 아래와 같다.

> (389) ㄱ. 縞衣玄裳 半空의 소소ᄯ니
> ㄴ. 瑞光千丈이 뵈ᄂ덧 숨는고야
>
> ≪관동별곡≫

(389ㄱ), (389ㄴ)에서는 은유의 수법으로 ‘학’의 형상을 잘 그려내어 ‘학’ 대신에 ‘縞衣玄裳’을 사용하였고 ‘달빛’을 ‘瑞光千丈’에 비유하였다.

정철의 가사는 비유의 모범이라 할 수 있는데 그 비유는 정확하고 슬기로우며 독창적이다. 그는 비유법을 재치 있게 사용함으로써 독자들로 하여금 아름다운 조국 산천의 경치를 직접 눈으로 보고 귀로 듣는 것처럼 생동하게 그려 내었다.

박인로의 ≪노계가사≫는 직유와 은유의 수법을 사용하였는데 직유에는 '갓한, 난닷, 가치' 등 보조적 수단들이 쓰였다.

> (390) 龍 又흔 將帥와 구름 又흔 勇士들이
> 　　　 旌旗蔽空ᄒ야 萬里예 이어시니
> 　　　 兵聲이 大振ᄒ야 山岳을 쯰엿ᄂᆫ 듯
> 　　　 疾風大雨에 霹靂이 즈치ᄂᆫ 듯
>
> 　　　　　　　　　　　　　　　　　≪태평사≫
>
> (391) 九十月 霜風에 落葉가치 헤치리라
>
> 　　　　　　　　　　　　　　　　　≪선상탄≫
>
> (392) 白玉가치 말그시고 河海가치 깊은 쯧에
>
> 　　　　　　　　　　　　　　　　　≪영남가≫

(390)에서는 직유와 과장법이 융합되어 임진왜란을 일으킨 왜구(倭寇)에 맞서 싸우는 장병들을 '용과 구름'에 비유했고 적들을 무찌르는 장병들의 용감한 기세를 "산을 뛰어 넘고 소나기에 벼락이 치는 것 같다"고 과장법과 직유의 수법으로 묘사하고 있다. 그리고 (391)에서는 적들을 "구시월 바람에 낙엽이 쓰러지듯이" 무찌르겠다는 장병들의 결심을 직유의 수법으로 잘 보여 주고 있다. (392)에서는 정치를 잘하는 영남 안절사(按節使)의 공덕은 "옥같이 맑고 바다같이 깊다"고 노래하고 있다.

노계 박인로도 비유의 모범이라 말할 수 있을 정도로 은유의 수법을
재치 있게 이용하고 있다.

(393) 雄都巨邑은 豺狼窟이 되얏거놀

≪태평사≫

(394) 鼠竊狗偸을 저그나 저흘소냐

≪선상탄≫

(395) 涸轍枯魚 깊은소애 감겨는듯

≪영남가≫

(393)에서는 '웅도거읍'을 은유의 수법으로 '승냥이 굴'로 비유하면
서 전쟁이 인민들에게 가져다준 재난과 적들에 대한 불타는 적개심을
보여 주고 있다. 또한 (394)에서는 은유의 수법으로 왜놈들을 '서절구
투(鼠竊狗偸)'에 비유하면서 쥐나 개처럼 비하하였다. (395)에서는 영
남 안절사(按節使) 정치는 '가물에 곡식이 비를 만나고 수레바퀴 자국
에 고인 물의 물고기가 바다를 만난 것과 같다'고 그를 치하하고 있다.

(396) ㄱ. 고은볕이 쬐얏난대 믈결이 기름같다
ㄴ. 가없는 믈결이 깁편닷 하여있다
ㄷ. 銀脣玉尺이 몇이나 걸렸나니
ㄹ. 앞에는 萬頃蒼波 뒤희난 千疊玉山
ㅁ. 巨口細鱗을 낚으나 못낚으나

≪어부사시사≫

(396ㄱ)에서의 '볕에 쪼여 반사된 물결이 기름 같다'는 표현과 (396
ㄴ)의 '물결이 두꺼운 비단을 펴놓은 것 같다'는 표현은 작자의 세심한

관찰력이 없이는 이런 형상적인 비유가 이루어질 수 없다. 또한 (396
ㄷ), (396ㄹ)와 (396ㅁ)에서는 은유의 수법으로 물고기를 '銀骨玉尺'과
'巨口細鱗'에 비유하고 있으며 눈 덮인 산을 '玉山'에 비유하고 있다.

≪농가월령가≫는 전시기 송강을 대표로 하는 양반가사의 음풍영월
(吟風咏月)과 서경가사와 달리 산문적인 문체로 농촌의 아름다운 풍속
과 영농 절차를 노래하고 있다. 다 아는 바와 같이 음풍영월이나 서경
가사 같은 경우는 비유, 과장, 의인법 등 어휘론적 수법들이 자주 쓰이
나 ≪농가월령가≫처럼 산문적인 문체의 글에는 반면에 문장론적 수
법들이 잘 이용되고 있다. 왜냐하면 어휘론적 수법은 단어의 형상적인
요구와 관련되어 있고 대상, 현상들에 대한 표현의 효과성과 연결되어
있으며 문장론적 수법은 매듭지어진 생각의 효과적 실현과 연결되
어[16]있기 때문이다. 물론 비유법의 사용은 한 두 곳에서 찾아볼 수는
있으나 양적으로 송강의 가사보다 퍽 적다.

> (397) ㄱ. 白頭山 起峰하야 함경도 넘어서서
> 　　　　　강원도 내달아서 경기도 돌아들제
> 　　　　　北極을 바쳤는듯 芙蓉을 깎아는듯
> 　　　　　群仙이 모였는듯 牙笏이 벌어는듯
> 　　　ㄴ. 長春閣 나무다리 무지개 모양으로
> 　　　　　은하를 결쳐는듯 玉鏡을 통해는듯
> 　　　ㄷ. 눈빛같은 흰揮帳과 구름같은 높은遮日
> 　　　ㄹ. 어름같은 누른전모 가지갑사 끈을 달고
> 　　　　　구름같은 헐은머리 반달같은 쌍어예로
> 　　　ㅁ. 밤중에 문을여니 各色燈이 들어온다

---

16) 박용순, ≪조선어문체론연구≫, 과학백과사전출판사, 1978년.

줄불이 펼쳐는닷 새벽별이 흐르는닷

≪한양가≫

위의 예에서는 백두산의 장엄한 기상과 천태만상의 기이한 산봉우리들을 "북극을 바쳐있고 연꽃을 깎아놓은 것 같다", "뭇 신선들이 모여 있고 뭇 신하들이 벌어져 서있는 것 같다"고 비유하고 있다. 장춘각의 나무다리가 "은하수에 걸쳐 있고 옥황상제가 계시는 하늘에 이어져 있는 것 같다"고 비유와 과장의 수법을 쓰고 있다. 또한 가지각색의 등불을 묘사하면서 "줄불이 펼쳐있는 것, 새벽별이 흐르는 것 같다"고 사물을 세심하게 관찰하고 아주 형상적으로 잘 그려 내었다.

과장법의 예는 다음과 같다.

(398) ㄱ. 北斗星 기우려 滄海水 부어내여
　　　 ㄴ. 말디쟈 鶴을 투고 九空의 올나가니
　　　 ㄷ. 바다히 써날제는 萬國이 일위더니
　　　　　 天中의 티쓰니 毫髮을 혜리로다

≪관동별곡≫

≪송강가사≫는 기발한 과장으로 자연에 대한 사랑의 감정을 표현하였다. 여기에서 "북두칠성을 국자 삼아 창해수를 부어낸다"는 표현과 "학을 타고 구공에 올라간다"는 표현은 작가의 독창적이고 기발한 과장이다. 또한 작가는 "동해에서 해가 솟아오를 때 온 세상이 흔들거리는 것 같고 허공중천에 퍼진 햇살은 머리카락까지 셀 수 있다"는 과장으로 동해 해돋이의 장관을 형상적으로 그려 냈다.

(399) ㄱ. 龍 ᄀᆞᆮ혼 將帥와 구름 ᄀᆞᆮ혼 勇士들이

旌旗蔽空ᄒᆞ야 萬里예 이어시니

兵聲이 大振ᄒᆞ야 山岳을 씌엿ᄂᆞᆫ 듯

ㄴ. 平原에 사힌 ᄲᅨᄂᆞᆫ 뫼두곤 노파 잇고

《태평사》

(399ㄱ)에서 작가는 임진왜란을 일으킨 왜놈에 맞서 싸우는 장병들의 용감한 기세를 "산을 뛰어 넘고 소나기에 벼락이 치는 것 같다"고 과장법과 직유의 수법으로 묘사하고 있다. 또한 (399ㄴ)에서 "평원에 쌓인 시체는 산보다 높다"는 과장의 수법으로 전쟁이 인민들에게 가져다준 재난과 적들에 대한 불타는 적개심을 보여 주고 있다.

(400) ㄱ. 長春閣 나무다리 무지개 모양으로

은하를 결쳐는 듯 玉鏡을 통해는 듯

ㄴ. 氣勢는 百戰일세 빠르기도 살도 같다

ㄷ. 收卷數 몇 장인고 언덕같고 뫼 같구나

《한양가》

(400ㄱ)에서는 장춘각의 나무다리가 "은하수에 걸쳐 있고 옥황상제가 계시는 하늘에 이어져 있는 것 같다"고 과장의 수법을 쓰고 있다. (400ㄴ)에서는 과거시험 장면을 묘사하면서 응시자들의 하인들이 시험장의 좋은 자리를 차지하기 위하여 서로 자리싸움을 하는 기세가 "화살같이 빠르다"고 묘사하고 있으며 (400ㄷ)에서는 받아들인 시험지를 묘사하면서 "쌓여서 언덕 같고 산 같다"고 묘사함으로써 과거시험의 치열한 경쟁 장면을 생동하게 그려 내고 있다.

대조법의 실례는 다음과 같다.

(401) 百川洞 겨틱 두고 萬瀑洞 드러가니

　　　 銀 ㄱ튼 무지개 玉 ㄱ튼 龍의 초리

　　　 섯들며 쏜는 소리 十里의 ㅈ자시니

　　　 들을 제는 우레러니 보니는 눈이로다

≪관동별곡≫

(401)에서는 행과 행, 단어와 단어가 서로 대조를 이룬다. 1행과 2행, 3행과 4행, 7행과 8행이 서로 대조를 이룰 뿐만 아니라 '백'과 '만', '곁에 두다'와 '들어가다', '은'과 '옥', '무지개'와 '용의 초리', '듣다'와 '보다', '우뢰'와 '눈' 등 시어들도 서로 대조를 이루고 있다. 이렇게 작자는 대조법으로 만폭동 폭포수의 아름다운 경치를 시, 청각적으로 잘 그려 내었다.

　≪노계가사≫는 대조법을 재치 있게 사용하고 있는데 이 대조법은 주제를 표현하는 데 도움을 주고 있다.

(402) 니 貧賤 슬히 너겨 손을 헤다 물너가며

　　　 남의 富貴 불리너겨 손을 치다 나아오랴

≪누항사≫

(403) 昔日 舟中에는 杯盤이 狼藉터니

　　　 今日 舟中에는 大劍長槍 뿐이로다

≪선상탄≫

위의 예 (402)와 (403)에서의 '나'와 '남', '빈천'과 '부귀', "싫게 여기다"와 "부럽게 여기다", "손을 내젓다"와 "손을 들어 부르다", '물러가다'와 '나오다' 등 시어들은 뜻이 서로 반대되는 단어나 단어 결합이다. 이렇게 박인로는 대조법을 재치 있게 사용하면서 자기는 비록 가

난에 쪼들리는 생활을 하고 있지만 부귀빈천과 관계없이 혼자서 꿋꿋
하게 살아가려는 자신의 지조(志操)와 못 살지만 세상을 원망하지 않고
살아가는 안빈낙도의 인생관을 보여 주었다. 또한 '석일'과 '금일', "배
반이 낭자하다"와 "대검장창뿐이다" 등 단어와 단어 결합을 대조시키
사용하면서 임진왜란 전후의 서로 다른 모습을 잘 그려 내면서 전쟁을
일으킨 왜놈들을 저주하고 있다.

> (404) ㄱ. 앞개에 안개 걷고 뒷뫼희 해 배췬다
>
> ㄴ. 밤물은 거의 지고 낮물은 밀어온다
>
> ㄷ. 앞뫼희 지나가고 뒷뫼희 나아온다
>
> ㄹ. 모래 우에 그물 넣고 둠밑에 누어 쉬자
>
> ㅁ. 밀믈에 西湖요 혈믈에 東湖 가자
>
> 《어부사시사》

(404ㄱ)에서는 '앞'과 '뒤', '개'와 '뫼', '안개 걷다'와 '해 배췬다'가
대조를 이루고 있고 (404ㄴ)은 '밤물'과 '낮물', '지다'와 '밀어온다' 등
단어가 대조를 이루고 있으며 (404ㄷ), (404ㄹ), (404ㅁ)에서는 '앞뫼'
와 '뒷뫼', '지나가다'와 '나아온다', '모래'와 '둠', '우'와 '밑', '밀물'과
'혈물'이 대조를 이루고 있는데 이러한 대조법은 주로 운율을 조성하는
데 이바지하고 있다. 작가 윤선도는 이러한 대조법을 재치 있게 사용
함으로써 가사의 율동적인 음악의 흐름을 보장하였다.

> (405) ㄱ. 전哨후哨 좌哨우哨 전士후士 좌士우士
> 三行으로 行軍하니 招旗가 앞을 섰네
>
> ㄴ. 左青龍 右白虎며 南朱雀 北玄武
> 동남각 남동각과 동북각 북동각과

서남각 남서각과 서북각 북서각과

홍神門 황神旗며 홍高招 청高招며

백高招 흑高招며 황高招 騰蛇旗며

남神將 북神將과 동神將 서神將과

七星旗 豹尾旗며 招搖旗 金鼓旗라

≪한양가≫

위 예의 (405ㄱ), (405ㄴ)에서는 군사에 쓰이는 진세(陣勢)를 설명함에 있어서 방위적인 각도에서 '전'과 '후', '좌'와 '우', '남'과 '북', '동남'과 '남동', '동북'과 '북동', '서남'과 '남서', '서북'과 '북서'를 대조시키고 군기(軍旗)의 각가지 형태를 설명하면서 '홍'과 '황', '홍'과 '청', '흑'과 '백', '동'과 '서', '남'과 '북'을 서로 대조시키면서 운율을 조성하고 있다.

(406) ㄱ. 한편 눈은 멀었으나 한편 눈은 밝아 있네

ㄴ. 後妻에 참여할가 三娶에 참여할가

金道令이 배필될가 權秀才가 배필될가

ㄷ. 눈에 암암 귀에 쟁쟁

≪노처녀가≫

(406ㄱ), (406ㄴ), (406)ㄷ)에서는 '멀다'와 '밝다', '후처'와 '삼취', '김도령'과 '권수재', '눈'과 '귀' 등 단어들을 대조시키면서 주인공 노처녀의 형상과 심리를 보는 듯이 잘 그려 내었다.

대구법의 사용 예로 다음과 같은 것들을 들 수 있다.

(407) ㄱ. 들을 제는 우레러니 보니는 눈이로다

ㄴ. 날거든 뛰디마나 셧거든 솟디마나

《관동별곡》

(408) ㄱ. 나 ᄒ나 졈어잇고 님 ᄒ나 날 괴시니

ㄴ. 짓ᄂ니 한숨이오 지ᄂ니 눈물일다

《사미인곡》

(407ㄱ), (407ㄴ)에서는 '들다', '보다' 등 동사의 열거하면서 뜻이 비슷한 두 사실을 가지고 대구적인 수법으로 만폭동의 장쾌한 모습을 시각, 청각적으로 잘 그려 내었다. 또 '날다', '뛰다', '셧다', '솟다' 등 동사를 사용함으로써 정양사 진헐대의 경치를 노래하고 있다. (408 ㄱ), (408ㄴ)에서는 대구법으로 임금에 대한 작자 자신의 일편단심을 토로하고 있다.

(409) 龍旗偃蹇ᄒ야 西風에 빗겨시니

五色祥雲 一片이 半空애 쩌러딘 듯

太平模樣이 더욱 ᄒ나 반가올사

揚弓擧矢ᄒ고 凱歌를 아뤼오니

爭唱歡聲이 碧空애 얼히ᄂ다

三尺霜刃을 興氣계워 둘러메고

仰面長嘯ᄒ야 춤을 추러 이러셔니

天寶龍光이 斗牛間에 소이ᄂ다

《태평사》

(409)에서는 '비껴시니', '아뤼오니', '일어서니'를 기준점으로 하는 대구법이 이루어지면서 왜놈을 무찌르고 전쟁에서 승리한 기쁨을 노래하였다.

(410) ㄱ. 西風塵 못 및으니 부채하야 머엇하리
　　　　들온 말이 없어시니 귀싯어 머엇하리

　　　 ㄴ. 앞에는 萬頃蒼波 뒤희난 疊疊玉山

≪어부사시사≫

(411) ㄱ. 冬至夏至 春秋分은 一行을 추직하고
　　　　上弦下弦 望晦朔은 月輪의 盈虧로다

　　　 ㄴ. 堂前의 쌍제비는 옛집을 찾아오고
　　　　花間의 범나비는 분분히 날고 기니

(412) ㄱ. 草木이 무성하니 파리모기 모여들고
　　　　평지에 물이 괴니 악마구리 소래난다

　　　 ㄴ. 滿山 楓葉은 臙脂를 물드리고
　　　　울밑에 黃菊花는 秋光을 자랑한다

≪농가월령가≫

(413) ㄱ. 천지 開闢하니 日月이 삼겼에라
　　　　星辰이 光輝하니 五行이 되었에라

　　　 ㄴ. 左靑龍 되어 있어 몸기는 푸른 기요
　　　　右白虎 되어 있어 몸기는 흰 기로다
　　　　北玄武 되어 있어 몸기는 거문 기요
　　　　中央이 되었으니 몸기는 누른 기라

≪한양가≫

위의 (410)에서는 술어 '머엇하리'를 기준점으로 두 문장이 대구를 이루고 있고 그 다음 예들은 앞, 뒤 두 구가 병렬적 관계로 이어진 병렬복합문으로서 앞, 뒤 두 구가 뜻이 비슷한 사실을 가지고 대구법을 이루고 있다. (413ㄱ)의 술어 '삼겼에라'와 '되었에라'를 기준점으로 대구가 이루어졌고, (413ㄴ)에서는 '푸른 기', '흰 기', '거문 기', '누른 기'를 기준점으로 네 문장이 서로 대구를 이루고 있다.

여기에서는 사물을 묘사하는 방식으로 대구법이 사용되었다.

> (414) ㄱ. 내 얼골 얽다 마소 얽은 굶에 슬기 들고
> 　　　 내 얼골 검다 마소 분칠하면 아니 흴가
> 　　ㄴ. 왼편다리 병신이나 뒤깐 출입 능히 하고
> 　　　 코구녕이 맥맥하나 내음새을 일수 맡네
> 　　ㄷ. 어른인 채 하자 하니 머리 땋은 어른 없고
> 　　　 나인이라 하자 하니 귀밑머리 그저 있네
>
> 　　　　　　　　　　　　　　　　　　≪노처녀가≫

(414)에서는 '얼골', '왼편다리', '코구녕', '어른', '나' 등 시어들을 풀이하면서 앞, 뒤 두 구가 서로 대구를 이루고 있다. 그리고 해학적인 수법으로 주인공 노처녀의 형상을 묘사함에 있어서 "얼굴이 비록 검으나 슬기가 있고", "얼굴이 검으나 분칠하면 흴 수가 있고", "왼편다리가 병신이나 뒤 깐 출입을 할 수 있고", "코구녕이 맥맥하나 냄새를 맡을 수 있다"고 표현하고 있다. 작자는 이러한 해학적인 수법을 사용함으로써 독자들로 하여금 웃음을 자아내게 하는 동시에 주인공 노처녀의 불쌍한 처지를 보여 주고 있다. 이러한 수법의 사용은 선행 시기 양반가사와 서로 다른 특징을 보여 주고 있다. 선행 시기 양반가사의 특징이 강호한정, 안빈낙도, 충군 사상에 있다면 부녀자들에 의하여 창작된 규방가사는 대체적으로 평민계층의 실생활을 보여 주는 데 중점을 두고 있다. 이러한 문체론적 수법은 인민들의 일상생활에 그 바탕을 두고 있는바 독자들로 하여금 <눈물어린 웃음>을 자아내게 하는 이런 수법의 이용은 판소리소설인 ≪흥부전≫에서도 찾아볼 수 있는 특징의 하나로 된다.

열거법의 사용은 다음과 같다.

(415) ㄱ. 春寒苦熱은 엇디흐야 디내시며
　　　秋日冬天은 뉘라셔 뫼셧는고
　　　粥朝飯 朝夕 뫼 녜와굿티 셰시는가
　　　기나긴 밤의 좀은 엇디 자시는고
　　ㄴ. 오르며 느리며 헤쓰며 바자니니

≪속미인곡≫

　　(415)에서는 '지내시다', '뫼시다', '잡수시다', '자시다' 등 일련의 동
적인 시어를 열거하면서 자신의 처지보다 임금의 생활을 걱정하는 작
자의 임금에 대한 충성심을 보여 주고 있다. 또한 '오르다', '내리다',
'허둥거리다', '헤매다' 등 단어들을 열거하면서 당쟁에 말려들어 벼슬
을 그만두고 한가한 가운데 불우한 세월을 보내는 작가 자신의 생활을
잘 보여 주고 있다.

(416) 唐虞天地예 三代日月 비최소셔
　　　於萬斯年에 兵革을 그치소셔
　　　耕田鑿井에 擊壤歌를 불니소셔

≪태평사≫

위의 (416)에서 '唐虞天地', '於萬斯年', '耕田鑿井'을 열거하면서
운율을 조성하였다.

(417) ㄱ. 사나희 연날리기 계집아희 널뛰기오
　　　웃놀아 내기하기 소년들의 노리로다
　　ㄴ. 숀山에 비가 개니 살진 향채 캐오리라
　　　삽주두릅 고사리며 고비도랏 어어리를

一分은 엮어달고 二分은 무처먹세

≪농가월령가≫

(417)에서는 계절에 따라 행해지는 민속놀이와 산나물을 열거의 수법으로 운율을 조성하고 있다.

(418) ㄱ. 民魚石魚 石首魚며 도미준치 고도어며
　　　　 낙지소라 고어며 조개새우 전어로다
　　 ㄴ. 청실腦황실뇌 乾柿紅柿 早紅柿며
　　　　 밤대초 잣호도며 葡萄경도 외얏이며
　　　　 石榴柚子 복성와며 龍眼荔子 당대츌다

≪한양가≫

위의 (418)에서는 한양 장터의 각종 물건들을 열거하면서 번화한 장터의 모습을 그려 내고 있다.

(419) ㄱ. 내 모양 볼작시면 어른인지 아희런지
　　　　 바람맞은 병신인지 狂客인지 醉客인지
　　　　 열없기도 그지없고 부끄럽기 칙량 없네
　　 ㄴ. 부모님도 보기 싫고
　　　　 형님도 보기 싫고
　　　　 아우년도 보기 싫다

≪노처녀가≫

(419)에서도 노처녀의 모양을 해학적인 수법으로 열거하고 있으며 '보기 싫다'를 반복하면서 부모, 형님, 아우에 대한 노처녀의 야속한 마음을 표현하고 있다.

반문법의 실례는 아래와 같다.

> (420) ㄱ. 慇懃혼댜 이 氣象 濶遠혼댜 뎌 境界
> 　　　 이도곤 フ준디 쏘 어듸 잇닷말고
> 　　 ㄴ. 魯國 조븐 줄도 우리는 모르거든
> 　　　 넙거나 넙은 天下 엇디흐야 젹단말고
>
> 　　　　　　　　　　　　　　　　　　《관동별곡》
>
> (421) 人间 乐事ㅣ 이 굿흐니 쏘 잇는가
>
> 　　　　　　　　　　　　　　　　　　《태평사》
>
> (422) 和兄弟 信朋友 외다 하리 뉘 이시리
>
> 　　　　　　　　　　　　　　　　　　《누항사》
>
> (423) ㄱ. 네 몸 리해 고사하고 성의를 어길소냐
> 　　 ㄴ. 보기에 신신하야 오신채를 부러하랴
> 　　 ㄷ. 농가의 여름반찬 이바께 또 있는가
> 　　 ㄹ. 八珍味 五候腈을 이 맛과 바꿀소냐
>
> 　　　　　　　　　　　　　　　　　　《농가월령가》
>
> (424) ㄱ. 내 비록 병신이나 남과 같이 못할소냐
> 　　 ㄴ. 음식요리 이만 알면 봉제사를 못할손가
> 　　 ㄷ. 내 비록 미련하나 눈치조차 없을손가
>
> 　　　　　　　　　　　　　　　　　　《노처녀가》

　　(420ㄱ)의 '또 어듸 잇단말고', (420ㄴ)의 '엇띠하야 젹닷말고', (421)의 '또 잇난가', (422)의 '뉘 이시리', (423ㄱ)의 '어길소냐', (423 ㄴ)의 '부러하랴', (423ㄷ)의 '또 있는가', (423ㄹ)의 '바꿀소냐', (424 ㄱ)과 (424ㄴ)의 '못할손가', (424ㄷ)의 '없을손가' 등 언어적 표현은 반문법이 이루어진 실례인데 여기에서는 의문식 종결토를 이용하여

반문법을 이루면서 말하자는 내용을 강조하고 있다.

이 밖에 ≪한양가≫에 이용된 문체론적 수법으로는 꼬리잡이 수법17)을 들 수 있다.

> (425) 배 우헤 長松 깔고 長松 우헤 薄松 깔고
> 　　　 그 우헤 모래 펴고 모래 우헤 細沙 펴고
> 　　　 그 우헤 황토 깔고 좌우헤 欄干 짜고
>
> 　　　　　　　　　　　　　　　　　　　≪한양가≫

(425)에서는 '長松', '薄松', '모래', '細沙' 등 단어들이 꼬리를 물고 이어지면서 꼬리잡이 수법으로 사건 진행의 순서를 상세하게 보여 주고 있다.

이렇게 ≪한양가≫에는 여러 가지 문체론적 수법들이 서로 융합되어 이용되면서 이러한 수법들은 운율을 조성하는데 적극 이바지하고 있다.

또한 ≪노처녀가≫에는 성구, 속담 이용법도 쓰이고 있다.

> (426) ㄱ. 보자를 지을 제는 안반 놓고 말라내니
> 　　　 ㄴ. 도래떡이 안팟 없고 후생목이 우뚝하다
> 　　　 ㄷ. 헌 짚신도 짝이 있어

여기에서 "안반이고 보마르러 가겠다", "도래떡이 안팎 있으랴", "뒤에 난 나무가 우뚝하다", "헌신짝도 짝이 있다" 등의 속담은 역시

---

17) 꼬리잡이 수법은 어휘론적 표현 수법의 일종으로서 반복법과 비슷하다. 즉 뒤의 단어가 앞의 단어의 꼬리를 물고 반복되면서 표현하는 수법이다.

부녀들의 일상적인 생활적 어휘에 그 기초를 둔 규방가사의 특징과 관계된다.

이상의 고찰을 통해 본다면 내용이나 형식면에서 볼 때 양반가사와 평민가사는 그 특성이 서로 다르다는 것을 알 수 있다.

내용면에서 볼 때 양반 가사를 대표하는 ≪송강가사≫, ≪노계가사≫, ≪고산가사≫, ≪농가월령가≫, ≪한양가≫ 등 가사에서는 많이는 임금에 대한 충군, 연군 사상, 현실도피, 안빈낙도 등 사상을 보여 주고 있는 반면에 부녀들에 의해 창작된 규방가사는 대부분 남녀 간의 사랑 이야기를 다루고 있다.

형식면에서 양반가사는 고풍스러운 한문투나 한자어를 많이 사용하면서 시어의 정중성과 우아성을 보장하였다. 비록 송강 정철이나 작품 ≪농가월령가≫에 의하여 생활적인 어휘에 기초를 둔 입말체 어휘를 사용하고 있다고 하지만 ≪노처녀가≫에 못 미치고 있다. ≪노처녀가≫는 부녀들의 생활적인 입말에 기초를 둔 속담이나 해학적인 수법을 작품에 이용하고 있다. 이렇게 규방가사는 내용이나 형식면에서 잡가의 창작에 많은 영향을 주었다.

제7절 잡가

16세기의 양반계층에 의하여 창작된 가사는 내용상 대부분 강호한 정, 현실 도피, 연군 등 사상을 다루고 있으나 정철의 ≪사미인곡≫과 ≪속미인곡≫에 의해서 남녀 간의 사랑을 주제로 한 가사가 나오게 되었다. 남녀 간의 사랑을 주제로 하고 있는 것은 또한 시조시인 황진이에 의하여 노래되고 있는데 사랑을 주제로 하고 있는 가사나 시조는 인민들의 미학적 요구에 부합되었기 때문에 인민들의 사랑을 받게 되었다. 이런 사정으로 말미암아 사랑을 주제로 한 가사나 시조는 17세기 이후의 대중적 가사들에 압도적인 영향을 주게 되는데 이러한 과정에 시가의 다른 한 형식인 잡가(雜歌)가 등장하게 된다.

잡가는 가사와 일련의 차이를 가지고 있다. 내용상에서 볼 때 첫째로 잡가는 봉건사회의 융성기(隆盛期)의 문학이 아니라 17세기 이후 봉건사회가 점차 몰락되어 가는 시기에 나타났고, 둘째로 잡가의 작가는 지배계급의 가사처럼 역사에 남을만한 사람이 아니라 대체적으로 평민계층인 상인, 창극인, 기생 등으로 이루어진 사람들로서 작가가 알려지지 않고 있으며 시집에 기록되어 있는 것이 아니라 구전되어 온 작품들이기 때문에 창작 연대가 밝혀지지 않고 있으며, 셋째로 잡가는 현실 도피, 연군 사상, 지배계급들의 가사에 특유한 사상 등을 배제하고 주로 사랑, 향토애, 이별을 노래하고 해학과 야유로 양반계급에 대한 울분과 분노를 토로하고 있다. 형식면에서 가사가 정악(正樂)이라면 잡가는 종래의 시조나 가사의 '정상적'인 작시법에서 벗어난 특유한 시가 형태의 하나이다.

잡가의 명칭은 작시법이 파격적인 데서 주어지며 그 내용이 "점잖지 못하"다는 의미도 가지고 있으면서 율조(律調)도 정연하지 않다는 사실과도 관련된다.

지금까지 많은 작품의 잡가가 전해지고 있는데 여기에서는 ≪상사곡≫, ≪춘면곡≫, ≪백구사≫, ≪황계가≫, ≪매화가≫, ≪단가(8편)≫, ≪난봉가(6편)≫, ≪제전≫, ≪배따라기≫, ≪도라지타령≫, ≪천안삼거리≫, ≪닐리리야≫, ≪사발가≫, ≪흥타령≫, ≪신고산타령≫, ≪담방구타령≫, ≪새타령≫, ≪토끼타령≫ 등의 작품에 대해서 살펴보고자 한다.

2.7.1. 어휘적 수단

잡가의 어휘적 특징은 한마디로 일상생활에 바탕을 둔 입말체 어휘가 많이 사용되고 있는데 거기에서도 조선어의 음악성과 강한 표현력을 살린 상징어가 많이 쓰이고 있는 것이 특징적이다. 이것은 잡가의 작가가 지배계층이 아니라 피지배계층인 평민이나 창극인, 기생으로 이루어진 사정과 관계된다. 왜냐하면 피지배계층인 이들은 양반계층과 달리 지식정도가 높지 못하였기 때문에 까다롭고 어려운 한자를 사용할 수가 없었던 것이다. 그들은 창작에 있어서 순 고유 조선어를 많이 사용하였으며 상징어와 같은 입말체의 어휘를 창작에 다양하게 활용하였던 것이다. 물론 잡가에는 한자어나 한문투의 사용이 눈에 띠우나 그것은 선행 시기 구전되어 온 일부 가사 작품의 답습이 아닌가 생각된다. 그리고 이 시기에 들어와서 잡가에는 근대적 요소도 많이 들어 있는데 그 구체적인 표현이 바로 외래어의 사용이다.

1) 고유어와 한자어의 사용

잡가에는 고유어가 많이 사용되고, 정음자로 표기하고 있다. 특히 고유어로 된 상징어의 사용을 많이 찾아볼 수 있다.

> (427) 훨훨, 좌르르, 둥실, 탕탕, 앙금당실, 층층, 출렁, 쭈루룩, 꼴꼴, 꽝꽝, 사르령꼴꼴, 우루룩, 점점, 뚝뚝, 락락, 우줄우줄, 흔들흔들, 펄펄, 분분, 첩첩, 툭툭, 시루룩 시루룩, 너울너울, 뚜들박딱, 솟적솟적, 귀촉도, 뻐국뻐국, 절절, 울울
>
> ≪단가(8편)≫
>
> (428) 슬슬, 둥둥, 훨훨, 우툴두툴, 떼덜덜, 앙앙, 깽꽁깽꽁, 절커덕,

더러나덜컥, 빼뱅뱅, 작작, 또루룩, 홀롤롤, 박박

≪난봉가(6편)≫

(429) 점점, 어석어석, 이글이글

≪담방구타령≫

(430) 풀풀, 쑥쑥, 펄펄, 접뒤적, 너흘너흘

≪백구사≫

(431) 꽝꽝, 어얼어닐, 쪼개쪼개, 둥글둥글, 스르루, 또루루, 송송, 즈
르르, 활신, 으드득

≪제전≫

(432) 너흘너흘, 출넝, 머물머물, 지근지근, 두렷두둥실, 떼떼떼

≪배따라기≫

(433) 푸릇푸릇, 우루루, 뚜루루, 발발

≪신고산타령≫

(434) 둥둥, 공기적동, 공기뚜루룩, 수꿍소땡, 펄펄, 꺼꺽꾸루룩, 버
꾹, 벅버꾹 버꾹, 귀촉도, 꾀꼬리루, 팽당그르르, 붓붓, 궁굴궁
굴, 딱다그르, 까옥까옥, 뚜루룩, 너울너울, 종지리

≪새타령≫

(435) 덤벅, 펄펄, 쫑긋, 도리도리, 모뚝, 잘록, 깡충, 들락날락, 오락
가락, 앙금조촘, 쵤촬

≪토끼타령≫

잡가에는 한자어라도 한자 의식에서 유리된 어휘가 많이 쓰이고 일
부 경우에만 한자어나 한문투가 사용되고 있다.

한자 성구의 사용은 아래와 같다.

(436) 千金珠玉, 萬疊靑山, 百年期約, 世事一貧

≪상사곡≫

잡가에는 많은 한시가 인용되고 있는데 예를 보면 다음과 같다.

(437) 雲沈碧溪花紅桃
　　　萬壑千峰飛天灑
　　　壺中天地別乾坤

≪백구사≫

(438) 風吹曠野紙錢飛
　　　古墓縷縷春草綠
　　　棠梨花影白楊垂
　　　眞是死生離別處

≪제전≫

이 밖에 ≪새타령≫에는 전고법(典故法)을 사용하여 중국의 고사(故事)나 한시를 인용하면서 한자 성구나 한문투를 많이 쓰고 있다.

외래어가 사용된 실례는 다음과 같다.

근대에 들어오면서 일본과 내왕을 밀접히 하면서 일본의 문물이 반도에 들어오기 시작하였는데 이 시기 잡가에 이런 어휘가 등장하고 있다.

(439) 깃도구쓰, 와라지집신, 우데마끼

≪닐리리야≫

(440) 변도밥, 다꾸시, 하이칼라

≪신고산타령≫

(441) 뽀도

≪도라지타령≫

2) 형상적 어휘

잡가는 가사와 달리 그 표현이 직선적이고 형상적 수법이나 은유에 이용되는 형상적 어휘가 적게 사용되고 있다. 그것은 양반들에 의하여 창작된 가사는 언어적 표현이 함축된 한자어가 많고 표현이 완곡적이고 형상적인 반면에 평민계층에 의해 창작된 잡가는 형상적 수법의 사용이 아직은 서툴기 때문에 직설적인 표현이 위주인 사정과 관계된다. 그리고 가령 형상적 어휘가 사용되었다 하더라도 표현이 가사처럼 정중하고 우아한 것이 아니라 "점잖지 못한" 느낌을 준다.

≪사설난봉가≫나 ≪잡인난봉가≫ 등 작품에서 '큰아기'는 시집온 여성을 뜻하고 '노랑대가리'는 시집 온 여성이 자기의 어린 서방을 가리키는 말인데 여기에서는 비하적(卑下的)인 의미적 색채를 띤 단어 '노랑대가리'를 이용하여 봉건사회의 썩어빠진 혼인 제도를 풍자하고 있다. '황금갑옷'은 꾀꼬리의 형상을 생동하게 그린 것이고 '북망산'은 원래는 중국 낙양(洛陽)에 있는 산을 가리키는데 여기서는 사람이 죽어서 묻히는 묘지를 뜻하는 말이다.

2.7.2. 운율적 수단

잡가는 가사의 작시법을 계승하여 일부 경우에는 4·4조나 3·4조의 음절 구성, 그리고 4개의 음절군에 의하여 운율을 조성하고 있지만 많이는 이러한 정형시의 틀에서 벗어나 시의 형태가 들쑥날쑥한 것이 특징적이다. 즉 양반계층의 창작인 가사가 작시법에서 엄밀한 정형시의 틀에 맞추어 운율을 조성하고 있다면 평민계층의 창작인 잡가는 대체적으로 그러한 정형시의 작시 체계에 맞게 창작된 것이 아니라 규칙적인 틀에서 벗어나 자신의 감정을 자유자재로 표현하고 있다. 작시법

상 잡가는 가사와 창가의 계승 관계를 이어주는 시가 형식으로서 현대
자유시의 작시법에도 일정한 영향을 주었다고 본다.

1) 음절군의 분포를 보면 다음과 같다.

잡가는 음절 구성에 있어서 비교적 자유롭다. 작품에서 어떤 시행의
경우에는 3·4 또는 4·4의 음절 구성을 지키고 있으나 전반 시작품
이 규칙적인 음절 구성을 이루지 못하고 있다. 그러나 전반적으로 운
문체로서의 운율을 보장하고 있다.

2) 시련 조직

잡가의 시련 조직은 모두 단련체 시가 형식을 취하고 있으며 많이는
조흥구(助興句) 또는 삽입구(揷入句)에 의하여 운율을 조성하였다.

3) 운율 조성의 보조적 수단

운율 조성의 보조적 수단에는 반복법, 압운법, 약음법, 음상학적 수
단의 사용을 들 수 있다.

반복법의 사용은 무엇보다도 잡가에 사용되고 있는 조흥구나 삽입
구의 반복을 들 수 있고 다음으로 단어의 반복과 토의 반복, 음절의
반복을 들 수 있는데 토의 반복은 압운법과 융합되어 사용되고 있다.
≪난봉가(6편)≫에서는 "에헤 에헤야 에루나둥둥 내 사랑이로구나",
"에헤야 에화좋고좋다 어루마둥둥 내 사랑아", "아하아 에헤요 에엥에
헤이 에헤요 어루마둥둥 내 사랑아", "두둥둥둥 개야 내 사랑아" 등
조흥구나 삽입구의 반복으로 운율을 조성하고 있고 ≪사발가≫에서는
"에헤야 지야자 허송세월을 말어라", ≪흥타령≫에서는 "아이고대고
흥흥흥흥 성화가 났네흥", ≪천안삼거리≫에서는 "에루화 좋다흥 성

화가 났구나흥", ≪닐리리야≫에서는 "닐리리야 닐리리야 니나누나니 닐리리야", ≪배따래기≫에서는 "헤 지화자자 좋다", ≪신고산타령≫ 에서는 "어랑어랑 어허야어허 난다 디여라 내 사랑아" 등의 조흥구나 삽입구의 반복으로 운율을 조성하고 있다.

단어 반복의 예는 아래와 같다.

> (442) ㄱ. <u>간다 간다</u> 내가 돌아간다 떼덜덜거리고 내가 돌아간다.
> ㄴ. 월<u>백</u>설<u>백</u> 천지<u>백</u>하니 산<u>심</u>야<u>심</u>이 객수<u>심</u>이라
> ㄷ. <u>노자 노자</u> 젊어서 <u>노자</u> 늙고 병들면 내가 못 <u>노리라</u>.
> ㄹ. <u>왜 생겨 왜 생겨 왜 생겨</u> 나왔나
> ㅁ. <u>원쑤로구나 원쑤로구나</u> 노랑대가리 <u>원쑤로구나</u>
>
> ≪난봉가≫
>
> (443) <u>왜 왔든고 왜 왔든고</u> 꼬집고 갈 길을 <u>왜 왔든고</u>
> <u>왜 왔든고 왜 왔든고</u> 죄즈로 갈 길을 <u>왜 왔든고</u>
> <u>왜 왔든고 왜 왔든고</u> 울고 갈 길을 <u>왜 왔든고</u>
> <u>왜 왔든고 왜 왔든고</u> 할퀴고 갈 길을 <u>왜 왔든고</u>
> <u>왜 왔든고 왜 왔든고</u> 왔그들랑 웃목잠이나 자고 가렴
>
> ≪닐리리야≫

위의 (442)와 (443)에서는 시어 '간다', '백', '심', '노자', '왜 생겨', '원쑤로구나', '왜 왔든고'가 세 번 반복되면서 운율을 조성하였다.

토의 반복은 아래와 같다.

> (444) 남기<u>라도</u> 고목<u>되면</u> 오<u>든</u>새<u>도</u> 아니<u>오고</u>
> 꽃이<u>라도</u> 십일홍<u>되면</u> 오<u>든</u>나비<u>도</u> 아니<u>오고</u>

　　　　벗이<u>라도</u> 늙어지<u>면</u>은 오든청년<u>도</u> 아니온다

　　　　　　　　　　　　　　　　　　≪난봉가≫

　　(444)에서는 단어의 반복과 같이 도움토 '라도', 접속토 '면', 도움토
'도', 접속토 '고'의 반복에 의하여 운율이 조성되고 있는 동시에 토의
반복에 의하여 두운, 요운, 각운을 밟고 있다.

　　(445) 천하명산 승지간<u>에</u> 경개 보<u>든</u> 눈 그리<u>고</u>
　　　　　란초지초 온갖화초 꽃 따먹<u>든</u> 입 그리<u>고</u>
　　　　　봉래방장 운무중<u>에</u> 내 잘 맡<u>든</u> 코 그리<u>고</u>
　　　　　두견앵무 지저귈제 소리 든<u>든</u> 귀 그리<u>고</u>
　　　　　만화방창 화림중<u>에</u> 뛰여가<u>든</u> 발 그리<u>고</u>

　　　　　　　　　　　　　　　　　　≪토끼타령≫

　　이상의 (445)에는 여러 가지 문체론적 수법들이 융합되어 사용되고
있는데 여격토 '에', 규정토의 변종형태인 '든(던)', 접속토 '고'의 반복
과 단어의 반복, 열거법, 그리고 토의 반복에 의한 압운법이 사용되면
서 운율을 조성하였다.
　　음절의 반복을 보면 아래와 같다.

　　(446) ㄱ. 梅花 녯 등걸에 봄 절이 <u>도도</u>라온다
　　　　　ㄴ. 北京가는 譯譯官'드라, 唐絲실 흐테 <u>부붓</u>침ㅎ세
　　　　　ㄷ. 그믈 밎셰, 그<u>그믈</u> 밎셰
　　　　　ㄹ. 걸니소셔, 걸니소셔, <u>거걸</u>니소셔

　　　　　　　　　　　　　　　　　　≪매화가≫

이런 수법은 선행 시기의 시가체에서 볼 수 없었던 수법인데 여기에서 어두의 첫 음절을 반복하면서 운율을 조성하였다.

그리고 잡가 ≪천안삼거리≫는 시 전체가 음악성이 강한 '흥'이 반복되면서 각운을 밟고 있다.

> (447) 천안루 삼거리 흥 능수야 버들은 흥
> 　　　제멋에 겨워서 흥 축느러 젓구나 흥
> 　　　에루화 좋다 흥 성화가 났구나 흥
> 　　　양산 통도사 흥 중이나 되어서 흥
> 　　　님을 위하여 흥 불공을 할거나 흥
> 　　　에루화 좋다 흥 성화가 났구나 흥
> 　　　계변 양류는 흥 사사 녹이요 흥
> 　　　그 버들 가지가 흥 류색신이로다 흥
> 　　　에루화 좋다 흥 성화가 났구나 흥

이 밖에 반복법에는 단어의 교차적 반복인 왕복법(往復法)[18]을 들 수 있다.

> (448) ㄱ. <u>요리조리 조리요리</u> 앙금당실 높이 떠
> 　　　ㄴ. 천방져 지방져 <u>방울저 언덕저</u>
> 　　　　 <u>언덕저 방울저</u> 사주 불러 두둥그려
> 　　　　　　　　　　　　　　　　　　　　≪단가≫
> (449) <u>자나 씨나 씨나 즈나</u> 임을 못 보니 가슴이 답답
> 　　　　　　　　　　　　　　　　　　　　≪상사곡≫

---

18) 왕복법은 앞, 뒤의 두 단어가 서로 교차하면서 반복되는 수법을 말한다.

(450) <u>수놈</u>은 물어 <u>암놈</u>을 주고
      <u>암놈</u>은 물어 <u>수놈</u>을 주며

≪새타령≫

위의 (448), (449), (450)에서 밑줄 친 부분의 단어나 단어 결합들은 서로 교차적으로 반복되면서 왕복법을 이루고 있는데 이러한 수법은 운율을 조성하는 데 매우 효과적이다.

앞에서도 언급한 바와 같이 잡가의 작품을 보면 전반 시작품이 규칙적인 음절 구성을 가지지 못하고 있지만 일부 시행의 경우는 가사와 같이 정형시적인 시가 형식을 갖추고 있다. 이런 경우 작가들은 창작에 있어서 규칙적인 음절 구성을 위하여 약음법을 사용하기도 하였다.

(451) 영척은 소를 타고 리적선 고래 타고
      적송자 학을 타고 맹호연 나귀 탔네

≪단가≫

위의 (451)에서는 규칙적인 음절 구성인 3·4조를 맞추기 위하여 '적송자'에 도움토 '는', '리적선, 맹호연'에 주격토 '이', '고래와 나귀'에 대격토 '를'을 생략하면서 약음법을 사용하고 있다.

(452) 천하명산 승지간에 경개 보든 눈 그리고
      란초지초 온갖 화초 꽃 따먹든 입 그리고
      봉래방장 운무 중에 내 잘 맡든 코 그리고
      두견앵무 지저귈 제 소리 듣든 귀 그리고
      만화방창 화림 중에 뛰여가든 발 그리고

≪토끼타령≫

(452)에서는 4·4조의 음절 구성을 맞추기 위하여 '경개, 꽃, 내, 소리'에 붙을 대격토 '을/를'을 생략하고 있다.

잡가에서는 음악성과 표현력이 강한 고유 조선어의 특징을 살려 모음이나 유향자음에 의하여 시의 음악적 율동을 잘 살리고 있다. 작가들은 창작에 있어서 앞에서 언급하였던 작품에 삽입된 조흥구를 가지고 시적 운율을 조성하였다. 이러한 조흥구나 삽입구의 반복에 의하여 시의 음악적 율동성을 살린 것은 선행 시기 고가요 작시법의 영향을 받아 그것을 계승, 발전시킨 좋은 실례가 된다. 그리고 작품의 상징어의 사용에 의해서도 시의 음악성을 잘 표현하고 있다.

2.7.3. 문체론적 표현 수법

잡가의 문체론적 표현 수법에는 비유법, 의인법, 과장법, 성구, 속담 이용법, 대구법, 대조법, 열거법, 꼬리잡이 수법, 점층법 등을 들 수 있다.

직유의 수법은 다음과 같이 이용되고 있다.

(453) 나의 춘흥 못 이기며 수비둘기 남게 앉고
　　　암비둘기 땅에 앉아 콩 한 줌을 흩어주니
　　　朱紅 같은 입을 대고 궁글궁글 울음운다

　　　　　　　　　　　　　　　　　《새타령》

(454) 黃金 갓흔 꾀고리는 버들 스이로 往來흔다
　　　白雲 갓흔 흰 나비난 꼿 보고 반기 너겨

　　　　　　　　　　　　　　　　　《백구사》

위의 (453), (454)에서는 직유의 수법으로 '비둘기'의 입을 '주홍'에
비유하고 있으며 '꾀꼬리'와 '나비'를 '황금'과 '백운(白雲)'에 비유하고
있다.

은유의 수법이 쓰인 예로는 다음과 같은 것들이 있다.

(455) 인생 백년이 여주마로다

≪난봉가≫

(456) 원쑤로구나 원쑤로구나 <u>노랑대가리</u> 원쑤로구나

≪난봉가≫

이상의 예문 (455)에서는 '인생'을 '달리는 말'에 비유하고 있다
(456)에서는 나이 어린 서방님을 '노랑대가리'에 비유하면서 낡은 혼
인 제도를 풍자하고 있다.

(457) <u>玉鬢紅顔</u>이 다 늙기로 알아 줄 사람 거 누구요

≪사발가≫

(458) ㄱ. <u>제일 보배</u>를 내버리고 너 왜 죽었지
     ㄴ. 어진가저 맞아다가 <u>당상학발</u> 천년수요

≪제전≫

(459) 청류벽이 변하야 <u>수병풍</u>이 되고
     능라도는 변하야 <u>꽃방석</u>이 되누나

≪신고산타령≫

이상의 예문 (457)에서는 청춘시절을 '옥빈홍안'에, (458ㄱ)에서는
나를 '제일 보배'에, (458ㄴ)에서는 부모님을 '당상학발'에 비유하고 있
으며 (459)에서는 형상적 수법으로 청류벽을 '수병풍'에, 능라도를 '꽃

방석'에 비유하고 있다.

잡가에는 의인법을 재치 있게 사용하면서 동물이나 사물을 인간의 행동처럼 그려 내면서 섬세한 필치로 자연의 천태만상을 생동하게 표현하고 있다.

> (460) ㄱ. 허리 굽고 늙은 장송 광풍을 못이겨 우줄우줄 반춤 춘다
> ㄴ. 춤 잘 추는 학두루미
> ㄷ. 춘산에 흥이 깊어 너울너울 춤을 춘다
> ㄹ. 또 한 편 바라보니 풍년새가 날아든다
> ㅁ. 이 산에 가도 솟적 저 산에 가도 솟적솟적 우름 울고
>
> ≪단가≫

이상의 (460)에서는 동물이나 식물의 모양새와 행동을 묘사함에 있어서 상징어와 결합된 단어 결합을 이용하여 마치 사람의 행동을 보는 듯이 생동하게 그려 내고 있다. '늙은 장송이 우줄우줄 반춤 춘다', '학두루미가 너울너울 춤을 춘다'와 '풍년새가 울음 운다'의 표현이 그 실례이다.

> (461) ㄱ. 경의선 철도야 함경남도 평원선아
> ㄴ. 칠산바다 둥둥 떴난 저 윤선아
>
> ≪홍타령≫

(461)에서는 비활동체명사 '철도', '평원선', '윤선'에 사람의 성격을 나타낼 때 사용되는 호격토 '아/야'를 결합시켜 의인화하고 있다.

과장법이 사용된 실례를 보면 아래와 같다.

(462) 인삼 록용으로 집을 지으며
　　　당사향으로 벽을 바르고
　　　우황 청심환으로 불요를 하여 덮고
　　　불로초로 불을 때인들
　　　이 내 병 고치기난 만무로구나

　　　　　　　　　　　　　　　　　　≪제전≫

　(462)에서 "인삼, 록용으로 집을 짓고", "당사향으로 벽을 바르고", "우황청심환으로 불요를 하여 덮고", "불로초로 불을 땐다"는 표현은 과장법이 사용된 실례이다. 작품에서 작자는 대담한 과장으로 불치의 병으로 고생하는 주인공의 병세를 잘 보여 주고 있다.
　잡가에서는 입말에서 흔히 쓰이는 성구, 속담을 사용하고 있는데 이 것은 가사에서 보기 힘든 문체론적 수법의 하나로 된다.

　(463) 청춘은 한번 가면 다시 올 줄 모른다

　　　　　　　　　　　　　　　　　　≪홍타령≫
　(464) 사람의 간장이 다 녹는다

　　　　　　　　　　　　　　　　　　≪난봉가≫

대구법이 사용된 실례는 다음과 같다.

　(465) ㄱ. 살은 썩어 물이 되고 뼈는 썩어 황토 되고
　　　　ㄴ. 남산이 고와서 바라나 볼가요
　　　　　　정든 님 계시게 바라다 보지요

　　　　　　　　　　　　　　　　　　≪난봉가≫
　(466) ㄱ. 금을 주고 너를 사랴 은 주기로 너를 사랴

ㄴ. <u>무녀 불러 굿을 한들 굿덕이나 입을시며</u>
<u>소경 불러 송경한들 경덕인들 입을소냐</u>

≪제전≫

(467) 두 귀는 쫑긋 두 눈은 도리도리
<u>꽁지는 모뚝 앞발은 잘록</u>
<u>뒷발은 깡충 허리는 늘씬하고</u>

≪새타령≫

(465ㄱ)의 "물이 되고"와 "황토 되고", (465ㄴ)의 "바라나 볼가요"와 "바라다 보지오"를 기준점으로 두 구가 대구를 이루고 있고, (466ㄱ)의 "너를 사랴"를, (466ㄴ)의 '입을시며'와 '입을소냐'를 기준점으로 뜻이 비슷한 두 사실이 대구를 이루고 있으며 (467)에서 토끼의 모양새를 잘 표현한 상징어 '쫑긋', '도리도리', '모뚝', '잘록', '깡충', '늘씬' 등 단어가 열거되면서 여러 문장들은 서로 대구가 이루어진다.

작품 ≪신고산타령≫은 대조법이 많이 사용되고 있는데 이런 대조법은 주제를 뚜렷하게 나타내는 데 이바지하고 있다.

(468) ㄱ. 십오야 밝은 달은 운무 중에서 놀고
우리 같은 무산자는 조방 중에서 논다
ㄴ. 우수 경첩에 대동강 풀리고
당신의 말삼에 나의 가삼의 풀린다
ㄷ. 상게골 큰아기는 님 오기만 기다리고
푸룻푸룻 봄배추는 봄비 오기만 기다린다
ㄹ. 종로바닥이 우루루 전차가 놀고
자동차가 뚜루루 여학생이 논다

≪신고산타령≫

(468ㄱ)에서는 '밝은 달'과 '무산자', '운무중'과 '조방중'을 대조하면서 빈부의 차이를 가져다 준 사회제도를 저주하고 있고, (468ㄴ)에서는 '우수경첩'과 '당신의 말씀', '대동강'과 '나의 가슴'을 대조하면서 남녀 간의 사랑을 노래하고 있다. (468ㄷ)에서는 '큰아기'와 '봄배추', '님'과 '봄비'를 대소하면서 사랑하는 님을 그리는 절절한 연모(戀慕)의 심정을 보여 주고 있으며 (468ㄹ)에서는 '종로바닥'과 '여학생', '전차'와 '자동차', 상징어 '우루루'와 '뚜루루'를 대조하면서 빈부의 차이를 생동하게 그려 내고 있다.

(469) 좌편은 청산이요 우편은 록수로다

≪토끼타령≫

이상의 (469)에서는 '좌편'과 '우편', '청산'과 '록수'를 대조하면서 자연경물을 시각적으로 그려 내고 있다.

(470) 이 골 물이 쭈루룩 저 골 물이 꼴꼴

≪단가≫

(470)에서는 '이 골'과 '저 골', 상징어 '쭈루룩'과 '꼴꼴'을 대조시키면서 물의 흐름을 청각적으로 생동하게 그려 내고 있다.

열거법의 사용은 여러 곳에서 찾아볼 수 있는데 ≪새타령≫, ≪토끼타령≫은 열거법의 사용에서 대표적 실례라 할 수 있다.

≪새타령≫은 온갖 새들을 묘사하면서 '대붕새, 봉황새, 공작새, 백학, 기러기, 채란새, 청조새, 앵무새, 불여귀, 꾀꼬리, 원앙새, 황새, 제비, 진경이, 공장따오기, 보라매, 소리개, 비둘기, 따쩌구리, 가마

귀, 가치, 해오리, 갈메기, 두루미, 두견새, 장끼가토리, 버꾹새'를 열
거하고 있으며 ≪토끼타령≫은 토끼의 '눈, 입, 코, 귀, 발, 털, 꽁지'
를 열거하고 있다.

　꼬리잡이 수법이 사용된 예를 들면 다음과 같다.

　　(471) 금잔듸 우에다 제석을 펴고
　　　　　제석 우에다 조조반 놓고
　　　　　조조반 우에다 백유지 펴고
　　　　　그 우에다 온갖 음식을 다 버려 놓는다

≪제전≫

　이상의 (471)에서는 '제석', '조조반', '백유지' 등 단어들이 서로 꼬
리를 물고 이어지면서 꼬리잡이 수법을 이루고 있다. 이런 수법은 행
동의 진행과정을 순서적으로 서술하면서 운율을 조성하는 기능을 놀
고 있다.

　점층법의 사용은 다음과 같다.

　　(472) 한 잔은 부어 퇴잔하고
　　　　　두 잔은 부어 첨작을 하고
　　　　　석 잔을 부어 삼배주 드린 후에

≪제전≫

　　(473) 천장 만장 구만장 떠 너울너울 춤을 춘다

≪흥타령≫

　　(474) 초경 이경 삼사오경 사람의 간장 녹이려고

≪새타령≫

(472)에서는 '한 잔, 두 잔, 석 잔', (473)에서는 '천장, 만장, 구만장', (474)에서는 '초경, 이경, 삼경, 사경, 오경' 등 단어를 이용하여 점층법을 이루고 있다.

제3장 산문체의 문체적 특징

　문학에서 시가체는 외부 세계에서 불러일으킨 인간의 내적 체험, 감정, 정서를 직접 표현하는 서정적(敍情的) 묘사 방식을 취하면서 생활을 객관적으로 그리는 것이 아니라 주관화하여 그린다. 시가체에서 서정적 주인공은 시인 자신이거나 시인에 의하여 직접 조명된 주인공이다. 그러나 산문체는 인간의 생활을 생활 논리대로 객관적으로 이야기식으로 그리는 서사적(敍事的) 묘사 방식을 취하면서 생활을 객관적으로 묘사하고 있다. 산문은 인간과 생활을 이야기 줄거리에 담아 폭넓게 보여주며 인간 성격을 언어 묘사로써 여러 모로 깊이 있게 그려낼 수 있으며 용적(容積)에서도 제한을 받지 않는 형식을 가지고 있다. 반면에 시가체는 서정적 묘사 방식에 기초한 문학의 한 형태인 것으로 하여 산문과 달리 생활을 이야기 형식으로 그리는 것이 아니라 정서적인 형태로 표현하며 생활을 반영하는 데 있어서 자기 고유의 문법, 작시법을 가지게 됨으로써 시가체의 언어는 운율을 조성하는 서정적이며 음악적인 언어로서 운율성, 음악성, 서정성으로 특징지어진다. 그래서 산문을 '이야기'하는 것이라고 한다면 시가는 '노래'하는 것이라고 한다.

　산문체의 문체적 특징을 고찰함에 있어서 이 글에서는 번역 산문체와 예술 산문체로 나누어 살펴보기로 한다. 예술 산문체는 이야기소설, 판소리소설, 규방 산문으로 나누어 고찰한다. 산문체에는 수십 편의 작품이 망라되고 있는데 이와 같이 방대한 작품들을 다 연구 자료로 다룬다는 것은 불가능하다. 따라서 각이한 문체를 대표할 수 있고 또 시기적으로 전형적인 것과 영향력을 가지고 있는 작품들을 선택하여 고찰의 대상으로 삼고자 한다.

제1절 번역 산문체

번역 산문체(飜譯散文體)에는 15세기부터 19세기를 걸친 수십 편의 작품이 망라되는데 개개의 작품을 모두 취급한다는 것은 불가능한 일이다. 따라서 이 글에서는 내용상 특징을 고려하여 대표적인 작품만을 취급하였는데 불교 사상을 고취한 ≪석보상절≫, 봉건 윤리도덕을 설교한 ≪삼강행실도언해≫, ≪정속언해≫와 민간에 유전(流傳)된 전설, 설화 등의 내용을 담은 ≪태평광기언해≫를 연구 자료로 삼는다. 물론 번역 산문체에는 법의학의 내용을 담은 ≪증수무원록언해≫, 의학에 관한 ≪벽온신방≫, 군사에 관한 ≪무예도보통지언해≫ 등등의 여러 내용을 망라한 언해본들이 많으나 이러한 언해본들은 상술한 ≪석보상절≫, ≪삼강행실도≫, ≪정속언해≫, ≪태평광기언해≫ 등 언해본의 문체적 특징과 별반 차이가 없다. 취급된 내용상으로 하여 ≪벽온신방≫에는 약초나 병에 관한 어휘들이 등장하고 ≪증수무원록언해≫에는 법의학 관계 용어와 사람의 신체 부분에 대한 이름이 비교적 많이 수록되어 있다. ≪무예도보통지언해≫에는 군사에 관한 어휘들이 많이 수록되어 있지만 언어 형식이나 문체론적 표현 수법, 그리고 문법적 특징에 있어서 다른 번역 산문체와 큰 차이가 없다.

앞에서도 언급한 바와 같이 중세조선어 문체는 아직 현대어처럼 분화되어있지 않아서 문체의 유형은 크게 시가체, 산문체, 대화체로 나뉘면서 차이를 보이고 있을 뿐이다. 번역 산문체인 언해 문체 내에서는 다른 문체가 분화되지 않았으며 문체 특징상 차이가 없었는데 이렇듯 문체가 미분화 상태에 놓여있는 것이 중세 언어 문체의 특징이라고 할 수 있다. 이런 점으로 미루어 볼 때 많은 언해본 중에서 대표적인 작품을 연구 자료로 삼는 것은 무리가 없을 듯싶다.

≪석보상절≫은 수양대군이 세종의 명을 받들어 어머니 소헌 왕후의 명복을 빌기 위하여 1447년에 석가모니의 일대기를 써 놓은 책인데 1449년에 출판되었다.

≪삼강행실도언해≫는 조선조 초기에 인민들을 봉건 유교 사상으로 교양하기 위하여 봉건 윤리도덕의 기본인 '효자', '충신', '열녀'의 3강에서 모범적인 실례를 들고 한문 원문에 그림을 붙이여 만든 책을 훈민정음 창제 후 1481년에 조선어로 번역한 책이다. 이 책은 전체가 정음자로만 쓰이고 한자는 전혀 쓰이지 않은 순수한 국문으로 일관되어 있다. 그 후 ≪삼강행실도언해≫는 여러 곳에서 여러 번 간행되고 개역되었는데 1797년에 와서 ≪이륜행실도≫와 합하여 ≪오륜행실도≫를 간행하였다.

≪정속언해≫는 봉건 유교 도덕으로 인민들을 교양하려는 목적에서 편찬한 한문본 ≪정속≫을 1518년 김안국이 번역하여 간행한 책이다. 이 책은 원문인 한문에 이두(吏讀)로 구결(口訣)토를 달고 그것을 조선어로 번역하면서 순수한 국문으로 기록한 체재로 되어 있다.

≪태평광기언해≫는 중국 송나라 때 이방 등 열두 학자가 지은 ≪태평광기≫를 번역한 책인데 구체적인 출판 연대는 확정할 수 없으나 대

체적으로 17세기 후반기의 책으로 인정된다. 이 책은 중국의 야사(野史)에 관한 것들, 민간에서 전해오는 설화나 전기적 이야기들을 주요한 내용으로 삼고 있다.

3.1.1. 어휘적 수단

≪석보상절≫은 봉건 통치 계급들의 기호(嗜好)에 따라 불교 사상을 고취한 내용이기 때문에 어휘의 선택에서 불교에 관한 한자어가 아주 많이 쓰이고 있다. 그것은 불교 사상으로 자기들의 통치 기반을 더욱 튼튼히 하려는 사정과 관계된다. 한자어의 사용에서는 주로 인명, 지명, 전문 용어에 관한 한자 어휘가 많이 사용되었고 한자 성구나 한문투가 사용된 흔적은 찾아보기 힘들다. 물론 고유어와 한자어의 사용 비례를 보면 고유어의 사용이 훨씬 우세를 차지한다.

1) 고유어의 사용은 명사, 수사, 동사, 형용사, 부사의 사용에서 찾아볼 수 있다.

사용된 명사에는 아래와 같은 단어들이 있다.

> (1) 부텨(부처), 아바님(아버님), 아ᄌᆞ마님(아즈머님), 버근(버금), 불ᅙ(팔), 쌋긔(사이), 젼ᄎᆞ (까닭), 뜯(뜻), 어버싀(어버이), 아ᄎᆞᆷ(아침), 어미(어머니), 아ᄃᆞᆯ(아들), 주굼(죽음), 마ᅀᆞᆷ(마음), 잣(성), 어비 ᄆᆞᆮ내(아비), 수을(술), 며느리(며느리)

사용된 수사에는 아래와 같은 단어들이 있다.

> (2) 셜흔 둘(서른둘), 쉰(쉰), 여슷찻(여섯째)

사용된 동사에는 아래와 같은 단어들이 있다.

> (3) 쁘러디다(떨어지다), 셤기다(섬기다), 시기샤(시키시여), 비호다
>   (배우다)

사용된 형용사에는 아래와 같은 단어들이 있다.

> (4) 모딜다(나쁘다), 어즐다(나쁘다), 아득ᄒ다(아득하다), 셜본(서
>   러운), 즐거본(즐거운)

사용된 부사에는 아래와 같은 단어들이 있다.

> (5) 모로매(반드시), 즉자히(즉시), 도ᄅ혀(도리여), ᄒ마(벌써), 엇
>   뎨(엇찌), 갓가비(가까이), 어느(어떻게), 안ᄌᆨ(가장), ᄆᆞᅀᆞᆷ장
>   (마음껏)

2) 한자어에서 유리된 어휘와 한자어에 기원을 두고 있지만 음운 구
성의 변화를 입어 고유어에 깊숙이 들어온 어휘도 많다.

한자에서 유리된 어휘는 작품에서 정음자로 표기되어 있고 고유어
처럼 하철 표기로 되어 있는 것으로 보아 벌써 그때 당시 사람들의 의
식 속에 한자어라는 표상이 사라지고 고유어처럼 인식되었다는 것을
알 수 있다.

> (6) 양직(樣子ㅣ), 샹재(上者ㅣ), 긔별(寄別), 힝뎌글(行蹟을), 유무
>   (有無), 분별(分別)ᄒ다, ᄌ죄(才操ㅣ), 위(爲)ᄒ다, 샹녜(常例),
>   즁싱(衆生)

음운 구성이 변화된 어휘에는 다음과 같은 단어가 있다.

    (7) 스량(思量), 도죽(盜賊), 보비(寶貝)

3) 한자 어휘에 고유어 'ᄒ다'나 접미사 '이, 히'가 붙어 동사나 형용
사, 부사로 쓰인 예들이 적지 않다.
동사의 예는 아래와 같다.

    (8) 盟誓ᄒ다, 苦行ᄒ다, 出家ᄒ다, 發願ᄒ다, 行ᄒ다, 布施ᄒ다, 懺
       悔ᄒ다, 禮數ᄒ다, 說法ᄒ다, 從ᄒ다, 濟度ᄒ다, 得ᄒ다

형용사의 예는 아래와 같다.

    (9) 慈悲ᄒ다, 便安ᄒ다, 奇特ᄒ다, 神奇ᄒ다, 精微ᄒ다, 無常ᄒ다

부사의 예는 아래와 같다.

    (10) 溫和히

4) 한자어의 사용에서는 한자 성구나 한문투의 사용이 극히 드물고
인명, 지명, 전문 용어에서 한자어의 사용 실례를 찾아볼 수 있다.

    (11) 大愛道, 摩耶夫人, 羅睺羅, 耶輸, 釋迦如來, 淨飯王
       迦毗羅國, 耶輸入宮
       涅槃, 慈悲, 出家, 布施, 舍利佛, 苦行

≪삼강행실도언해≫와 ≪정속언해≫는 봉건 유교 도덕으로 인민들을 교양하고 자기들의 통치를 강화하려는 목적에서 번역된 책이다. 이 책은 독자 대상이 평민계층이라는 것을 염두에 두었기 때문에 전편이 모두 정음자로 되어 있으며 되도록이면 어려운 한자어나 한문투의 사용을 피하고 있다. 고유어가 매우 높은 사용 비율을 보여 주고 있고 한자 성구나 한문투의 사용이 극히 드물다.

1) 고유어의 사용은 다음과 같다.
사용된 명사에는 다음과 같은 단어들이 있다.

> (12) 다숨어미(계모), 라귀(나귀), 아 (아우), 나죄(저녁), 여 (여우), 술기(너구리), 뜰ㅎ(뜰), 돗귀(도끼), 자괴(자국), 숏가락(손가락), 명일(명절), 구실(벼슬), 깃(집), 뫼ㅎ(산), 갈(칼)
>
> ≪삼강행실도언해≫
>
> (13) 울ㅎ(울타리), 버거(다음), 밧님자ㅎ(지주), 밧어울이(전농), 나가니(손님)
>
> ≪정속언해≫

사용된 동사에는 아래와 같은 단어들이 있다.

> (14) 쥬졍ㅎ다(주정하다), 구짓다(꾸짖다), 우러 말이다(울면서 말리다), 도외다(되다), 이바디ㅎ다(대접하다), 쌔여 저히다(빼여 위협하다), 잡아 니다(잡아가다), 미조차(뒤 좇아)
>
> ≪삼강행실도언해≫
>
> (15) 둘의다(두려워하다), 가음열다(치부하다)
>
> ≪정속언해≫

사용된 형용사에는 아래와 같은 단어들이 있다.

(16) 스뭇 알다(능통하다), 비브르다(배부르다)

≪삼강행실도언해≫

(17) 맛당ᄒ다(마땅하다), 부즐언ᄒ다(부지런하다), 샤치ᄒ다(사치
하다), 알옴다온(아름다운)

≪정속언해≫

사용된 부사에는 아래와 같은 단어들이 있다.

(18) 어엿비(불쌍히), 즉재(즉시), 믄득(문뜩), ᄎ마(차마), 츨히(차
라리), 엇찌(어찌)

≪삼강행실도언해≫

(19) 사오나이(사납게), 절노(절로), 오직(오직), ᄆ춤내(마침내), 셩
긔여(사납게), 서르(서로), 오오로(완전히)

≪정속언해≫

2) 한자 의식에서 유리된 어휘 중에는 한자어에 기원을 두고 있지만
오랜 세월을 거쳐 고유어 체계에 깊숙이 들어온 어휘와 고유어와 같이
표음주의 원칙에 의하여 표기된 어휘가 있다. 이러한 어휘는 사람들의
의식 속에 이미 고유어처럼 인식되었다는 것을 알 수 있다.

(20) 빅셩(百姓), 산힝(山行), 양(樣), 급뎨(及第), 뎐해(殿下ㅣ), 남
지니(男人ㅣ), 렬뷔(烈夫ㅣ)

≪삼강행실도언해≫

(21) 부뫼(父母ㅣ), 형뎨(兄弟), 디경(地境), 나죵(乃終), ᄌ손(子
孫), 풍쇽(風俗), 근본(根本), 텬직(天子ㅣ), 셰시(世事ㅣ), 의
복(衣服), ᄌ식(子息)

≪정속언해≫

3) 한자어와 고유어 'ᄒ다'나 접미사 '이, 히'가 결합된 어휘에는 아
래와 같은 단어들이 있다.

(22) 견마(牽馬)ᄒ다, 고(告)ᄒ다, 샹셔(上書)ᄒ다, 즉위(卽位)ᄒ다,
로략(擄掠)ᄒ다

≪삼강행실도언해≫

(23) 친(親)ᄒ다, 피(避)ᄒ다, 동심(同心)ᄒ다, 보젼(保全)ᄒ다, 부귀
(富貴)ᄒ다, 빈쳔(貧賤)ᄒ다, 의논(議論)ᄒ다, 총명(聰明)ᄒ다,
쥰슈(俊秀)ᄒ다, 효도(孝道)ᄒ다, 튱셩(忠誠)ᄒ다, 진실(眞實)
ᄒ다, 샤치(奢侈)ᄒ다, 검박(儉朴)ᄒ다, 슝샹(崇尙)ᄒ다
지극(至極)히, 친(親)히, 가(可)히, 능(能)히, 행(幸)혀

≪정속언해≫

4) 두 작품은 전편이 순수한 우리말로 된 국문체(國文體)로서 한자
어, 한자 성구, 한문투의 사용이 극히 드물다. 한문투의 사용을 예로
든다면 ≪삼강행실도언해≫에서 약간 눈에 띌 뿐이다.

(24) 정다감ᄒ야 누무궁이로다 (情多感淚無窮)
부토ᄒ야 일가총상ᄒᄂ니 (負土日加塚上)
지음은 명월쳥풍이시니라 (知音明月淸風)
생즉양ᄒ고 사즉수ᄒᄂ니 (生卽養死卽守)
수위효무시종고다   (誰謂孝無始終)

여기서 한문투의 사용을 보면 한자의 음을 그대로 적고 거기에 토를 달았는데 이것은 역자가 한자음을 정음자로 그대로 표기한 사정과 관계된다.

≪삼강행실도언해≫나 ≪정속언해≫는 어휘의 사용에서 고유어의 사용 비율을 높이고 있다. ≪삼강행실도언해≫의 일부 경우에는 직역으로 하여 딱딱한 한문투가 없지 않으나 ≪삼강행실도언해≫나 ≪정속언해≫는 전반적으로 ≪석보상절≫에 비하여 직역보다 의역을 위주로 하면서 글말보다 입말체에 가깝게 어휘와 문장을 구성하고 있으며 조선어의 특징에 맞게 다양한 어순 배열을 시도하여 역문(譯文)을 더욱 조선어답게 꾸미고 있다.

≪태평광기언해≫는 내용상으로 전시기의 산문체 언해본들과 다르다. 전시기의 언해본들은 주로 불교, 유교 사상을 주요한 내용으로 다루고 있지만 이 책은 민간에서 유전된 중국의 설화나 전기적 이야기들을 주요한 내용으로 삼고 있다. 또한 전시기 언해본들은 대부분 언문청(諺文廳), 교정청(校正廳), 간경도감(刊經都監)과 같은 국가기구에서 번역한 것이지만 이 책은 민간에서 여러 사람들의 손에 의하여 번역된 것이다. 그리고 전시기의 언해본들은 대부분 정치와 밀접한 관계가 있는 산문체인 반면에 이 책은 문학적 산문체로서 딱딱한 직역을 피하고 직역과 의역의 결합을 주요 수단으로 하면서 원문의 틀에서 벗어나 창발성을 발휘하여 중심 사상을 나타내는 데 주요한 목적으로 삼았던 것이다. 따라서 고유어의 사용이 절대 다수를 차지한다.

1) 고유어의 사용은 명사, 수사, 동사, 형용사, 부사에서 집중적으로 나타난다.

명사의 예는 아래와 같다.

(25) 져제(시장), 거즛(거짓), 심물(샘물), 이튼날(이튿날), 나흐(나이)

수사의 예는 아래와 같다.

(26) 여닐굽(예일곱), 두어(둬)

동사의 예는 아래와 같다

(27) 더블고(데리고), 회롤 텨 먹다(쳐 먹다), 아이다(빼앗기다), 눌
뜨다(날뛰다), 거스러(항거하여)

형용사의 예는 아래와 같다.

(28) 그르다(그르다), 가비야와(가벼워), 가득ᄒ다(가득하다)

부사의 예는 아래와 같다.

(29) ᄀ쟝(가장), 마초와(마침내), 수이(쉽게), 볼셔(벌써), 오히려
(오히려), 다만(다만), 미이(몹시), 딘시(진작)

2) 작품 전편이 모두 정음자로 되어 있는데 여기에는 이미 고유어
체계에 들어온 한자어가 고유어처럼 발음 그대로 표기하고 있는 어휘
가 있다.

(30) 말련현(萬年縣), 회(膾), 긔식(氣色), 공시(公事ㅣ), 뎝시(楪

子), 소견(所見), 인연(因緣), 분(粉), 즉시(卽時), 과연(果然), 대소(大小ㅣ), 부체(夫妻ㅣ), 도식(道士ㅣ), 옥녜(玉女ㅣ), 졈졈(漸漸), 시졀(時節), 긔운(氣運), 좌듕(座中), 지최(芝草ㅣ)

3) 한자어와 고유어 'ᄒ다'나 접미사 '이, 히'가 붙은 어휘가 적지 않다.

(31) 디답(對答)ᄒ다, 노(怒)ᄒ다, 뎡(定)ᄒ다, 사예(謝禮)ᄒ다, 의탁(依託)ᄒ다, 허락(許諾)ᄒ다, 감동(感動)ᄒ다, 통곡(痛哭)ᄒ다, 불힝(不幸)ᄒ다, 뎐염(傳染)ᄒ다, 표연(飄然)ᄒ다, 탄식(歎息)ᄒ다, 핍박(逼迫)ᄒ다

능(能)히, 급피(急)히, 괴이(怪異)히, 후(厚)히, 과도(過度)히, 방탕(放蕩)히, 친근(親近)히, 자셔(仔細)히

4) 번역에서 직역으로 된 비규범적(非規範的)인 어휘가 쓰이고 있다. 이러한 어휘는 조선어의 어휘 구성에 들어오지 못한 것이다.

(32) 관셔(寬恕)ᄒ리오(용서하리오)
몸이 평상(平常)ᄒ고(몸이 정상으로 돌아가고)

총적으로 고유어와 한자어의 사용에서 중세기 산문체 언해본은 번역 대상과 밀접한 관계를 가지고 있다. 불교 사상을 고취한 《석보상절》 이나 봉건 유교 도덕을 주장한 《삼강행실도언해》, 《정속언해》는 상대적으로 한자 어휘가 많이 쓰이고 문학적 색채가 짙은 이야기체나 설화, 전설의 내용을 담은 《태평광기언해》의 경우에는 고유어가 상대적으로 많이 쓰이고 있다.

다음으로 고유어와 한자어의 사용은 번역 수단과도 밀접한 관계가

있다. 직역이나 직역 위주일 때는 한자 어휘가 많고 의역이 위주일 때는 고유 어휘가 많이 쓰이고 있다.

중세의 산문 언해본은 상술한 요소들의 영향에 의해 자체의 고유한 언어적 풍격을 이루고 있는데 그것을 묶어 보면 다음과 같다.

첫째, 어휘 사용에서 고유어와 한자어가 병존하면서 고유어는 명사, 수사, 동사, 형용사, 부사에 집중적으로 쓰이고 한자어는 인명, 지명, 전문 용어에 많이 쓰였다.

둘째, 한자 의식에서 유리되어 고유어 어휘 구성에 들어온 한자어가 점차 늘어나는 추세를 보여 주고 있다.

셋째, 한자어와 고유어 'ᄒ다'나 접미사 '-이, -히'가 결합된 어휘가 많이 쓰이고 있다.

넷째, 창작 연대가 근대로 이어지면서 글에 입말체 요소가 점차적으로 많이 쓰이고 있다.

(33) 날마다 병 곳 오면 죽거든 사ᄅ미 ᄎ마 몯 보거늘

《삼강행실도언해》

(34) ㄱ. ᄌ손이 부귀ᄒ며 빈천홈은 의논티 마라

ㄴ. 부모롤 현달케 홈이'

《정속언해》

(35) ㄱ. 그 손이 얼굴을 변티 아니ᄒ고 닐오더

ㄴ. 원컨대 ᄒ번 시신을 님ᄒ야

ㄷ. 옥녜 미이 잡피여시매 ᄂ디 못ᄒ야

《태평광기언해》

위의 예 (33), (34), (35)에서는 입말에 자주 쓰이는 접속토 '거든', '거늘'을 사용하면서 입말의 효과를 높이고 있다. 또한 '의논티', '현달

케', '변티', '원컨대', '잡피여시매'는 입말에 쓰이는 전형적인 형태로
서 글말에서 사용되는 '의논하디', '현달하게', '변하디', '원하건대',
'잡히었으므로'의 음운이 축약(縮略)된 형태이다. 이렇게 번역자들은
한문을 번역함에 있어서 되도록이면 조선어답게 입말체 요소들을 적
극 사용함으로써 글말을 입말로 접근시켜 나가는 발전상을 보이고 있
었다.

　다섯째, 그러나 한문 번역본이라는 제한성 때문에 한문으로부터 영
향을 받은 글말체의 표현 수법도 적지 않게 나타나고 있다.

> (36) 近間애 追薦ᄒᆞ샤ᄇᆞᆯ물 因ᄒᆞᅀᆞᄫᅡ 이 저긔 여러 經 굴히여내야 各
> 別히 흔 그를 밍ᄀᆞ라 일훔지허 ᄀᆞ로듸 釋譜詳節이라 ᄒᆞ고 次第
> 혜여 밍ᄀᆞ론바를 브텨…ᄯᅩ 正音으로 ᄡᅥ 곧 因ᄒᆞ야 더 飜譯ᄒᆞ야
> 사기노니 사ᄅᆞᆷ마다 수비 아라 三寶애 나ᅀᅡ가 븓짓고 브라노라
> 　　　　　　　　　　　　　　　　　　　　≪석보상절≫
> (37) 이러모로 형과 아이 서르 ᄉᆞ랑ᄒᆞ기로 ᄡᅥ 버거를 삼노라
> 　　　　　　　　　　　　　　　　　　　　≪정속언해≫
> (38) 이 일이 힝혀 마ᄌᆞ면 내 돈 오쳔을 그듸에게 아이고 말이 맛디
> 아니ᄒᆞ면 그듸의게 벌이 이시리라 쳥듕이 모다 증인이 되라 ᄒᆞ
> 고 인ᄒᆞ야
> 　　　　　　　　　　　　　　　　　　　　≪태평광기언해≫
> (39) 싱즉양ᄒᆞ고 ᄉᆞ즉슈ᄒᆞᄂᆞ니 슈위요무시죵고 다 웁고 믄득 몯 보
> 나라
> 　　　　　　　　　　　　　　　　　　　　≪삼강행실도언해≫

　위의 (37), (38), (39)에서 "追薦ᄒᆞ샤ᄇᆞᆯ물 因ᄒᆞᅀᆞᄫᅡ", "일훔지허 ᄀᆞ
로듸", "밍ᄀᆞ론 바를 브텨", "正音으로 ᄡᅥ 곧 因ᄒᆞ야", "ᄉᆞ랑ᄒᆞ기로

뼈", "증인이 되라 ᄒ고 인ᄒ야" 등은 한문 직역에서 온 글말식 표현이라 할 수 있다. 그리고 "싱즉양ᄒ고 ᄉ즉슈ᄒ느니 슈위요무시죵고"라는 문장은 한시를 한자음 그대로 표기해 놓은 글말체 표현이다. 이러한 글말체의 특징은 글말이 입말에 접근하여 발전할 수 있는 길을 막는 부성적 작용을 하였으며 그 후 예술 산문체에도 일정한 영향을 주었다.

3.1.2. 번역 산문체의 형식

중세 번역 산문체는 시가체와 달리 문장의 구성에서 독특한 특징을 가지고 있는데 문장이 길이가 긴 복합문체로 되어 있는 것이 특징적이다.

> (40) 耶輸ㅣ 니ᄅ샤ᄃᆡ(S1) 如來 太子ㅅ 時節에 나롤 겨집 사ᄆ시니 (S2) 내 太子롤 셤기ᅀᆞᄫᅩᄃᆡ(S3) 하ᄂᆞᆯ 셤기ᅀᆞᆸ 둣ᄒ야(S4) ᄒ 번도 디만ᄒ 일 업수니(S5) 妻眷 ᄃᆞ외얀ᄃᆡ(S6) 三年이 몯차이셔(S7) 世間 ᄇ리시고(S8) 城 나마 逃亡ᄒ샤(S9) 車匿이 도라 보내샤(S10) 盟誓ᄒ샤ᄃᆡ(S11) 道理 일워ᅀᅡ(S12) 도라오리라(S13) ᄒ시고(S14) 鹿皮 옷 니브샤(S15) 미친 사ᄅᆞᆷ ᄀᆞ티 묏고래 수머 겨샤(S16) 여슷 ᄒᆡ롤 苦行ᄒ샤(S17) 부텨 ᄃᆞ외야(S18) 나라해 도라오샤도(S19) ᄌᆞ올아비 아니ᄒ샤(S20) 아랫 恩惠롤 니저ᄇ리샤(S21) 길 녀 사ᄅᆞᆷ과 ᄀᆞ티 너기시니(S22) 나ᄂᆞᆫ 어버ᅀᅵ 여희오(S23) ᄂᆞᄆᆡ 그에 브터 사로ᄃᆡ(S24) 우리 어ᅀᅵ 아ᄃᆞ리 외롭고 입게 ᄃᆞ외야(S25) 人生 즐거본 ᄠᅳ디 업고(S26) 주구믈 기드리노니(S27) 목수미 므거본 거실ᄊᆡ(S28) 손ᅀᅩ 죽디 몯ᄒ야(S29) 셟고 애와븐 ᄠᅳ들 머거(S30) 갓가ᄉᆞ로 사니노니

(S31) 비록 사ᄅᆞ미 무레 사니고도(S32) 즁ᄉᆡᆼ마도 몯호이다
(S33)

≪석보상절≫

이상의 (40)은 아들 羅睺羅를 데리러 온 目蓮에게 耶輸가 자기의
서러운 처지를 하소연하는 부분으로서 33개나 되는 문장이 '오ᄃᆡ, 니,
ᄒᆞ야, 어, 고, ㄹᄊᆡ' 등 접속토에 의하여 연결되어 오다가 종결토 '호이
다'에 의하여 문장을 끝맺고 있다. 접속토에 의하여 긴 복합문을 형성
하고 있는 이러한 특징은 구결(口訣) 문과의 관계에서 살펴볼 수 있다.

(41) 阿難이 已知如來世尊이 訝須菩提와 及大迦葉ᄒᆞ샤ᄃᆡ爲訝羅漢
이로ᄃᆡ 心不均平이라 ᄒᆞ신 둘 ᄒᆞ고
(42) 阿難이 如來世尊이 須菩提와 大迦葉을 외다 ᄒᆞ샤ᄃᆡ 羅漢이 ᄃᆞ
외야쇼ᄃᆡ ᄆᆞᅀᆞ미 고ᄅᆞ디 아니타 ᄒᆞ샨 둘 ᄒᆞ나 아ᅀᆞᆸ고

예문 (41)은 구결문이고 예문 (42)는 언해문으로서 원문을 번역할
때 원문의 이해를 위하여 사용된 'ᄒᆞᄃᆡ, ᄒᆞ야, ᄒᆞ고, ᄒᆞ나' 등의 구결토
가 그대로 사용되면서 복합문을 이루고 있다.
이러한 복합문의 사용은 ≪삼강행실도언해≫, ≪정속언해≫, ≪태
평광기언해≫에 많은 영향을 주었지만 이런 언해본들은 ≪석보상절≫
에 비하여 단어의 선택과 이용이 보다 입말에 가깝다는 것과 함께 문
장 구조의 측면에서 한문 직역체에서 많이 벗어나 문장의 길이가 짧아
지는 특징을 가지고 있다.

(43) 로ᄌᆡ 아홉 서레 효경 론어를 ᄉᆞ맛 아더니 다ᄉᆞᆷ어미 세 아ᄃᆞᆯ
둣더니 로조ᄅᆞᆯ ᄒᆞ야 밥 지오라 ᄒᆞ야ᄃᆞᆫ 슬허 아니 너기며 제 아

ᄃ롤 글 닐기라 보내오 로조롤 라귀 모라 미조차 가라 ᄒ야든
종이 양으로 견마ᄒ고 채 자바 둔니더라

≪삼강행실도언해≫

(44) 골육긔 지극기 친ᄒ니 형뎨만 ᄀᆮ트니 업스니 모시예 닐우디 주
거 상ᄉ이 어려운 디도 형뎨사 ᄉ랑ᄒᄂ니라 ᄒ고 쏘 닐우디
형뎨 집븨셔 사호고도 밧기 간녁 셔ᄂ니라 ᄒ니 형뎨의 친호미
몸믄 다ᄅ나 ᄀ우니 ᄒᆞᆫ 가지라 주거 상ᄉ애 서르 에엿비 너기
며 어려운 저긔 서르 구ᄒ여 그 진짓 ᄆᄉᆷ미 가ᄀᆨᄃᆫ ᄉ이예 ᄆᆡ
양 나ᄂ니 일로 아로니 형뎨의 친호믄 ᄒᆞᄅ도 업디 몯홀 거시
로다

≪정속언해≫

(45) 좌듕이 모다 증인이 되라 ᄒ고 인ᄒ야 회롤 지쵹ᄒ야 쟝ᄎᆺ 드
리게 되엿더니 홀연 ᄒᆞᆫ 사ᄅᆷ이 믈을 둘려 와 닐오디 경듀윤이
니공을 브룬다ᄒᆫ대 니공이 급피 둘려가니 마초와 공시 만ᄒᆫ디
라 니공이 수이 도라가디 못홀가 ᄒ야 모든 손의게 긔별ᄒ디
회롤 오래 두디 못홀거시니 모든 손은 몬져 먹고 내 머글 회
두 뎝시롤 머믈워 슐스의 말을 공티ᄒ고져 ᄒ노라 ᄒ더니 오란
후의 둘려오니 모든 손은 볼셔 머것고 두라ᄒ엿던 회만 잇더라

≪태평광기언해≫

≪삼강행실도언해≫, ≪정속언해≫, ≪태평광기언해≫의 문장은
비록 복합문 구조를 이루고 있다 하지만 문장의 길이가 ≪석보상절≫
에 비해 짧은 것이 특징이다.

번역 산문체는 시가체와 달리 바탕글에 대화체 문장이 쓰이고 있다.
이런 대화체 문장은 동사 'ᄒ다'의 접속형에 의해서 이어지는 경우도
있고 아무런 접속토 없이 다른 언어 수단에 의하여 이어지는 경우도
있다.

(46) 目蓮이 耶輪ㅅ 알픽 가 셔니 耶輪ㅣ 보시고 ᄒ녀ᄀ론 분별ᄒ
시고 ᄒ녀ᄀ론 깃거 구쳐 니러 절ᄒ시고 안ᄌ쇼셔 ᄒ시고 世尊
ㅅ安否 묻ᄌᆞᆸ고 니ᄅ샤ᄃᆡ 므스므라 오시니잇고

≪석보상절≫

(47) 루빅이 닐오ᄃᆡ 아비 원슈를 아니 가프리잇가 ᄒ고 즉재 돗귀메
오 자괴 바다 가니

≪삼강행실도언해≫

(48) 니공왈 오ᄂᆞᆯ 회ᄅᆞᆯ 먹으려 ᄒ고 여러히 모다시니 좌듕의 이 회
ᄅᆞᆯ 먹디 못ᄒᆞᆯ 사ᄅᆞᆷ이 이실가 ᄒᆞᆫ대 그 손이 잠깐 웃고 닐오ᄃᆡ
오직 죡해 먹디 못ᄒ리라

≪태평광기언해≫

　　(46), (47), (48) 예에서 "안ᄌ쇼셔", "아비 원슈를 아니 가프리잇
가", "오ᄂᆞᆯ 회ᄅᆞᆯ 먹으려 ᄒ고 여러히 모다시니 좌듕의 이 회ᄅᆞᆯ 먹디
못ᄒᆞᆯ 사ᄅᆞᆷ이 이실가"가 문장으로서 형식을 갖추고 'ᄒ시고', 'ᄒ고',
'ᄒᆞᆫ대'에 의하여 이어졌으며 '니ᄅ샤ᄃᆡ', '왈', '닐오ᄃᆡ'와 옮겨지는 말은
아무런 접속토의 매개도 없이 이어지고있다. 여기서 '왈'은 한자 '曰'의
한자음을 그대로 적은 것으로서 이러한 표현 형식은 후에 나오는 이야
기소설에 많은 영향을 주었고 '니ᄅ샤ᄃᆡ', '닐오ᄃᆡ'의 형식은 판소리소
설에 많은 영향을 끼쳤던 것이다. 그것은 이야기소설은 한자어로 일관
된 글말체가 많은 반면에 판소리소설은 입말을 바탕으로 하는 입말체
표현이 많은 사정과 관계된다.

　　≪석보상절≫과 같은 불경언해에는 언어 형식의 정중성을 위하여
존경표시의 여러 가지 형태가 모두 쓰이고 있다.

(49) 셜본 人生이 어듯던 이 ᄀᆞᄐ니 이시리잇고 이제 ᄯᅩ 내 아ᄃᆞᆯ

드려가려 ㅎ시ᄂ니 眷屬 ᄃ외ᅀᆞ바셔 셜본 일도 이러홀쎠

이상의 (49)에서 보는 바와 같이 존칭토 '시', 'ᅀᆞ바, 습', '이' 등은 존경의 대상에 대한 관계에 따라 엄격히 구별되고 있는데 이런 존경의 표시는 문장에 정중성을 부여하려는 복적을 둔 것으로서 이 글말체의 하나의 특징이라 할 수 있다.

중세 산문 번역체에는 계칭이 엄밀하게 구분되어 있다.

(50) ㄱ. 耶輸ㅣ 世尊ㅅ 安否 묻ᄌᆞᆸ고 니ᄅ샤ᄃᆡ 므스므라 오시니잇고

    ㄴ. 目蓮이 술보ᄃᆡ 羅睺羅ᄅᆞᆯ 데려다가 涅槃 得호ᄆᆞᆯ 부텨 ᄀᆞᆮ시긔 ᄒᆞ리이다

    ㄷ. 世尊이 化人ᄋᆞᆯ 보내샤 耶輸믜 니ᄅ샤ᄃᆡ 네 디나건 녜 셋 時節에 盟誓 發願ᄒᆞᆫ 이ᄅᆞᆯ 혜ᄂᆞᆫ다 모ᄅᆞᆫ다

                        ≪석보상절≫

(51) 최루빅이 나히 열다ᄉᆞᆫ신 저긔 아비 산ᄒᆡᆼ 갓다가 법 들여늘 가 자므러 ᄒᆞ니 어미 말이더니 루빅이 닐오ᄃᆡ 아비 원슈를 안 가 프리잇가

                        ≪삼강행실도언해≫

(52) ㄱ. 니공이 놀라고 괴이히 너겨 하인ᄃᆞ려 무로ᄃᆡ 나믄 회 쏘 잇ᄂᆞ냐

    ㄴ. 니공이 닐오ᄃᆡ 내 쥬인으로셔 이 회ᄅᆞᆯ 쟝만ᄒᆞ야시니 엇디 먹디 못홀리 이시리오

                        ≪태평광기언해≫

(50)에서 '耶輸'는 '世尊'의 아내이고 사회적 지위도 '世尊'보다 낮기 때문에 대화에서 '世尊'은 '耶輸'한테 하대 계칭을 쓰고 있으며 '耶輸'

와 '目蓮'은 사회적 지위가 동등한 위치에 놓여 있기 때문에 대화에서 서로 존대 계칭을 쓰고 있다. (51)의 '최루빅'과 '어머니'의 대화에서 가족의 상하관계에 따라 '최루빅'은 어머니에게 존대 계칭을 쓰고 있다. 그리고 (52)의 '니공'과 '하인'의 대화에서 '니공'은 사회적 지위가 자기보다 낮은 하인에게 하대 계칭을 쓰고 있으나 손님에 대해서는 존대 계칭을 쓰고 있다.

조선어는 계칭이 매우 발달되어 있는 언어로서 계칭은 연령, 계급, 성별, 가족 등 요소와 밀접한 관계를 가지고 있다. 즉 사회적 지위가 높은 사람은 자기보다 낮은 사람한테 하대 계칭을 쓰고, 지위가 동등할 경우에는 대등의 계칭을 쓰며, 지위가 자기보다 높은 사람한테는 존대 계칭을 쓴다. 그리고 사회적 지위가 동등한 남녀의 경우 일반적으로 여자는 남자한테 높임의 말차림을 갖추고 남자는 여자한테 낮춤의 말차림을 갖춘다. 가족의 경우 아래 사람은 위 사람한테 존대 계칭을 쓰고 있다. 이러한 말차림 관계는 이미 사회언어학적으로 여러 학자들에 의하여 증명된 바 있다. 우리는 예문을 통하여 계급, 성별, 가족에 따르는 계칭의 구분은 중세시기 벌써 명확히 구분되어 있었다는 것을 알 수 있다.

3.1.3. 문체론적 표현 수법

문체론적 표현 수법의 이용에서 산문체는 시가체와 다른 일련의 특성을 가지고 있다. 산문체는 주로 이야기를 서술하는 형식을 취하고 있기 때문에 어휘의 의미 폭이 아주 좁다. 그러나 시가체는 규칙적인 작시법에 맞춰 운율을 조성하고 있기 때문에 어휘의 선택에서 함축성이 강한 시어의 사용을 요구하고 있다. 따라서 시가체의 어휘는 형상

적 어휘가 아주 많은 것이 특징적이다. 번역 산문체에서 ≪석보상절≫
과 같은 불경언해는 원문의 내용에만 충실하다 보니 직역을 주요한 번
역수단으로 하고 있어 문체론적 표현 수법의 이용이 아주 적으며 ≪삼
강행실도언해≫, ≪정속언해≫, ≪태평광기언해≫ 등 번역 작품들은
비록 직역과 의역이 결합된 번역 수단을 취하고 있시만 한문 번역에서
오는 제한성으로 하여 문체론적 표현 수법이 적게 쓰이고 있다.

　문체론적 표현 수법의 이용에서 산문체가 가지는 특성으로 하여 어
휘론적 수법보다 문장론적 수법이 많이 쓰이고 있는데 여기에는 대구,
반복, 열거, 대조법, 점층법을 예를 들 수 있다.

　문체론적 표현 수법의 사용은 여러 개의 수법들이 융합되어 쓰이고
있다.

(53) ㄱ. 부모는 제 몸이 브처 난 배오 형뎨는 제 몸이 논하 난 배니

　　　 ㄴ. 뎐죠는 집이 살 근본이 되고 검약은 몸을 세올 근본이 되니

　　　 ㄷ. 먹기는 가히 블을만ᄒ고 반ᄃ시 보뵈예 긔특ᄒ 음식을 구
　　　　 티말며 닙ᄂ거슨 가히 더울만ᄒ고 반ᄃ시 빗나고 고온 의
　　　　 복을 슝샹티 말며 집은 가히 이실만ᄒ고 반ᄃ시 넓고 크기
　　　　 를 힘쓰디 말며

　　　 ㄹ. 처음은 비록 이ᄀ나 나죵은 반ᄃ시 화ᄒ며 처음은 비록 흐
　　　　 르나 나죵은 반ᄃ시 모히리이

　　　 ㅁ. 어버의게 효도ᄒ며 어론의게 공슌ᄒ고 님금의게 튱셩ᄒ며
　　　　 벗의게 진실ᄒ고

　　　　　　　　　　　　　　　　　　　　　　　≪정속언해≫

(54) ㄱ. 어즐코 아득ᄒ야 어미도 아ᄃ롤 모ᄅ며 아돌도 어미롤 모
　　　　 ᄅ리니

　　　 ㄴ. 열 가짓 戒ᄂ 산 것 주기디 마롬과 도죽 마롬과 婬亂 마롬

과 거줏말 마롬과 수을 고기 먹디 마롬과 모매 죠 기롬 ㅂ
ㄹ며 花鬘 瓔珞 빗이기 마롬과 놀애 춤 마롬과 노폰 平床
애 안끠 마롬과 時節 아닌 저긔 밥 먹디 마롬과 金銀 보빈
잡디 마롬쾌라

≪석보상절≫

　예문 (53ㄱ)은 병렬복합문으로서 접속술어 '배오'와 종결술어 '배니'
에 의해서 앞, 뒤 두 구가 비슷한 표현구조를 가지고 짝을 이루면서
대구법이 이루어졌다. 또한 단어 '부모'와 '형데', '브처 난'과 '논하 난'
은 서로 대조를 이루면서 부모에게 효도하고 형제와 사이좋게 지내야
한다는 도리를 말해 주고 있다. 그리고 단어 '제 몸이', '배'는 반복법이
이루어진 실례이다.

　예문 (53ㄴ)도 역시 병렬복합문으로서 술어 '되고'에 의해서 두 문장
이 대구법을 이루고 있으며 '뎐조'와 '검약', '집'과 '몸', '살다'와 '세우
다'는 서로 대조를 이루면서 농사에 게을리 하지 말고 검약을 생활의
근본으로 삼아야 한다는 도리를 일깨워주고 있다.

　예문 (53ㄷ)은 술어 '말며'를 기준점으로 대구법이 이루어진 실례이
고 도움토 '은, 는', 접속토 'ㄹ만ᄒ고', 대격토 '을', 접속토 '며', 접속
토의 특수형 '티'의 반복은 토 반복이 이루어진 실례이며 부사 '가히',
'반드시'의 반복에 의하여 단어의 반복이 이루어졌다.

　예문 (53ㄹ)은 접속토 '며'에 의하여 합동적 병렬복합문을 이루고 있
는데 앞, 뒤의 두 문장이 서로 대구를 이루고 있고 명사 '처음'과 '나
종', 동사 '이긔다'와 '화ᄒ다', '흐르다'와 '모히다'가 대조를 이루면서
형제간의 우의를 강조하고 있다.

　예문 (53ㅁ)은 명사 '어버이', '어론', '님금', '벗'과 동사 '효도ᄒ고',

'공슌ᄒ고', '튱셩ᄒ고', '진실ᄒ고'를 열거하면서 열거법을 사용하고 있고 접속토에 의해 이루어진 네 개의 문장이 점층적인 관계로 이루어지면서 올바른 삶을 살아야한다고 자식들을 훈계하고 있다.

예문 (54ㄱ)은 단어 '어미'와 '아들'이 서로 교차적으로 반복되면서 교차반복법 즉 왕복법을 이루고 있다.

예문 (54ㄴ)은 동사 '말다'에 용언 바꿈토 'ㅁ'과 구격토 '과'가 결합된 '마롬과'가 반복되면서 단어의 반복을 이루고 있고 접속술어 '마롬과'에 의해 이루어진 문장들을 열거하면서 열거법을 이루고 있다.

이 밖에 ≪정속언해≫에는 성구, 속담법이 이용되고 있다.

> (55) ㄱ. 황금을 섥의 ᄎ게 깃텨 주미 ᄌ식을 ᄒ가짓 글 ᄀᄅ침만 ᄀ디 못ᄒ다
>
> ㄴ. 됴혼 밧 만경 두는 거시 겨근 지조 몸에 잇ᄂ 이만 ᄀ티 못ᄒ다

산문체에서의 이러한 성구, 속담 이용법은 후의 판소리소설의 성구, 속담 이용법의 사용에 적극적인 영향을 주었다.

3.1.4. 문법적 수단

중세 번역 산문체에는 'ᄒ디, ᄒ야, ᄒ고, ᄒ나, ᄒ니, ᄒ야든, 오디, 고, ㄹ씨, 니, 더니, 나, 며, 거ᄂᆯ(어ᄂᆯ)' 등의 접속토에 의하여 긴 복합문을 이루고 있다. 이러한 접속토들은 문장 속에서 다양한 기능을 가지고 있다.

이 시기 구격토는 서로 짝을 이루어 사용되는 특성을 가지고 있다.

이때 뒤에 오는 구격토는 다른 토와 어울려 쓰이었다. 이것은 구격토
가 본래 동종의 단위들을 연체적으로 연결시켜 주는 것을 기본 기능으
로 하였음을 말해 준다.

(56) 네 가짓 受苦ᄂᆞᆫ 生과 老와 病과 死왜라

≪석보상절≫

이상의 (56)에서 '왜'는 구격토 '와'와 바꿈토 '이'가 결합된 형태이다.
바꿈토 'ㅁ'에 의한 체언형구가 흔히 쓰이고 있으며 그것은 다양한
문장론적 기능을 수행하고 있다.

(57) ㄱ. 부톄 羅雲이ᄃᆞ려 니르샤디 <u>부텨 맛나미</u> 어려ᄫᅳ며 <u>法 드로
미</u> 어려ᄫᅵ니
ㄴ. 열 가짓 戒ᄂᆞᆫ <u>산 것 주기디 마롬</u>과 <u>金銀보ᄇᆡ 잡디 마롬</u>괘라
ㄷ. 夫人이 며느리 어드샤ᄆᆞᆫ 溫和히 사라 千萬 뉘예 <u>子孫이 니
ᅀᅥ가몰</u> 위ᄒᆞ시니

≪석보상절≫

(58) <u>황금을 섬의 ᄎᆞ게 깃텨 주미</u> ᄌᆞ식을 ᄒᆞ가짓 글 ᄀᆞᄅᆞ침만 ᄀᆞᆮ디
못ᄒᆞ다

≪정속언해≫

예문 (57ㄱ)과 예문 (58)의 밑줄 친 부분의 체언형구는 확대주어를
이루고 있고, (57ㄴ)의 밑줄 친 부분은 확대술어를 이루고 있으며 (57
ㄷ)의 밑줄 친 부분은 확대보어를 이루고 있으면서 이러한 체언형구들
은 문장에서 다양한 문장론적 기능을 수행하고 있다.

중세 번역 산문체에는 많은 후치사가 쓰이고 있는 것이 특징적이다.

이러한 후치사들은 자립적인 단어의 한 형태가 문법적 추상화를 입어 일정한 문법적 의미를 가지고 주로 체언 뒤에 쓰이면서 생겨난 보조적 단어의 한 부류로서 이 시기만 하여도 아직 토로 완전히 전환되지 못한 상태에 놓여 있었다.

'ᄀᆞ장'의 쓰임은 다음과 같다.

(59) 이제 져믄 져그란 안즉 ᄆᆞ숨ᄭᆞ장 노다가

《석보상절》

'ᄀᆞ장'은 명사 'ᄀᆞᆺ'이 문법화한 것으로서 16세기 이후에는 'ᄭᆞ지'로 바뀌었다.

'그에'의 쓰임은 다음과 같다.

(60) 나는 어버ᅀᅵ 여희오 ᄂᆞ미그에 브터 사로디

《석보상절》

'그에'는 대명사 '그'와 관련이 있는 것으로서 앞에 속격형태를 요구하거나 결합자음 'ㅅ'를 매개로 어간에 붙는데 'ᄋᆡ그에'는 현대어에서 '에게'로 되고 'ㅅ그에'는 '께'로 되었다.

'ᄃᆞ려'의 쓰임은 다음과 같다.

(61) 부톄 目蓮이ᄃᆞ려 니ᄅᆞ샤디

《석보상절》

'ᄃᆞ려'는 동사 'ᄃᆞ리다'의 접속형에서 온 것으로서 현대어의 입말체에서 여격의 의미로 쓰인다.

'뻐'의 쓰임은 다음과 같다.

(62) 그러모로 검과 박을 승샹ᄒᆞ모로뻐 버거를 삼노라

《정속언해》

'뻐'는 동사 '쁘다'의 접속형이 문법적 추상화를 입어 '가지고'의 뜻으로 바뀌어 사용되다가 후에 '써'로 바뀌어 조격토의 뒤에서만 쓰이게 되었다.

'이셔'의 쓰임은 다음과 같다.

(63) 나라해이셔 도ᄌᆞ기 자최 바다가

《석보상절》

'이셔'는 동사 '이시다'의 접속형에서 온 것으로서 그 앞에 여격 형태를 요구하였다. 현대어의 위격토 '에서'의 '서'가 바로 이것이 발전한 것이다.

3.1.5. 표기 수단

《석보상절》은 《용비어천가》가 《월인천강지곡》과 같은 시기에 나온 작품으로서 표기법이 대체적으로 비슷하나 다른 점도 있다.
《용비어천가》에는 결합자음으로 'ᅘ, ᅀ, ㄱ, ㄷ' 등이 쓰이었으나 《석보상절》에는 그러한 결합자음이 쓰이지 않고 오직 'ㅅ'만 쓰였다.

(64) 目蓮이 耶輪ㅅ宮의 가 보니

(65) 菩薩ㅅ道理 ᄒ노라 ᄒ야

(66) 魔王ㅅ 兵馬 十八億萬을 降服 히오샤

각자병서에 '쌔, ᄠ, ᄍ' 등이 쓰였다.

(67) 내 보아져 ᄒᄂ다 슬ᄫᅡ셔

(68) 世尊이 須達이 올 ᄠᅳᆯ 아ᄅ시고

(69) 제 나라ᄒ로 갈 쩌긔

≪석보상절≫

≪삼강행실도언해≫, ≪정속언해≫, ≪태평광기언해≫의 표기법은 같은 시기에 나온 ≪두시언해(초. 중)≫, ≪백련초해≫의 표기법과 대체적으로 같다.

제2절 이야기소설

소설은 묘사와 이야기로 엮어진 산문 문학이다. 조선에서 소설의 역사는 매우 오래인데 17세기를 전후로 새로운 문체인 국문소설이 본격적으로 발전하게 되었다. 국문소설은 그 기원과 형식에 따라 이야기소설과 판소리소설로 나눌 수 있다.

이야기소설의 형성은 세종, 세조 때에 국문으로 번역된 불경언해가 재미있고 유익한 이야기를 빌어 불교 사상을 고취한 것과 관계된다. 즉 ≪월인석보≫의 ≪안락국태자전≫, ≪선우태자전≫, ≪목련전≫ 등은 소설의 형성에 많은 영향을 주었다. 이러한 영향의 기초 위에 임진왜란과 병자호란을 거치는 시기에 전해 온 ≪삼국연의≫나 ≪수호

전≫ 등 중국 소설은 지식인들의 새로운 독서 물로 등장되면서 이야기
소설의 창작에 많은 영향을 끼쳤던 것이다.

이야기소설에는 17세기 허균의 ≪홍길동전≫, 김만중의 ≪구운몽≫,
≪사씨남정기≫와 작자가 알려지지 않은 ≪박씨부인전≫을 들 수 있
으며 18~19세기 구전설화에 토대한 ≪장화홍련전≫, ≪숙영낭자전≫
을 들 수 있다.

이야기소설에는 현재까지 전해져 내려오면서 많은 이본(異本)이 있는
데 이 글에서는 ≪홍길동전(경판30장본)≫, ≪구운몽(경판32장본)≫, ≪사
씨남정기(경판66장본)≫, ≪박씨부인전(활자본 고전소설전집, 제2권)≫,
≪장화홍련전(경판28장본)≫, ≪숙영낭자전(경판16장본)≫ 등을 고찰 자
료로 삼고자 한다.

3.2.1. 어휘적 수단

이 시기에 국문학이 발전하게 된 것은 우선 인민들 속에서 민족적
자각과 애국적 감정이 높아감에 따라 언어 문자 생활에서 국어와 국문
을 사랑하는 풍조가 자라나 언어생활에서는 민족 공통어에 의한 교제
범위가 넓어지고 문자 생활에서는 국문의 비중이 높아진 것과 관련된
다. 그리고 17세기 이후 국문문학이 본격적으로 발전하게 된 데는 문
학의 창조에 평민계층이 광범하게 참여하게 된 것과도 관련된다. 그리
하여 이 시기 이야기소설에는 선행 시기 번역 산문체에 비하여 입말의
요소가 많이 반영된 언어적 특징을 가지고 있었다.

김만중은 창작 실천에서 소설체의 특성과 요구에 맞게 조선어를 잘
구사한 말의 명수였다. 그는 ≪서포만필≫에서 송강의 가사를 높이 평
가하면서 한문을 숭상하는 양반들의 말은 어린이와 아낙네의 말에 비

할 수 없다고 풍자하면서 창작에서 모국어 문학 창작의 필요성과 그 교양적 의의에 대하여 옳게 인식하고 있었다. 그는 조선말의 풍부한 어휘를 다양하게 구사하면서 전시기 번역 산문체의 한문투를 많이 극복하고 예술 산문체의 새로운 경지를 개척하였을 뿐만 아니라 다른 소설의 창작에도 적극적인 영향을 주었다.

> (70) 속담에 호랑이를 그리나 뼈는 그리지 못ᄒ고 사름의 얼골은 보나 마음은 보지 못ᄒ다 ᄒ니
>
> ≪사씨남정기≫
>
> (71) 좌쉬 부득이 허시롤 취ᄒ니 그 용모롤 의논홀진더 냥협은 한 즈히 남고 눈은 퉁방울 갓고 코는 질병 갓고 입은 머여기 아가리오 머리털은 돗희 솔 갓고 킈는 자 가옷 난장이오 쇼린는 싀랑의 쇼리오 허리는 두 ᄋ롬은 흔디 그 중의 곰비팔이며 슈즁다리의 쌍언쳥이롤 겸ᄒ엿고 그 쥬둥이롤 뼈흘면 열 스발이ᄂ 되고 얽기는 콩 멍셕 갓트니 그 형용을 참ᄋ 견되어 보기 어려온지라
>
> ≪장화홍련전≫

(70), (71)에서는 '호랑이를 그리나 뼈는 그리지 못ᄒ고 사름의 얼골은 보나 마음은 보지 못ᄒ다'는 문장의 표현이나 '한 즈히', '퉁방울', '질병', '머여기 아가리', '머리털', '돗희 솔', '자 가옷', '난장이', '싀랑의 쇼리', '두 아름', '곰비팔', '슈즁다리', '쌍언쳥이', '쥬둥이', '열 스발', '콩 멍셕' 등과 같은 합성된 단어의 사용은 입말에 토대한 고유어들이다.

우리 민족은 먼 옛날부터 수많은 성구, 속담을 구두로 창작하였는데 이 시기 이야기소설을 보면 입말체로 된 성구, 속담을 잘 이용하고 있다.

(72) ㄱ. 우믈 속 개고리 것다

　　　ㄴ. 불 아니 땐 굴뚝에 어찌 연기나리이까

　　　ㄷ. 간담이 떨어지다

　　　ㄹ. 귀로 듣난것이 눈으로 보니만 못하다

　　　ㅁ. 지척이 천리로다

　　　ㅂ. 너무 성ᄒ면 쇠ᄒ기 쉽고 너무 가득ᄒ면 넘기 쉽다

　　　ㅅ. 셰월이 실노 흐ᄅᄂ는 믈 ᄀᆺ도다

≪구운몽≫

(73) ㄱ. 한 말에 두 안장이 없고 한 밥그릇에 두 술이 없다

　　　ㄴ. 독안에 든 쥐

≪사씨남졍기≫

(74) ㄱ. 지쵹이 셩화 갓트니

　　　ㄴ. 단불의 나븨 듁듯 ᄒ니

≪장화홍련전≫

(75) 간장이 스는 듯 ᄒ니

≪숙영낭자전≫

(76) 간담이 셔늘하야

≪박씨부인전≫

이 밖에 이야기소설에는 입말체에 바탕을 둔 상징어의 사용도 찾아
볼 수 있다.

(77) ㄱ. 혀롤 **쓸쓸** 츠는지라

　　　ㄴ. 간장이 **구뷔구뷔** 다 셕는다

　　　ㄷ. 빅홰 만발ᄒᆫ 곳의셔 **오락가락** ᄒ거늘

≪장화홍련전≫

(78) 산은 <u>첩첩</u> 천봉이오 슈는 <u>잔잔</u> 만곡이라

≪숙영낭자전≫

이 시기 이야기소설은 선행 시기 번역 산문체의 영향에서 완전히 벗어나지 못하고 종전의 글말체의 잔재를 아직도 적지 않게 남기고 있는 일련의 제한성도 가지고 있었다. 그리하여 이야기소설의 언어에는 입말에서 별로 쓰이지 않는 글말 투가 상당한 정도로 남아 있게 되었다.

우선 사람들 사이의 호칭이 한문에서나 쓰이고 있는 한자 어휘로 일관되어 있다. 즉 신분이 낮은 사람이 신분이 높은 사람을 보고 '로야, 샹공, 쇼져, 공ᄌ'라고 하며 친척들 사이에도 '가가, 져져, 현부, 현제, 현질' 등을 쓰고 있는데 이러한 호칭은 입말에서 쓰이지 않는 한문투이다.

또한 입말에는 쓰인 일이 없는 글말체가 적지 않다.

(79) ㄱ. 흉녀룰 큰 칼룰 씨오고 <u>고셩 디민 왈</u>
　　ㄴ. 추시 좌쉬 허시의 싀긔지심을 지긔ᄒ고 허시룰 불너 <u>디칙 왈</u>

≪장화홍련전≫

(80) ㄱ. 길동이 미양 <u>호부호형</u> ᄒ면
　　ㄴ. <u>문 왈</u>, <u>디 왈</u>, <u>칙 왈</u>, <u>고 왈</u>, <u>디경 왈</u>, <u>디호 왈</u>, <u>디민 왈</u>

≪홍길동전≫

(81) ㄱ. <u>일일</u>은 엇던 사람이
　　ㄴ. <u>일야 유하기룰</u> 청하거날

≪박씨부인전≫

위의 예 (79), (80), (81)에서 '고셩 디민 왈', '디칙 왈', '호부호형 ᄒ다', '문 왈', '디 왈', '고 왈', '디경 왈', '디호 왈', '일일', '일야 유ᄒ

다'와 같은 표현은 번역 산문체의 영향을 받은 것이라고 할 수 있다.

이 밖에 이야기소설에는 중국의 한시를 한자음으로 표기하고 있는 실례가 적지 않다.

(82) ㄱ. 양뉴쳥여딕 댱됴블화루
　　　　원군근지식 츠슈최풍뉴
　　　　양뉴하쳥쳥 댱됴불긔영
　　　　원군막반졀 츠슈최다졍
　　　ㄴ. 누두죵양뉴 의계낭마듀
　　　　여하졀쟉편 최하쟝대노

《구운몽》

(82ㄱ)은 주인공 양소유의 시이고 (82ㄴ)은 진채봉의 답 시인데 여기에서는 중국의 5언 시를 한자음 그대로 표기하고 있다.

이 시기 이야기소설의 언어가 가지는 이러한 제한성은 아직도 번역 산문체의 영향에서 벗어나지 못하고 글말과 입말의 불일치(不一致) 속에서 맴돌고 있었음을 말해 준다.

3.2.2. 이야기소설의 형식

문장 형식에서 이야기소설은 선행 시기 번역 산문체의 영향을 받아 역시 긴 복합문을 이루고 있다.

(83) 그 녀진 고기롤 슈기고(S1) 니러누(S2) 다시 절ᄒ여 왈(S3)
　　　쇼녀는 이 고을셔 스옵는 녀진온디(S4) 일홈은 홍년이옵고
　　　(S5) 비좌슈의 녀이오니(S6) 쟝화는 쇼녀의 형이라(S7) 형의

나흔 뉵셰오(S8) 쇼녀의 나흔 스셰 젹의 조모를 여희옵고(S9)
아비를 의지ᄒ와(S10) 셰월롤 보닉옵더니(S11) 아비 후쳐를
엇스오미(S12) 용모와 힝실이 무일가춰이오딕(S13) 공교로히
연ᄒ와 삼조롤 낫스온즉(S14) 조연 졍순ᄒ오미(S15) 계모의
부언참셜롤 신쳥ᄒ여(S16) 쇼녀 형뎨롤 외딕 조심ᄒ오딕(S17)
계모도 어미라(S18) ᄒ와 셥기기롤 극진히 ᄒ옵더니(S19) 쇼
녀의 형뎨 장셩ᄒ오미(S20) 얼골과 지질이 하등이 아니온즉
(S21) 아비 쇼녀 등을 익지즁지 ᄒ오미 남의 업슨 ᄇ로 아옵고
(S22) 어진 비필롤 구ᄒ오딕(S23) 계뫼 싀긔ᄒ오므로(S24)
장찻 이십이 되도록 졍혼치 못ᄒ여습더니(S25) 쇼녀의 몸이
원혼이 되어 니럿틋 ᄒ오믄 다른 연괴 아니오라(S26) 아비 본
딕 조업이 업습고(S27) 어미 지물이 만스와(S28) 노비 쳔여
귀오(S29) 젼답이 쳔여 셕직이오(S30) 기외 금은 보화는 거지
두량이라(S31) 쇼녀 형뎨 츌가ᄒ오면 긔물롤 다 가질가 ᄒ여
(S32) 쇼녀 형뎨롤 죽이고(S33) 긔물롤 탈취ᄒ여(S34) 졔 조
식을 쥬고져 ᄒ이(S35) 쥬스야탁ᄒ여 부딕 히홀 뜻을 두엇는
지라(S36) 스스로 흉계롤 닉여(S37) 큰 쥐롤 취ᄒ여(S38) 피
롤 만히 ᄇ르고(S39) 낙틱흔 형샹을 믿드러(S40) 가마니 형
조는 니불 밋히 녜코(S41) 아비롤 속여(S42) 죄롤 닐운 후의
(S43) 거즛 외삼촌 집의 보닉는 쳬 ᄒ고(S44) 불시의 말롤 틱
와(S45) 그 ᄋ들 장쇠로 ᄒ여곰 다려다가 못싀 너허 죽여스오
니(S46) 쇼네 이 일롤 아옵고(S47) 지원극통ᄒ와(S48) 스스
로 싱각ᄒ온즉(S49) 쇼네 구ᄎ히 스랏다가 쏘ᄒ 그 흉계의 샌
질가 두려워(S50) 맛춤닉 형 죽은 곳의 샌져 죽어스오니(S51)
죽기는 셟지 아니 ᄒ오나(S52) 형이 불측흔 악명을 신셜홀 길
업스므로(S53) 더욱 원혼이 되온지라(S54) 등닉마다 원통흔
스졍을 알외온즉(S55) 다 놀ᄂ 죽스오미(S56) 원을 이루지 못

ㅎ옵더니(S57) 금일 텬힝으로 명관을 맛느와(S58) 당돌히 원
통ㅎ 정원을 알외오니(S59) 명관은 쇼녀의 이원ㅎ 혼빅을 어
엿비 녀기스(S60) 죄지유무롤 스힉ㅎ여(S61) 원슈롤 갑하 쥬
시고(S62) 형의 누명을 벗겨 쥬시면(S63) 명관계셔 이 고을롤
틱평히 지니시고(S64) 아모 폐단이 업스리이다 ㅎ고(S65) 언
파의 하직ㅎ고(S66) 나가거늘(S67) 부시 고이 녀겨 혜오디
(S68) ㅈ초로 이런 일이 이셔 폐읍이 되랏다 ㅎ고(S69) 익일
평명의 동헌의 개좌ㅎ고(S70) 니방을 불너 문 왈(S71) 이 고
을의 비좌슈라 ㅎ는 스롭이 잇는다(S72)

《장화홍련전》

　(83)은 홍련이가 원혼으로 나타나 신관사또한테 자기 형제들의 억
울한 처지를 하소연하는 장면인데 여기에서는 72개나 되는 문장이 종
결토 '잇는다'에 의하여 결속되면서 복합문 구조를 이루고 있다. 72개
나 되는 문장은 '고, ㅎ여, 느딕, 니, 더니, 민, 느즉, ㅂ고, 면, 느지
라, 므로, 아, 거늘' 등 접속토와 접속적으로 쓰인 종결토 '이라'에 의
하여 끊임없이 연결되면서 긴 복합문을 이루었다. 이러한 복합문 구조
는 주로 여러 대화체의 사용에서 기인한 것으로 《석보상절》에서 이
미 사용된 것들이다.
　이야기소설에도 앞 선시기 번역 산문체와 같이 바탕글에 대화체 문
장이 쓰이고 있는데 이런 대화체 문장은 많이는 '왈'에 의해서 연결되
어 나가는 형식을 취하고 있다.

　(84) 맛춤 공이 쏘흔 월식을 구경ㅎ다가 길동의 빅회ㅎ믈 보고 즉시
　　　불너 문 왈 네 무슴 흥이 이셔 야심토록 잠을 즈지 아니 ㅎ는다
　　　길동이 공경 디 왈 쇼인이 맛춤 월식을 사랑ㅎ미여니와 대개

하늘이 만물을 너시민 오직 사롬이 귀ᄒ오나 쇼인의게 니르러
는 귀ᄒ오미 업스오니 엇지 사롬이라 ᄒ오리잇가

≪홍길동전≫

(85) 빅공이 디로 질 왈 네 죄상은 만ᄉ무셕이니 ᄉ통ᄒ 놈 밧비 일
으라 ᄒ고 미로 치니…

≪숙영낭자전≫

(84), (85)에서는 등장인물의 대화가 '문 왈, 디로 질 왈'로 이어지고
있는데 이런 한자어를 정음자로 그대로 표기한 것으로는 '문 왈, 디
왈, 칙 왈, 고 왈, 디경 왈, 디호 왈, 디미 왈, 인견 왈, 복지 디 왈,
기유 왈, 지비 왈, 다힝ᄒ여 왈, 칭찬 왈, 쇼 왈, 의논 왈, 쥬 왈, 익노
왈, 기셔의 왈, 오열유체 왈, 쳥죄 왈, ᄎ탄 왈, 경문 왈, ᄋᆡ걸 왈, 탄
왈' 같은 것들이 있다. 이렇게 이야기소설은 언어의 표현에서 한자 어
휘에 기초한 글말체 어휘가 많이 사용되고 있다. 그러나 김만중의 경
우에는 인물의 대화가 '왈'에 의하여 연결되는 경우가 있지만 많이는
입말에 입각(立脚)한 고유어를 사용하고 있다.

(86) 대시 일일은 졔ᄌᄃ려 닐오디 동졍 뇽왕이 여러 번 경을 드르
디 일즉 답녜롤 못 ᄒ야시니 내 늙고 병드러 산문을 나디 아닌
지 십여년이라…

≪구운몽≫

(87) 교시 디희ᄒ여 즉시 십낭을 불너 와 무르디 네 능히 복즁의 잉
ᄐᆡᄒ 남녀를 아는야

≪사씨남정기≫

(86)이나 (87)에서는 다른 이야기소설처럼 '문 왈'로 표현한 것이 아

나라 고유어 '닐오딕', '무르딕'로 표현하고 있다. 이러한 표현은 되도록 이면 한문투의 글말식 표현을 극복하고 아름다운 조선어를 다양하게 구사한 김만중의 창작적 특성에서 기인된 것이라고 말할 수 있다. 이러한 입말식 표현에는 '알외딕, 고ᄒᆞ딕, 딕답ᄒᆞ딕, 갈오딕' 같은 것들이 있다.

이 밖에 이야기소설에는 작자의 설화가 사건의 객관적 묘사에 그치는 것이 아니라 객관적 사실에 대한 작자의 평가와 주정토로까지 나타나고 있다.

> (88) 길동이 지비 하직ᄒᆞ고 문을 나미 운산이 첩첩ᄒᆞ여 지향업시 힝ᄒᆞ니 엇지 가련치 아니리오
>
> 《홍길동전》
>
> (89) 한림이 슈기 복자와 쵸쵸이 동정ᄒᆞ니 가석다…
>
> 《사씨남정기》

이야기소설에서는 설화의 중간에 '가련치 아니리오, 가석다'나 '슬푸다'와 같이 작자의 주정토로가 일정한 격식에 의하여 표현되고 있다.

사건 서술의 서두나 사건 전환의 연결에서 흔히 '화셜, ᄎᆞ셜, 각셜' 등의 말을 쓰고 있다.

> (90) ㄱ. 화셜 됴션국 세종됴 시졀의 흔 직상이 이시니 셩은 홍이오 명은 뫼라…
>
> ㄴ. 각셜 길동이 졔 곳의 도라와 졔젹의게 분부ᄒᆞ되 닉 단녀 올 곳이 잇스니 여등은 아모 딕 츄립 말고 닉 도라 오기를 기다리라 ᄒᆞ고…
>
> 《홍길동전》

(91) 차셜 공이 분슈 작별한 후에 자부를 다리고 그 산 동구에 나려
　　오니 …

≪박씨부인전≫

장회체(章回體) 형식을 띤 소설에서는 매 장마다 소제목을 달고 장절
의 결말에서는 "하회가 엇더ᄒ뇨", "하회 분셕ᄒ라", "ᄎ하를 해셕ᄒ
라", "ᄎ쳥 하회ᄒ라" 등의 말을 쓰고 있는데 이것은 장회체 소설 형식
의 형식상특징으로 된다고 할 수 있다.

(92) 누쉬 압흘 갈이워 셤의 ᄂ리다가 실족ᄒ여 놀나 ᄭᅵ니 남가일몽
　　이라 ᄒ회 분셕ᄒ라

≪사씨남정기≫

(93) ㄱ. 쳐새 공다려 왈 가신 후에 다시 맛나사이다 차하를 분셕하라
　　ㄴ. 박씨 황송하야 위로 왈 존고는 잠간 안심하소셔 아모 ᄯᅢ라
　　　도 혈마 화목할 ᄯᅢ가 업사오리잇가 과히 근심 마옵소셔 하
　　　더라 쳐쳥 하회하라
　　ㄷ. 공이 부득이 애연 작별하니라 차하 분셕하라

≪박씨부인전≫

소제목의 경우는 한문투를 정음자 그대로 표기한 것도 있고 우리말
문장으로 되어 있는 것도 있다.

(94) 졔일회 리공이 션인을 맛나 바둑과 통쇼로 서로 화답하며 시백
　　이 금강산에 드러가 박씨와 셩친하다

≪박씨부인전≫

(95) 노존ㅅ남악강묘법 쇼사비셕교봉션녀

≪구운몽≫

3.2.3. 문체론적 표현 수법

17세기에 들어와서 임진왜란 이후의 변화된 사회역사적 조건과 장성하는 인민들의 사상 미학적 요구에 따라 새로운 문체인 소설이 출현하게 되었는데 예술 산문체인 소설은 산문체로서 서술, 묘사, 서사, 대화와 독백 등 문학 작품의 모든 언어요소들을 동원하여 현실을 폭넓게 반영하는 문체이다.

이 시기 출현한 이야기소설은 문체론적 표현 수법의 사용에서 중세 번역 산문체와 다른 특징을 가지고 있다. 중세 산문 번역체는 번역에서 원문에 충실하다 보니 문체론적 표현 수법이 많이 쓰이지 못하였다. ≪삼강행실도언해≫, ≪정속언해≫, ≪태평광기언해≫의 경우 직역과 의역이 결합된 번역 수단을 이용하여 창발성을 발휘하여 글을 조선말답게 꾸미고 있지만 문체론적 표현 수법이 적게 쓰이고 있다. 그러나 이 시기 예술 산문체인 이야기소설을 보면 소설에 사용되는 모든 요소들을 동원하여 작자의 기발한 상상과 허구로써 예술적 표현력을 높인 것으로 하여 문체론적 표현 수법이 활발하게 이용되고 있다.

이 시기 이야기소설에 사용된 문체론적 표현 수법에는 비유법, 과장법, 완곡어법, 성구, 속담 이용법, 반복법, 대구법, 대조법, 열거법의 이용을 예로 들 수 있다.

직유의 수법은 다음과 같이 실현되고 있다.

> (96) ㄱ. 스롬 죽이믈 낭즁춰물갓치 ᄒ다
> ㄴ. 쇼인의 신세논 부운과 갓ᄉ오니
> ㄷ. 관군이 그 절 즁인가 ᄒ여 풍우갓치 북편 쇼로로 ᄎᆞᆽ 가다가
> ㄹ. 셩즁이 요란ᄒ여 물 쓸툿 ᄒ논지라
> ㅁ. 눈물이 비 오듯 ᄒ거늘

ㅂ. 세상스를 싱각ㅎ니 풀 긋히 이슬 갓도다

≪홍길동전≫

(96)에서는 직유의 수법으로 비유하는 사물에 '낭중취물', '부운', '풍우', "물 쓸다", "비 오다", "풀 긋히 이슬" 등 단어나 단어 결합을 사용하고 있다. 특히 형상적 어휘 '풀 끝의 이슬'을 사용하면서 주인공 홍길동의 불우한 신세를 한탄하고 있다.

비유하는 사물에는 글말체와 입말체 표현이 다 쓰이고 있는데 여기서 '낭중취물', '부운', '풍우'는 글말체에 기초한 한자어나 한문투인 반면에 "눈물이 비 오듯 하다", "물 끓듯 하다", "풀 끝에 이슬 같다"라는 표현은 당시 인민들의 일상생활에 바탕 한 입말체의 표현이다.

(97) ㄱ. 일흠은 셩진이니 얼골이 빅셜ㄱ고 정신이 츄슈ㄱ다
　ㄴ. 츈삼월의 온갖 쏫치 골의 ㄱ득ㅎ여시 블근 안개 끼인 듯ㅎ고 새 즘싱의 빅 가지 소리 싱황을 쥬ㅎ는 듯ㅎ니
　ㄷ. 인간 셰월이 믈 다나 듯 ㅎ여 쇼유의 나히 십셰 되니 얼골은 옥으로 다스린 듯 ㅎ고 눈은 새빅별 ㄱ다
　ㄹ. 형경이 녁슈롤 건널 적 졈니롤 니별ㅎ는 듯 패왕이 댱듕의 우희롤 도라보는 듯 ㅎ니

≪구운몽≫

예문 (97)에서는 얼굴을 "백설 같고", "옥으로 다스린 듯 하다", 눈을 '새벽별', 정신을 "추수 같다"고 비유하고 있으며 춘삼월의 꽃을 "붉은 안개가 끼인 듯 하다"고 비유하고 있고 새 소리는 "생황을 부는 것 같다"고 비유하고 있는데 이러한 비유는 작가의 세심한 관찰력과 풍부한 표현력에서 기인된 생동한 표현이라고 할 수 있다. 또한 "형경

이 녁슈를 건널 적 겸니를 니별ᄒᆞᄂᆞᆫ 듯"이나 "패왕이 댱듕의 우희를 도라보ᄂᆞᆫ 듯 ᄒᆞ니"라는 표현은 중국의 옛 이야기를 비유하는 사물로 인용한 실례라고 할 수 있다.

여기서 "백설 ᄀᆞᆺ다", "튜슈 ᄀᆞᆺ다", "싱황을 쥬ᄒᆞᄂᆞᆫ 듯 ᄒᆞ다"는 글말체에 기초한 한문투이고 "옥으로 다ᄉᆞ린 듯 ᄒᆞ다"나 "새빅별 ᄀᆞᆺ다"의 표현은 입말체 표현이다.

> (98) ㄱ. 쇼녀의 실낫 갓튼 명이 부인 칼 솟해 달녓사오니 부인의 하ᄂᆞᆯ 갓튼 마음으로 대은을 베푸사 쇼녀의 잔명을 살녀주옵쇼셔
> ㄴ. 바롬이 슌ᄒᆞ고 물결이 고오ᄒᆞ여 비 가기를 살갓치 ᄒᆞ니
> ㄷ. 부인 빅여 인을 계ᄒᆞ의 ᄎᆞ예로 세우고 별 ᄀᆞᆺ튼 관과 달 ᄀᆞᆺ튼 픽옥이며 복식이 참치ᄒᆞ여
> ㄹ. 셰월이 여류ᄒᆞ여 훌훌히 삼상을 지니니
> ㅁ. 사시 쏫기ᄂᆞᆫ 진실노 써근 나무 치우기 갓틀지라
>
> ≪사씨남정기≫

예문 (98)에서는 목숨을 '실낫', 마음을 '하늘', 가는 배를 '화살', 관을 '별', 패옥을 '달', 세월을 '흐르는 물'에 비유하고 있다. 여기서 "세월이 여류하다"의 표현은 한문식 표현이고 "실날 같은 목숨", "하늘 같은 마음", "썩은 나무 치우기"는 입말식 표현으로 된다.

> (99) 조션은 탐지 호식하오니 계집을 구하되 인물이 초월ᄒᆞ고 문필은 왕희지 갓고 구변은 소진 장의 갓고 날냄은 됴자룡 갓고 혜아림은 졔갈무후 갓고 지용이 겸전한 계집을 보내면 셩사하올 듯 하오이다
>
> ≪박씨부인전≫

(99)에서는 비유되는 대상인 '문필, 구변, 날냄, 헤아림'을 '왕희지, 소진장, 됴자룡, 졔갈무후' 등 중국의 역사 인물에 비유하고 있는데 이 시기 이야기소설에는 중국의 역사이야기나 역사 인물들이 등장하는 경우가 적지 않았다.

> (100) 좌쉬 부득이 허시롤 췩ᄒ니 그 용모롤 의논ᄒ진딕 냥협은 한 주히 남고 눈은 퉁방울 갓고 코는 질병 갓고 입은 머여기 아가리오 머리털은 돗희 솔 갓고 킈는 자 가옷 난쟝이오 쇼리ᄂ는 싀랑의 쇼리오 허리는 두 ᄋ름은 흔딕 그 중의 곰비팔이며 슈 즁다리의 썅언쳥이롤 겸ᄒ엿고 그 쥬둥이롤 쎠흘면 열 소발이ᄂ 되고 얽기는 콩 멍셕 갓트니 그 형용을 참ᄋ 견되어 보기 어려온지라
>
> 　　　　　　　　　　　　　　　　　　　　≪장화홍련전≫

예문 (100)에서는 허씨의 모양새를 묘사함에 있어서 비유법을 재치 있게 사용하고 있는데 눈을 '퉁방울', 코를 '질병', 입을 '머여기 아가리', 머리털을 '돗희 솔'에 비유하고 있고 키는 '자 가옷', 허리는 '두 ᄋ름'하다고 과장법을 사용하고 있는데 이러한 어휘의 표현은 입말체에 기초한 인민 대중의 언어들이다.

이야기소설에는 비유법의 사용에서 은유의 수법을 사용하고 있는데 예를 들어 보면 다음과 같다.

> (101) ㄱ. 부텨의 법문은 흔 바리 밥과 흔 병 믈과 두어 권 경문과 일빅여둛 낫 염쥬분이라. 도덕이 비록 놉고 아름다오나 젹막ᄒ기 심하도다

ㄴ. 텬딘교는 믈을 걸타 무지게 빗겻는딘

《구운몽》

(102) 쳐새 바다 한 곡됴를 화답하니 쳥텬에 나라가는 쳥학 백학이
춤추고 화원의 꼿치 피여 가득가득 하도다

《박씨부인전》

(103) 낭즈는 나의 졍세을 싱각ᄒᆞ야 불이 든 나무와 그물의 걸넌 고
기을 구ᄒᆞ라 ᄒᆞ며 만단 익걸ᄒᆞ니

《숙영낭자전》

위의 예문 (101)~(103)은 은유의 수법이 사용된 실례인데 여기에서
는 부처의 법문을 '한 바리 밥, 한 병의 물, 두어 권 경문, 백여덟 개의
념주'에 비유하고 있으며 천진 교를 '무지개'에 비유하고 있고 노래 소
리가 "청학, 백학이 춤추고 화원에 꽃이 가득 피여 있는 것 같다"고
표현하고 있으며 나의 처지를 "불이 든 나무와 그물에 걸린 고기"에
비유하고 있다. "불이 든 나무와 그물에 걸린 고기와 같다"라는 표현
은 당시 인민 대중이 즐겨 쓰는 생활어로서 입말체 표현으로 된다.

이야기소설에는 과장법이 잘 사용되고 있는데 이런 과장법을 흔히
직유의 수법과 융합되어 표현력을 높이는 데 이바지되고 있다.

(104) 그 덕틱이 하히 갓튼지라

《홍길동전》

(105) ㄱ. 대사를 경영ᄒᆞ고 만리를 지쳑 삼아 왓다가 셩공은 고사하
고 근본이 탈로ᄒᆞ야

ㄴ. 젹장이 군사를 호령ᄒᆞ야 사면으로 엄살ᄒᆞ니 죽엄이 태산
갓고 피 흘너 내히 되엿더라

　　ㄷ. 부인이 그계야 칼을 집어들고 쇼래를 벽력갓치 지르니

≪박씨부인전≫

(106) 혼빅이 비월ᄒ고 간담이 서눌ᄒ여 엇지 홀 줄 모르는 즁

≪숙영낭자전≫

(107) ㄱ. 바롬이 슌ᄒ고 물결이 고요ᄒ여 비 가기를 살갓치 ᄒ니

　　 ㄴ. 눈물이 비 오듯 ᄒ니 부인이 쳥푸의 가슴을 두다려 통곡 왈

≪사씨남정기≫

(108) ㄱ. 그 형샹은 쳘셕 심장이라도 슬허 홀지라

　　 ㄴ. 쟝홰 홍년의 잔잉ᄒᆫ 형샹을 보미 간쟝이 촌촌이 ᄭᅳ쳐지는
　　　지라

　　 ㄷ. 장홰 통곡 긔졀ᄒ니 그 경샹은 셕목 간장이라도 슬허 ᄒ
　　　련무ᄂᆞ

　　 ㄹ. 근읍 스룸이 다 모히여 닐카르며 불워 ᄒ는 쇼러 산쳔이
　　　움작이는 듯 ᄒ더라

≪장화홍련전≫

　　위의 예문 (104)～(108)에서 "덕택이 하해와 같다", "만리를 지척
삼아 왔다", "죽음이 태산같고 피가 흘러 내를 이루다", "소리를 벼락
같이 지르다", "혼백이 비월하고 간담이 서늘하다", "배 가기를 살같
이 하다", "눈물이 비 오듯 하다", "철석 심장이라도 슬퍼한다", "간장
이 촌촌이 끊어진다", "석목 간장이라도 슬퍼한다", "소리가 산천이
움직이는 듯하다"의 표현은 과장법이 이루어진 실례인데 이렇게 대담
한 과장과 형상적인 묘사 수법을 이용하여 소설의 표현력을 높이고 있
다. 여기에서 "만리를 지척 삼아 왔다", "간담이 서늘하다", "눈물이
비 오듯 하다", "간장이 촌촌이 끊어진다", "철석 심장이라도 슬퍼한
다", "소리를 벼락같이 지르다" 등의 표현은 입말체 표현들이다.

완곡어법이 이루어진 실례를 보면 다음과 같다.

   (109) ㄱ. 샹세 년ᄒᆞ야 열아믄 잔을 거후루니 츈싴이 늣치 가득ᄒᆞ고
          옥산이 문허지고져 ᄒᆞ거늘
      ㄴ. 비필을 굴히기 어려워 빈혀 ᄭᅩ줄 나히로ᄃᆡ 정혼ᄒᆞᆫ 곳이
          업더라

                                        ≪구운몽≫
   (110) 두낫 유ᄋᆞ롤 어엿비 녀겨 거두어 길너 갓튼 가문의 혼인ᄒᆞ여
      봉황의 ᄡᅡᆼ이 놀게 ᄒᆞ시면

                                  ≪장화홍련전≫

   (109), (110)에서 "옥산이 문너지고저 한다", "비녀 꽃을 나이로다", "봉황의 쌍이 놀게 한다"라는 표현은 완곡어법이 이루어진 실례이다. 여기에서는 술에 취하는 것을 "옥산이 무너지다", 시집갈 나이를 "비녀 꽃을 나이", 부부가 되는 것을 "봉황의 쌍이 놀게 한다"라고 완곡적으로 표현하였다.
   이야기소설에는 성구, 속담들이 많이 이용되고 있는데 여기에는 입말식 표현, 한문투 표현, 직역식 표현[1]으로 된 성구, 속담들이 있다.
   입말식 표현은 다음의 (111)과 같다.

   (111) ㄱ. 우믈 속 개고리 것다
      ㄴ. 셰월이 실노 흐르는 믈 ᄀᆞ다
      ㄷ. 간담이 셔늘ᄒᆞ다
      ㄹ. 간장이 스는 듯 ᄒᆞ다

---

1) 여기서 말하는 직역식 표현이란 중국에 기원을 둔 성구나 속담을 우리말로 직역하여 표현하는 것을 말한다.

    ㅁ. 지쵹이 성화 갓다
    ㅂ. 흉격이 터지고 간장이 타다
    ㅅ. 단불의 나븨 듀듯 ᄒ다

한문투 표현은 다음의 (112)와 같다.

    (112) ㄱ. 남가일몽
          ㄴ. 일즉이 여삼취라
          ㄷ. 일일이 여습취라
          ㄹ. 결초보은

직역식 표현은 다음의 (113)과 같다.

    (113) ㄱ. 아는 일이 귀신 갓다
          ㄴ. 군ᄉ를 십년을 쳐도 쓰기는 ᄒ로 아춤의 잇다
          ㄷ. 풀을 뷔미 ᄲ리를 업이라
          ㄹ. 풀을 미즈 갑프리다
          ㅁ. 강한 장수는 약한 군사 없다

(113)에서 "아는 일이 귀신 갓다"는 '료사여신(了事如神)', "군ᄉ를 십년을 쳐도 쓰기는 ᄒ로 아춤의 잇다"는 '양병천일 용병일시(養兵千日用兵一時)', "풀을 뷔미 ᄲ리를 업이라"는 '참초제근(斬草除根)', "풀을 미즈 갑프리다"는 '결초보은(結草報恩)', "강한 장수는 약한 군사 업다"는 '강장지하무약병(强將之下無弱兵)'을 우리말로 직역하여 표현한 것들이다.

이야기소설의 반복법에는 단어의 반복보다 토의 반복이나 보조적 단어의 반복을 예로 들 수 있다. 여기서 반복법은 운율을 조성하는데 이용된 것이 아니라 소설적 수법으로 사용되면서 다른 표현 수법들과 융합되어 쓰이고 있다.

> (114) 동은 청졔쟝군이오 남은 젹졔쟝군이오 셔는 빅졔쟝군이오 북은 흑졔쟝군이오
>
> ≪홍길동전≫
>
> (115) 승샹이 스스로 옥쇼룰 잡아 두어 소리룰 부니 으으열열ᄒ야 원ᄒᄂ 둣ᄒ고 우ᄂ 둣ᄒ고 고홀 둣ᄒ고 형경이 녁슈룰 건널 젹 졈니룰 니별ᄒᄂ 둣 패왕이 당듕의 우희룰 도라보ᄂ 둣ᄒ니
>
> ≪구운몽≫
>
> (116) 층암은 쥬츰ᄒ야 병풍을 두른 둣 하고 간슈ᄂ 잔잔ᄒ야 남청을 부르ᄂ 둣 비쥭새ᄂ 슬피 우러 허황한 일을 비황ᄒ는 둣 두견성은 쳐량ᄒ야 사람의 우회를 돕ᄂ 둣 하더라
>
> ≪박씨부인전≫

(114)는 도움토 '은/는'과 바꿈토 '이'와 접속토 '고'가 결합된 '이오'가 반복되면서 반복법을 이루고 있다. (115)는 보조적으로 쓰이는 단어 '둣'이 반복되면서 반복법을 조성하고 있다. (116)은 도움토 '은/는', 접속토 '어/야', 대격토 '을/를'과 보조적으로 쓰이는 단어 '둣'이 반복되면서 토의 반복과 보조적 단어의 반복을 이루고 있다.

일부 경우 이야기소설에는 왕복법이 이루어진 실례를 찾아볼 수 있다.

> (117) 사룸이라 사룸이 귀신 되고 귀신이 사룸 되니 피츠룰 어이 분변ᄒ리오
>
> ≪구운몽≫

(118) 빅학션은 천하지뵈라 차면 더운 기운이 나고 더우면 찬 바람
이 나나니

≪숙영낭자전≫

(117), (118)에서는 '사름'과 '귀신', '차다'와 '덥다'가 서로 교차적으
로 반복되면서 왕복법을 이루고 있다.

대구법이 이루어진 실례를 보면 다음과 같다.

(119) 첫지는 나라을 위ᄒ미오 둘지는 샹공을 위ᄒ미오 셰지는 문호
를 보존ᄒ미라

≪홍길동전≫

(120) 이제 됴셔롤 ᄂ리와 양쇼유로써 대승샹 위국공을 봉ᄒ시고 샹
ᄉᄒ신 황금이 일만근이오 빅금이 십만근이오 촉급이 십만필
이오 쥰믜 일쳔필이오

≪구운몽≫

(121) 백대지흥망은 춘풍에 난영이요 일시지변화는 장생 호졉이라
청산에 두견화는 촉중에 원혼이요 계화의 춘조경은 소군의
눈물이라

≪박씨부인전≫

(119)에서는 접속술어 '위ᄒ미오'를 기준점으로 뜻이 비슷한 세 문장
이 병렬적으로 놓이면서 대구법을 이루고 있고 (120)도 접속술어에 의
하여 네 문장이 서로 대구를 이루고 있으며 (121)은 접속술어 '난영이
요'와 '원혼이요'에 의하여 이루어진 두 개의 병렬복합문이 서로 대구
를 이루고 있다.

대조법이 쓰인 예는 다음과 같다.

(122) 형장은 야야 싱시의 만히 뫼셔시니 쇼졔는 야야 샤후의 뫼셔
향화를 극진이 ᄒᆞ오리니

《홍길동전》

(123) 어진 사ᄅᆞᆷ의게는 ᄒᆞ눌이 복을 ᄂᆞ리시고 죄 잇ᄂᆞᆫ 사ᄅᆞᆷ의게는
죄를 쥬신ᄃᆞ ᄒᆞ더니

《사씨남정기》

(124) ㄱ. 나지면 부친을 ᄇᆞ라고 밤니면 냥모를 싱각ᄒᆞ며 형뎨 셔로
손을 잡으 쟝장 하일과 긴긴 츄야를 쟝우단탄으로 지니웁
더니

ㄴ. 좌슈로 홍샹을 븨여 잡고 우슈로 월귀탄을 버셔 들고 쥬
리를 버셔 발를 구르며 눈물를 비오 듯 흘니고

ㄷ. 어엿불스 형님이야 야속ᄒᆞᆯ사 흉녜로다 잔잉ᄒᆞᆯ스 형님이다
불측ᄒᆞᆯ사 흉녜로다

《장화홍련전》

(122)~(124)에서 '형장'과 '쇼졔', '싱시'와 '샤후', '어진 사람'과 '죄
잇ᄂᆞᆫ 사ᄅᆞᆷ', '복을 ᄂᆞ리다'와 '죄를 쥬시다', '낮'과 '밤', '부친'과 '냥
모', 'ᄇᆞ라다'와 '싱각ᄒᆞ다', '쟝장'과 '긴긴', '하일'과 '츄야', '쟝우'와 '단탄',
'어엿브다'와 '야속ᄒᆞ다', '잔잉ᄒᆞ다'와 '불측ᄒᆞ다', '형님'과 '흉녀'가 서
로 뜻이 대조되면서 문장에서 대조법을 이루고 있다.

열거법이 이루어진 실례를 들어 보면 다음과 같은 것들이 있다.

(125) 눈은 다리구녕 갓고 코는 심산궁곡에 험한 바회 갓고 이마는
너모 버스러져 태상로군 이마 갓고 키는 팔쳑 장신이요 팔은
느러지고 한 다리는 져는 모양 갓고 그 용모를 차마 바로 보
지 못 할너라

《박씨부인전》

(126) 용모는 부상명이 두려서 볏공의 걸넌는 듯 틱도는 근분모란이 홉연히 조로을 씌엿는 듯 볏싼이미는 츈산의 빗겻는 듯 냥긔 셩모는 츄화의 잠겻는 듯 셤셤셰요는 츈풍의 양위 휘드는 듯 쳡쳡 쥬슌 잉뢰 단스을 먹음은 듯 ᄒ니 쳔고 무빵이요 츠셰의 독보ᄒ지라

≪숙영낭자전≫

(127) 좌쉬 부득이 허시롤 취ᄒ니 그 용모롤 의논홀진딕 냥협은 한 즈히 남고 눈은 퉁방울 갓고 코눈 질병 갓고 입은 머여기 아가리오 머리털은 돗희 솔 갓고 킈는 자 가옷 난장이오 쇼리눈 싀량의 쇼리오 허리눈 두 ᄋ롬은 흔딕 그 즁의 곰비팔이며 슈즁다리의 빵언쳥이롤 겸ᄒ엿고 그 쥬동이롤 뼈흘면 열 스발이ᄂ 되고 얽기는 콩 멍셕 갓트니 그 형용을 참ᄋ 견되어 보기 어려온지라

≪장화홍련전≫

이야기소설의 열거법은 인물을 묘사하는데 집중적으로 사용되고 있는데 흔히는 비유법과 융합되어 쓰이고 있다. (125)에서는 주인공 박씨의 형상을 묘사하면서 눈, 코, 이마, 키, 팔, 다리를 열거하면서 눈은 '다리구녕'에, 코는 '심산궁곡에 험한 바회'에, 이마는 '태상로군 이마'에, 키는 '팔척 장신'에 비유하고 있다. (126)에서는 '용모', '태도', '볏싼이미', '냥긔셩모', '셤셤셰요', '쳡쳡 쥬슌'을 열거하면서 인물을 묘사하고 있으며 (127)에서도 허씨의 용모를 묘사하면서 열거법을 사용하고 있다. 이렇게 이야기소설에는 여러 가지 문체론적 표현 수법이 활발하게 사용되고 있는데 흔히는 이 수법들이 서로 융합되어 사용되고 있다. 실례로서 위의 세 번째 예문을 보면 반복법, 열거법, 직유, 은유, 과장법이 쓰이고 있다. 여기서 도움토 '은/는'과 보조적 단어 '같

다'의 반복은 반복법이 사용된 실례이고 '냥협, 눈, 코, 입, 머리털, 키, 허리, 팔, 다리, 쥬동이'의 열거는 열거법이 쓰인 실례이며 "눈은 퉁방울 갓고 코는 질병 갓다"라는 표현은 직유가 이루어진 실례이다. 그리고 "입은 머여기 아가리오 쇼리는 쇠랑의 쇼리다"라는 표현은 은유가 이루어진 실례이고 "냥협은 한 주히 남고 키는 자 가웃 난장이오 허리는 두 ᄋ름은 ᄒ다"라는 표현은 과장법이 이루어진 실례이다. 이러한 여러 가지의 표현 수법들이 융합되어 사용되면서 소설의 예술적 표현력을 높이고 있는 것이 이 시기 이야기소설의 특징이라고 할 수 있다.

3.2.4. 문법적 수단

이야기소설의 언어에는 그 당시 입말에서 일어난 일련의 형태적 변화가 반영되어 있다.

그것은 무엇보다도 주격토 '가'의 사용을 예로 들 수 있다. 중세 국문 책에서 주격토는 대체로 개음절 아래에서 'ㅣ'가 위 음절에 붙어 한 음절을 이루고 있고 폐음절 아래에서 는 '이'가 쓰이고 있었다. 이 시기 이야기소설에도 대부분 경우 개음절 아래에서 'ㅣ'가 붙고 폐음절 아래에서는 '이'가 쓰이고 있는데 일부 경우 주격토 '가'가 사용되어 있는 것으로 보아 주격토 '가', '이'가 짝을 이루게 되었음을 알 수 있다. 그러나 번역 문헌에서는 끝까지 나타나지 않고 있으며 이야기소설에서도 전부가 아니라 극히 적은 일부의 경우에만 쓰이고 있었다.

(128) 부톄 目蓮이 드려 니르샤디

≪석보상절≫

(129) 계홰 밧비 나와 란간 밧게셔 맛거날 시백이 계화다려 문 왈

≪박씨부인전≫

(130) 이제 저러틋 어진 신부가 내 집에 드러왓스니

≪사씨남정기≫

예문 (128), (129), (130)에서 번역 산문체나 이야기소설의 경우 대부분은 주격토 'ㅣ'가 개음절 아래에서 쓰이면서 위 음절과 한 음절을 이루고 있다. 그러나 일부 경우라도 이야기소설에서 개음절 단어 '신부'에 주격토 '가'가 사용된 것으로 보아 이 시기 이야기소설이 입말에서 일어난 형태적 변화를 민감하게 반영하고 있다는 것을 짐작할 수 있다.

이야기소설에는 입말에서 쓰이는 새로운 시태토 '겟'이 사용되고 있다. 중세조선어에는 시태토 'ㄴ, 니, 리, 더, 거' 등이 전일적인 체계로 존재하였으며 '이시'에서 온 '앳(엣)'과 그의 변종형태인 '앗(엇)'이 존재하고 있었다. 시태토 'ㄴ, 니, 리, 더, 거'는 하나의 체계를 이루고 있었으나 과거시칭의 뜻으로 쓰이는 시태토 '앗'에는 그와 대립되는 시태토가 없어 하나의 체계를 이루지 못하고 있었다. 그러다가 17세기 이후에 이르러 이야기소설에 비로소 미래의 뜻으로 쓰이는 시태토 '겟'이 출현하게 되었다. '겟'은 가상의 양태적 의미도 나타내었던 '거'에 '이시'가 결합하여 이루어진 것이다.

(131) 홀연 사지를 요동치 못ᄒ겟는지라

≪홍길동전≫

(132) ㄱ. 능히 리부 중임을 감당치 못ᄒ겟스오니

ㄴ. 죄를 엇어 희남의 귀신이 되겟습더니

≪사씨남정기≫

이런 새로운 시태체계의 확립은 17세기 이후에 일어난 형태적 변화에서 특징적 현상의 하나로 된다.

이야기소설의 문법적 특징의 다른 하나는 존칭토의 변화를 예로 들 수 있다. 중세 존칭토에는 '시'와 함께 '샤'가 널리 쓰이고 있었으나 17세기 이후의 이야기소설에는 '샤'가 쓰이지 않고 있다. 그리고 바탕글은 낮춤의 말차림으로 일관되어 있는 반면에 대화체 문장에는 다양한 말차림이 쓰이고 있다.

(133) ㄱ. 흔 번 보믈 쳥ᄒᄂ이다
ㄴ. ᄃ려다가 무엇ᄒ리오
ㄷ. 무슴 말슴을 ᄒ오릿가

《사씨남정기》

(134) ㄱ. 네 엇지 오날 절대가인이 되얏나냐
ㄴ. 셋재는 부친의 말삼을 아니 드른 탓시로다

《박씨부인전》

(135) ㄱ. 복망 모친은 쇼ᄌ를 넘녀치 마르시고 귀쳬를 보즁ᄒ쇼셔
ㄴ. 무슴 말을 바른 ᄃ로 니르라
ㄷ. 이런 말을 엇지 이제야 하는다
ㄹ. 아즉 슈월을 기다려 드러가자

《홍길동전》

예문 (133), (134), (135)는 이야기소설에 쓰인 대화체 문장인데 등장인물의 대화에는 '이다, 리오, 잇가, 쇼셔' 등 높임의 말차림과 '나냐, 로다, 으라, 다, 자' 등 낮춤의 말차림이 다양하게 쓰이고 있다.

제3절 판소리소설

국문소설의 다른 하나의 유형(類型)으로 되는 ≪춘향전≫, ≪흥부전≫, ≪심청전≫과 같은 판소리소설은 판소리 대본에 기초하여 발전한 운문체(韻文體) 형식의 소설이다. 판소리소설은 형식상 산문과 운문의 성격을 동시에 띠고 있으면서 내용상에서 겉으로는 효자, 열녀, 우애 등 봉건 유교 사상을 노래하고 있지만 속으로는 삶을 에워싼 위의 희, 노, 애, 낙이 담겨져 있는 것이 특징이다. 판소리소설의 발생, 발전 과정이나 매개 작품의 작가와 창작 연대를 정확히 밝힐 수 있는 자료가 충분하게 남아있지 않아 추측하기 힘드나 대체로 17세기 이후 평민 출신의 예술인들에 의하여 창작되어 내려오는 과정에 개작되어 오다가 18∼19세기에 소설로 고착된 것으로 짐작된다.

판소리소설은 그 주제가 다양하여 지금까지 열두 마당이 널리 알려져 있는데 그 가운데 ≪춘향전≫, ≪심청전≫, ≪흥부전≫, ≪토끼전≫, ≪화용도(적벽가)≫를 다섯 마당이라 하고 ≪변강쇠타령≫을 더하여 여섯 마당이라고 한다.[2] 판소리소설은 평민 출신인 예술인들에 의하여 인민 구두 창작인 설화를 기초하여 인민 대중을 대상으로 창작하였기 때문에 사상적 내용이나 예술적 형식에 있어서 중세의 산문 번역체나 17세기 이야기소설보다 비교적 진보적인 특징을 가지고 있다.

판소리소설도 현재까지 전해져 내려오면서 많은 이본들이 있는데 이 글에서는 ≪춘향전(영인본, 고대소설선집)≫, ≪심청전(경판24장본)≫, ≪흥부전(경판25장본)≫ 등을 고찰 자료로 삼고자 한다.

---

2) 김영황, ≪조선민족어 발전력사 연구≫, 과학백과사전출판사, 1978년, 447쪽.

3.3.1. 어휘적 수단

판소리소설은 어휘의 사용에서 이야기소설과 다른 특징을 가지고 있는데 그것은 무엇보다도 이야기소설보다 입말체에 기초한 고유 어휘를 많이 사용하고 있는 것이다.

판소리소설에는 백성들이 즐겨 쓰는 생활적인 고유어가 많이 쓰이고 있다.

> (136) 놀부 심슐룰 볼작시면 초상난 디 춤츄기 불 붓는 디 부치질 ᄒ기 희산혼 듸 기 닭 잡기 장의 가면 억미 홍정ᄒ기 집의셔 못쓸 노릇ᄒ기 우는 ᄋ히 볼기 치기 갓난 ᄋ히 똥 먹이기 무죄혼 놈 샘 치기 빗 갑시 계집 쎅기 늙은 영감 덜미 집기 ᄋ희 빈 계집 비 츠기 우물 밋터 똥 누기 요려 논의 물 터놋키 잣친 밥의 돌피 붓기 픠는 곡식 삭 즈르기 논두렁의 구멍 뚤기 호박의 말쑥 밧기 곱장이 업허 놋코 발꿈치로 탕탕치기
>
> ≪흥부전≫

(136)을 보면 어휘의 사용이 극히 입말적이고 언어의 표현도 "점잖지 않"은 느낌을 준다. 그것은 판소리소설의 작가가 평민계층 출신의 예술인들이기 때문에 언어가 정중한 글말체 표현으로 된 양반들의 작품과 달리 위의 흔히 쓰는 생활어에 그 바탕을 둔 사정과 관련된다. 판소리소설에는 이야기소설에서 쓰던 '일일, 대경 왈, 츠시' 등 한자 어휘를 '어느 하루, 놀라서 하는 말, 잇썩' 등으로 바뀌어 쓰고 있다.

판소리소설에서 등장인물의 대화는 생동한 입말적인 어휘로 되어 있다.

(137) 방지 안으로 들어가...춘향 방 영창 밋틔 가만이 살짝 드러가셔
≪이이 춘향아 잠드런야≫
춘향이 깜짝 놀니여 ≪네 엇지 오냐≫
≪도련임이 와 겨시다≫
춘향이가 이 말을 듯고 가삼이 월넝월넝 속이 답답하야 북그
럼을 못 이기여 문을 열고 나오더니 건넨 방 거네가셔 져의
모친 씨우는듸
≪익고 어문이 무슨 잠을 이더지 집피 지무시요≫
츈향의 모 잠을 씨여 ≪아가 무어슬 달나고 부르난야≫
≪뉘가 무엇 달니엿소≫
≪그려면 엇지 불너는야≫
언겁결으 하는 말이 ≪도련임이 방지 모시고 오셔쓰오≫

≪춘향전≫

(138) ≪익고 이게 웬말이냐 응 참말이야 농담이냐 말 ᄀ지 아니ᄒ
다 나ᄃ려 뭇지도 안코 네 마음대로 ᄒ단 말가≫

≪심청전≫

(137), (138)에서 방자와 춘향의 대화나 춘향과 어머니의 대화, 그리
고 심 봉사의 말은 이야기소설에 나오는 대화보다 훨씬 입말적이고 그
때의 언어생활을 그대로 반영하고 있다.

판소리소설에는 입말에 기초한 상징어가 다양하게 쓰이고 있다. 이
야기소설에도 일부 경우 상징어가 쓰이고 있지만 그 수가 판소리소설
에 비해 아주 적다.

(139) 춘향이 이 말을 듯더니 고닥기 발연 변식이 되며 요두절목으
불그락 푸르락 눈을 간잔조롬하게 쓰고 눈섭이 꼭꼿하여지면

> 셔 코가 발심발심ᄒᆞ며 이를 쏘도독 쏘도독 갈며 온 몸을 쑤순
> 입틀 덧하며 민 씽 차난 듯 하고 안쩐이 허허 이게 웬 말이요
> 왈칵 쮜여 달여 들며 초미 자락도 와드득 좌루욱 찌져 바리며
> 머리도 와드득 쥐여 쓰더 싹싹 비벼 도련임 압푸다 던지면서
> 무어시 엇져고 엇졔요
>
> ≪춘향전≫

　(139)에서는 '불그락 푸르락', '간잔조롬', '쏙쏫', '발심발심', '쏘도
독 뽀도독', '왈칵', '와드득 좌루욱', '와드득', '싹싹' 등 상징어가 쓰이
고 있는데 이러한 상징어는 입말적인 다양성가운데서 발전되어 여러
가지 문장론적 기능을 하고 있다. 예문을 보면 일부 상징어는 접속술
어의 기능을 놀고 있는데 이것은 판소리소설의 하나의 특징으로 된다.
　판소리소설에 쓰인 상징어에는 아래와 같은 것들이 있다.

　(140) 섭적, 흔늘흔늘, 쌩긋쌩긋, 질끈, 덥석, 활짝, 아차 아차, 둘둘,
　　　　활신, 쌩긋, 흐르릉 흐르릉 아웅, 아드득, 쪽쪽, 쑥쑹 쏭쏭 으
　　　　훙, 발발, 송실송실, 둥굴둥굴, 툭, 흔들, 펄펄, 왈칵, 업푸 업푸
　　　　어허, 궁글궁글, 풍덩, 웃쑥, 좌르륵, 석석, 훨훨, 넌짓, 흔를흔
　　　　를, 풀풀, 포도동, 어슥비슥, 팔팔, 둥덩실, 죄암죄암, 달강달강,
　　　　불그락 푸르락, 쏘도독 쏘도독, 쏙쏫, 발심발심, 와드득 자루
　　　　욱, 와드득, 싹싹, 능청능청, 음옥음옥, 홀홀, 너울너울, 주루룩,
　　　　징징, 삼삼, 비닉비닉, 출넝춤벙 굼실, 바들쩍기 칭칭이, 징검
　　　　징검, 쩔눅 쭈루룩, 휘휘친친, 오락가락, 힛쪽힛쪽, 얼는얼는,
　　　　펄넝펄넝, 가만가만, 월넝월넝, 청그릉 징징, 달낭달낭, 가물가
　　　　물, 아장아장, 쩔쑤덩 쩔쑤덩, 슬슬, 쌩긋쌩긋, 탕탕, 동동, 우
　　　　둥퉁퉁, 짱짱, 헐덕헐덕, 쫭쫭, 구부구부, 거듬거듬, 쩔눅, 셩중

생중, 엉금, 벌벌, 펄넝펄넝, 디롱디롱, 허푸허푸, 짜싹, 복복, 빙빙, 알롱알롱, 시르렁, 쌈쌈, 씩씩, 붓붓, 철겅철겅, 짜옥짜옥, 가옥가옥, 덥벅, 총총, 씰씰리, 얼풋, 추격추격, 우둔우둔, 뎅뎅, 조속조속, 휘다싹

≪춘향전≫

(141) 와드렁 퉁탕, 싹, 불끈, 싹, 직근, 쾅쾅, 윙윙윙, 덤석, 츌문망츌문망 허위허위, 털석, 쌈작, 뚝, 불불, 펄덕, 찬찬, 슬근슬근, 툭, 쑤역쑤역, 뭉게뭉게, 쏘드락 쉽벅, 담불담불, 오락가락, 작근, 휠휠, 너훌너훌, 둥덩둥덩, 헐덕헐덕, 번적, 듀셤듀셤, 덜렁덜렁, 히히, 긔염긔염, 벌벌, 당동당동, 물신물신

≪흥부전≫

판소리소설에는 입말에서 흔히 쓰는 성구, 속담도 적지 않게 사용되었다.

(142) ㄱ. 맛파람의 게 눈 감추덧 ᄒ다
    ㄴ. 신근 남기 썩거지고 공든 탑이 문어지다
    ㄷ. 도적질은 니가 ᄒ마 오리는 네가 져라
    ㄹ. 씽을 매로 보다

≪춘향전≫

(143) ㄱ. 엎지른 물이 되고 쏘아놓은 살이로다
    ㄴ. 오뉴월 까마귀 곤 수박 파먹듯 ᄒ다
    ㄷ. 개밥에 도토리요 꿩 잃은 매다

≪심청전≫

(144) ㄱ. 아니 되는 놈은 잣ᄇ져도 코가 씨진다
    ㄴ. 예 황뎨롤 불위홀 개야들 업다
    ㄷ. 식혜 먹은 괴양이 갓다

 ㄹ. 손이 발이 되도록 빌다
 ㅁ. 불 붓는 디 키질ᄒ기

              ≪흥부전≫

 이야기소설에도 이와 같은 성구, 속담들이 쓰이고 있는데 사용 범위가 판소리소설보다 넓지 못하다. 이와 같이 판소리소설의 언어는 인민들이 입말에서 흔히 쓰는 다양한 언어적 표현을 널리 반영하고 있는데 이것은 대부분의 판소리소설이 인민을 대상으로 하여 입으로 불러지고 입으로 전해진 사정과 관련된다.

 그러나 판소리소설의 언어는 인민 구두 창작의 서사화 과정에 일정하게 다듬어지고 문학적으로 세련된 글말로서 당시의 입말과 꼭 같다고는 할 수 없다. 특히 ≪심청전≫의 경우에는 선행 시기 이야기소설의 영향을 받아 한문투가 많이 쓰이고 있다. 이야기소설처럼 바탕글과 대화체 문장이 한자어 '왈'에 의하여 연결되고 있고 소설 형식도 '화셜, 추셜, 추시, 방백' 등 한문 소설의 형식을 취하고 있으며 '로야', '죄당만사(罪當萬死)' 등 한자어나 한자 성구를 쓰고 있다.

  (145) 금준미주는 천인혈리요 옥반가효는 만셩고라.
    촉누낙시민루낙이요 가셩고쳐원셩고라

              ≪춘향전≫

  (146) 격막강산 금빅년 강남풍월 한다년
    우락듕분 미빅년 인싱부득 항소년

              ≪흥부전≫

 ≪춘향전≫이나 ≪흥부전≫의 경우에도 한자어나 한자 성구가 쓰이

고 있으며 예문에서처럼 한문투로 된 한시가 눈에 띈다.

판소리소설에 보이는 이러한 글말식 표현은 언어의 사용에서 이야기소설과 문체적인 공통성을 가지면서 판소리소설이 아직은 옛 소설체의 틀 거리를 완전히 벗어나지 못하고 있다는 것을 말해 준다. 그러나 이러한 제한성에도 불구하고 판소리소설의 언어는 잡가의 언어와 함께 국문이 인민들의 입말에 더욱 접근해 나가는 과정을 보여 주고 있으면서 언문 일치(言文一致)의 발전을 다그치고 있었다고 말할 수 있다.

3.3.2. 판소리소설의 형식

판소리소설의 문장 형식은 아직 이야기소설의 틀에서 벗어나지 못하고 긴 복합문 구조를 이루고 있다.

> (147) 뇽왕이 미소 왈(S1) 너는 젼싱 초간왕의 귀녀로셔(S2) 요지 왕모연의 슐룰 가음 알게 ᄒ엿더니(S3) 네 노군셩과 ᄉ졍이 이셔(S4) 슐룰 만히 먹이고(S5) 잔치의 슐이 부죡ᄒ미(S6) 도솔텬이 옥뎨긔 쳥죄ᄒᆫ디(S7) 옥뎨 진노ᄒᆞᄉ 꾤아ᄉ디(S8) 이는 텬존의 죄 아니라(S9) 술 가음 ᄋᆞ는 시녀의 죄니(S10) ᄌᆞ셔히 ᄉᆞ실ᄒᆞ여(S11) 등죄룰 듀라 ᄒ시미(S12) 노군셩을 인간의 닌쳐 ᄉᆞ십 년을 무폐히 지니다가(S13) 널노 더부러 부네 되어(S14) 네 셩효룰 낫투니라 ᄒ시미(S15) 노군셩은 심현이 되어(S16) 인간의 젹강ᄒᆫ 지 ᄉᆞ십 년만의 널 노쳐 그 쫄이 되어(S17) 텬상의셔 술 도젹ᄒᆞ여 먹은디로 식신을 겹지치 아니 ᄒᆞ여(S18) 십삼 년을 빌어먹개 ᄒ고(S19) ᄯ 눈을 멀게 ᄒᆞ며(S20) 규셩의 비러먹이는 거슬 ᄇᆞ다 텬상 과보룰 밧게 졍ᄒᆞ여 계시니(S21) 젼싱 보응과 금싱 고락이 다 텬졍ᄒᆫ 쉬

ᄂ(S22) 옥뎨 오히려 노를 푸지 아니 ᄒ시더니(S23) 텬하 졔
션과 스히 뇽왕이며(S24) 오악 산신 졔불 졔텬을 모화(S25)
됴화를 브들식(S26) 셕가셰존이 옥뎌긔 듀 왈(S27) 노군셩이
인간 고힝을 ᄌ심히 격는 듕 이믜 지젹을 분변치 못 ᄒ연 지
팔구 년이니(S28) 죡히 속죄ᄒ여슬 거시오(S29) 규셩이 텬명
을 어긔온 죄 비경ᄒ오나(S30) 인간의 ᄂ려가 유아로븟터 고
초ᄒ여(S31) 동셔 개걸ᄒ여(S32) 노군을 봉양ᄒ여(S33) 효
셩이 텬디의 가득ᄒ니(S34) 전싱 죄를 가히 속ᄒ염즉 ᄒ거늘
(S35) 다시 졔 몸을 둑을 곳의 팔녀(S36) 아비를 위ᄒ 졍셩
이 과연 긔특ᄒ기로(S37) 신이 뎨ᄌ를 보니여(S38) 그 ᄆ음
을 시험ᄒ온 즉(S39) 그 부녀의 힝싀 혈심쇼지로 지극ᄒ오니
(S40) 한갓 전싱 죄만 다ᄉ리고(S41) 금싱 효의를 됴장치 아
니 ᄒ오미 텬됴의 공졍ᄒ 쳐분이 아니옵고(S42) 그 졍경이
참혹ᄒ오미(S43) 폐하는 우로지틱을 나리오ᄉ(S44) 션 불션
을 명명히 분간ᄒ소셔(S45) ᄒ디(S46) 옥뎨 그 말슴을 조차
(S47) 즉시 남두셩을 명ᄒᄉ(S48) 복녹을 졈지ᄒ고(S49) 북
두셩으로 ᄒ여곰 명과 ᄌ손을 졈지ᄒ라 ᄒ시니(S50) 남두셩
이 듀 왈(S51) 규셩이 본디 동히 뇽왕의 귀ᄒ ᄯ로셔 인간의
젹강ᄒ여(S52) 효의 츌텬ᄒ오니(S53) 민가의 가모 되미 불가
ᄒ오미(S54) 가히 뉴리국 왕휘 되어(S55) 평싱 왕낙을 누리
게 졈지ᄒᄂ이다(S1) ᄒ거늘(S56) 옥뎨 허ᄒ시고(S57) 북두
셩이 ᄯ 듀 왈(S58) 남두셩이 규셩을 극진히 졈지ᄒ여스니
(S59) 신은 노군셩으로 공휘 되(S60) 낙하셩을 맛ᄂ 남녀를
싱ᄒ여(S61) 부귀 복녹이 일셰의 읏듬이 되게 ᄒ고(S62) 슈
는 칠십오 셰의 도로 녯 벼슬노 도라오게 ᄒ고(S63) 규셩은
삼ᄌ 이녀를 두고(S64) 칠십삼 셰의 도로 동히로 도라오게
졈지ᄒᄂ이다(S65) ᄒ니(S66) 옥졔 윤허ᄒ시기로(S67) 니

쏘 쳥듀ㅎ되(S68) 규셩의 죄롤 스ㅎ시니(S69) 신이 쏘훈 져
로 더부러 젼싱 부녀지졍이 잇습는지라(S70) 슈일 후면(S71)
규셩이 인단소의셔 명을 쯘칠지라(S72) 그 위급ㅎ믈 아니 구
치 못 ㅎ리니(S73) 맛당히 구ㅎ여(S74) 일야롤 머믈너 인간
으로 보니여지이다(S75) 훈 즉(S76) 옥뎨 허ㅎ시미(S77) 너
롤 다려왓느니(S78) 금야의 머므러 부녀지졍을 니어 즐기다
가(S79) 명일의 도라가라(S80) ㅎ거눌(S81) 쳥이 이 말롤
드르미(S82) 젼후 지닌 일이 다 졍훈 쉰 둘 알고(S83) 더욱
슬허 ㅎ여(S84) 복디 듀 왈(S85) 셩교롤 듯스오니(S86) 신
쳡의 젼싱 죄악이 관영ㅎ미 올스온지라(S87) 슈원수귀리오마
는(S88) 지난 ㅂ 고힝과 목금병신 아비 듀리는 일과 슬허 ㅎ
여(S89) 듁을 일롤 싱각ㅎ온 즉(S90) 간장이 뮈여지는 듯 ㅎ
여이다(S91)

≪심청젼≫

(147)은 심청과 용왕과의 대화 장면인데 여기에서는 91개의 문장이
다양한 접속토와 '왈', '니르딕', '가로딕', '하다'에 의하여 문장이 끊임
없이 연결되어 오다가 종결토 '다'에 의하여 문장이 끝나면서 긴 복합
문 구조를 이루고 있다. 이런 점으로 미루어 볼 때 문장 형식은 아직
이야기소설의 문장 형식을 취하고 있는 것을 알 수 있다. 이런 형식은
≪심청전≫에서 집중적으로 나타난다.

　≪춘향전≫이나 ≪흥부전≫의 경우는 문장 구조가 ≪심청전≫보다
는 간단하다. 그리고 바탕글과 대화체 문장이 이어질 때도 이야기소설
과 다른 형식을 취하고 있다. 이야기소설의 경우는 접속토나 '하다',
'니르딕', '가로딕' 등 동사에 의하여 바탕글과 대화체 문장이 이어지나
판소리소설에서는 이러한 보조적 수단이 없이 바탕글과 대화체 문장

이 직접 이어지고 있다.

> (148) ≪져 농부 말 좀 무러보면 조커쑤만≫
> ≪무삼 말≫
> ≪이 골 춘향니가 본관의 수청 드러 뇌물을 만이 바더 묵고
> 민졍의 작폐 한단 말이 올혼지≫
> 져 농부 열을 너여 ≪게가 어디 삽나≫
> ≪아무듸 사든지≫
> ≪아무듸 사든지란이 게난 눈콩알 귀꽁알리 업나≫
> ≪춘향전≫

> (149) 흥뷔 홀 일 업셔 뜰 아리셔 문안ᄒ니
> 놀부 묻는 말이 ≪네가 뉜고≫
> ≪니가 흥부오≫
> ≪흥부가 뉘 ᄋ들인고≫
> ≪형님 이거시 우엔 말이오 비ᄂ이다 형님 젼의 비ᄂ이다 셰
> 씨 굴머 누은 즈식 살녀닐길 견혀 업스니 쓸이 되ᄂ 벼가
> 되ᄂ 냥단간의 듀시면 품을 판들 못 갑흐며 일롤 흔들 공홀
> 손가 부듸 녯 일롤 싱각ᄒ여 스롬을 살녀 듀오≫ 이걸ᄒ니
> 놀부놈의 거동 보소 셩닌 눈을 부릅 쓰고 볼롤 울녀 호령ᄒ되
> ≪너도 넘치 업다 니 말 드러 보ᄋ라≫
> ≪흥부전≫

위의 (148), (149) 예문을 보면 바탕글과 대화체 문장이 직접 연결되
어 있는데 여기에는 일종의 희곡적인 요소가 가미(加味)되어 있다. 그
리고 문장이 만연체(蔓衍體)를 이루고 있는 ≪심청전≫의 경우보다 짧
아지고 있다. 이것은 판소리소설이 문장의 구조에서 만연체에서 간결
체(簡潔體)로 나가는 과정에 놓여 있다는 것을 말해 주며 이러한 소설

형식은 판소리소설이 점차 근대적인 특징을 띠고 있는 과정을 잘 말해 주고 있다.

대화체 문장에서 등장인물들의 다양한 말차림 관계를 보여 주고 있다.

> (150) 잇디 도련임이 비회괴면하야 무류이셔 잇슬 졔 방지 나와 엿짜 오되
>
> ≪져기 오난 게 춘향의 모로소이다≫
>
> 춘향의 모가 나오더니 공슈하고 웃둑셔며
>
> ≪그 시의 도련임 문안이 엇더흐오≫
>
> 도련임 반만 웃고 ≪춘향의 모이라졔≫
>
> ≪평안한가≫
>
> ≪예 계우 지닉옵니다≫
>
> ≪오실 줄 진졍 몰나 영졉이 불민하온이다≫
>
> ≪글헐 이가 잇나≫
>
> ≪춘향젼≫

(150)은 이도령과 춘향어머니의 대화 장면인데 등장인물들의 말차림 관계가 특히 주목된다. 현대사회언어학적 관점으로 보면 말차림 관계를 제약하는 여러 요소들 중에서 연령적 요소가 가장 중요한 자리를 차지하고 있는 것은 다 알고 있는 사실이다. 즉 나이가 어린 사람이 나이가 많은 사람한테는 꼭 존대 계칭을 쓰고 나이가 많은 사람은 경우에 따라 존대, 평대, 하대 계칭을 쓴다. 예문을 보면 현대적 관점과 달리 춘향의 어머니는 이도령한테 존대 계칭을 쓰고 반대로 이도령은 춘향의 어머니한테 하대 계칭을 쓰고 있다. 이것은 당시 사회계층의 차이를 잘 말해 주고 있는데 그때 당시의 계칭 관계는 연령과 크게 관계없이 사회적 지위와 밀접히 관계되어 있었다. 양반계층을 대표하는 이도

령이 기생출신인 춘향의 어머니한테 하대 계칭을 쓰고 있는 것을 통해 당시의 계칭 관계를 엿볼 수 있다. 즉 당시 사람들의 말차림 관계는 계급적 요소가 가장 중요한 비중을 차지하고 있다는 것을 알 수 있다.

판소리소설은 판소리에 기원을 두고 있는 만큼 전반적으로 문체상 율조가 강하고 운문적인 요소가 다분히 반영되어 있다. 판소리소설은 원래 무대에서 많은 부분이 노래로 불려졌기 때문에 전반적으로 3·4조 또는 4·4조의 운율을 구성하고 있는데 이것은 가사의 작시법을 본받은 데 기인된다.

> (151) 이도령의 거동 보소 옥안 션풍 고흔 얼골 전반 갓탄 치머리
>   곱게 비셔 밀기름의 잠지와 궁초 당기 셕황 물여 밉시 잇계
>   잡바 쌋코 셩쳔 슈쥬 졉동빈 셰빅져 샹침 바지 극상 셰목 졉
>   보션의 남갑사 단임치고 육사단 졉비자 밀화단초 다라 입고
>   통힝건을 무릅 아리 느짓 미고 영초단 허리쯰 모초단 도리낭
>   을 당팔사 가진 미답 고를 너여 느짓 미고 쌍문초 진 동쳥 즁
>   츄막의 도포 밧쳐 흑사쯰를 흉즁의 눌너 미고 육분당혜 쓰으
>   면셔 나구를 붓드러라
>
> 《춘향전》

(151)은 이도령의 형상을 묘사함에 있어서 가사의 작시법인 3·4조 또는 4·4조의 운율을 이루면서 문장이 이어지고 있다.

판소리소설은 3·4조 또는 4·4조의 운율이 조성되고 있는 동시에 여러 가지의 보조적 수단에 의하여 운율을 조성하고 있는데 여기에는 반복법, 압운법, 가음법(加音法), 향음자음에 의한 운율 조성을 예로 들 수 있다.

판소리소설의 반복법은 단어의 반복과 토의 반복의 예를 들 수 있다.
단어의 반복은 아래와 같다.

> (152) ㄱ. 모지도다 모지도다 도련임이 모지도다
>   독하도다 독하도다 셔울 양반 독하도다
>   원수로다 원수로다 존비귀쳔 원수로
>   ㄴ. 죽고 지거 죽고 지거 이고 이고 셔룬지거
>   ㄷ. 보고 지거 보고 지거 임의 얼골 보고 지거
>   듯고 지거 듯고 지거 임의 소리 듯고 지거
>
> 《춘향전》
>
> (153) 우지 마라 우지 마라 아가 아가 우지 마라
>
> 《홍부전》

(152), (153)에서는 단어 '모지도다', '독하도다', '원수로다', '죽고
지거', "보고 지거", "듯고 지고", "우지 마라"를 세 번이나 반복하면
서 운율을 조성하고 있다.

토의 반복은 아래와 같다.

> (154) ㄱ. 볼티기가 음옥음옥 코궁기가 발심발심 연기가 홀홀
>   ㄴ. 공방 불너 보젼 단속
>   병방 불너 역마 단속
>   관청 식 불너 다담 단속
>   옥형이 불너 죄인 단속
>   집사 불너 형고 단속
>   형방 불너 문부 단속
>   사령 불너 합번 단속

한참 이리 요란할

《춘향전》

(155) 푸른 물결은 하늘의 다핫는뒤
비풍은 쇼쇼ᄒ여 이러ᄂ고
슈운은 막막ᄒ여 둘넛고
과ᄂ셩은 가는 넉슬 지쵹ᄒ니

《심청전》

(156) 용졍봉하 키질ᄒ기
미듀가의 술 거르기
초상집의 그릇 닥기
제ᄉ집의 졔복 짓기
신ᄉ집의 썩 민들기
언 손 불고 오줌 치기
희빙ᄒ면 나물 뜯기
츈모 가라 보리 노키

《흥부전》

(154)는 주격토 '가'가 반복되면서 운율을 조성하고 있는데 여기에서는 상징어를 열거하면서 주어에 대하여 풀이를 하고 있다. (155)는 접속토 '어'와 단어 '단속'이 반복되면서 운율을 조성하고 있는데 여기에서 직접 대상으로 쓰이는 단어에 절대격을 취하고 있다. (156)은 도움토 '은'과 접속토 '여'가 반복되고 있으며 네 번째 예문의 경우에는 속격토 '의'와 바꿈토 '기'가 반복되면서 운율이 조성되었다.

일부 경우에는 상징어를 반복하면서 운율을 조성하고 있다.

(157) 이 놈도 잡고 능청능청 져 놈도 잡고 능청능청

《춘향전》

예문 (157)에서는 상징어 '능청능청'을 반복하면서 운율을 조성하고 있다.

운율 조성의 보조적 수단에는 왕복법의 사용을 들 수 있다.

　　(158) 네 거시 니 거시오

　　　　　니 거시 네 거시오

　　　　　니 계집이 네 계집이오

　　　　　네 계집이 니 계집이라

　　　　　　　　　　　　　　　　　　　　《홍부전》

예문 (158)에서는 '니'와 '네'가 서로 교차적으로 반복되면서 운율을 조성하고 있다.

판소리소설에 사용된 압운법의 실례는 도처에서 찾아볼 수 있는데 이것 또한 운율을 조성하기 위한 작가의 의식적인 배려인 것 같다.

　　(159) 일편단심 구든 마음 일부종사 쓰시오니 일기형별 치옵신들 일

　　　　　연이 다 못 가셔 일각인들 변하릿가

　　　　　　이 부졀을 아옵난듸 불경이부 이니 마음 이 미 맛고 영 죽어

　　　　　도 이도령은 못 잇것소

　　　　　　삼종지예 지중한 법 삼강오류 알어쓴이 삼치형문 졍비을 갈

　　　　　지라도 삼천동 우리 낭군 이도령은 못 잇것소…

　　　　　　　　　　　　　　　　　　　　《춘향전》

　　(160) 뇩예롤 능통ᄒ니 놉고 놉흔 도통이라

　　　　　졔갈량의 능통지략 텬문을 상통

　　　　　디리롤 달통ᄒ기는 한ᄂ라 방통이오

　　　　　당ᄂ라 굴돌통 굴강의 슌통이오

> 호반의 전동통이오 강능 삼척 쓸벌통
> 속이 답답 흉복통 됴관의 닙싁통
> 도감 포슈 화약통
>
> 　　　　　　　　　　　　　　　　≪홍부전≫

　예문 (159)은 잡가 ≪십장가≫와 그 기원을 같이 하고 있는데 여기에서는 동음이의적(同音異義的) 의미를 가지는 '일', '이', '삼'자로써 운을 맞추고 있으며, (160)에서는 역시 동음이의적 의미를 가지는 단어 '통'이 열거되면서 압운법을 이루고 있다.

　유향자음에 의한 운율 조성의 예를 보면 아래와 같다.

　(161) 담담장강슈유유의 원긱졍 하교의 불상송 강슈원함졍 송군남
　　　　포 불승졍 무인불견 송하졍 한틔조 희우졍 삼퇴육경 빅관조
　　　　졍 도량 청졍 각씨 친졍 친고 통졍 난셰 평졍 우리 두리 쳔연
　　　　인졍 월명셩하 소상 동졍 셰상 만물 조화졍 근심 격졍 소지
　　　　원졍 쥬위 인졍 음식 투졍 복 업는 져 방졍 송졍 관졍 늬졍
　　　　외졍 이송졍 쳔양졍 양구비 침힝졍 이비의 소상졍 한송졍 빅
　　　　화만발 호춘졍 기린토월 육모졍 너와 나와 만난 졍
　　　　　　　　　　　　　　　　　　　　　　　　≪춘향전≫

　(161)을 보면 동음이의적 의미를 가지는 '졍'자로 운을 밟고 있는 동시에 유향자음 'ㄴ, ㄹ, ㅁ, ㅇ'의 종성으로 된 어휘를 의식적으로 사용하면서 문장의 음악적 율동성을 높이고 있다. 이러한 수법은 고가요의 작시법에서 기인된 것인데 후기의 시가체에서 흔히 사용되는 작시법의 하나로서 판소리소설의 작가들은 창작에서 이러한 과학적인 창작수법을 계승하여 조선어의 음악성을 잘 살려 내고 있다.

운율 조성의 보조적 수단으로 이용되는 이런 과학적인 창작 수법은 오랜 세월을 거쳐 계승, 발전되어 오면서 오늘에도 많은 사람에 의해 애용되고 있다.

3.3.3. 문체론적 표현 수법

18~19세기에 출현한 판소리소설은 위의 실생활에 바탕을 두면서 평민계층의 예술인들에 의하여 창작되었는데 이런 판소리소설은 예술적 형식면에서 종전의 번역 산문체나 이야기소설의 딱딱한 한문식 표현을 극복하고 입말에 기초한 언어적 표현을 높이면서 새로운 창작의 길을 모색하였다. 그리하여 판소리소설은 이야기소설에 비하여 문체론적 표현 수법이 활발하게 사용되고 있는데 이런 문체론적 표현 수법에는 비유법, 과장법, 의인법, 완곡어법, 성구, 속담 이용법, 대구법, 반복법, 대조법, 열거법, 점층법, 야유법, 해학법, 글자풀이법이 있다.

직유의 수법이 실현된 예를 들어보면 다음과 같다.

> (162) 밍호 갓턴 굴노 사령 벌쎄 갓치 달여드러 감틔 갓탄 춘향의 머리치를 전정시절 연실 감 듯 비사공의 닷줄 감 듯 사월 팔 일 등쩌 감 듯 휘휘 친친 감어 쥐고 동당이 쳐 업질은니 불상 타 춘향 신셰 빅옥 갓탄 고흔 몸이 육자빅이로 업더져쑤나
> ≪춘향전≫
> (163) 쌍미는 츈산을 그린 듯 하고 듀슌은 단스룰 찍은 듯 놉흔 귀 는 일월각을 밧그러스며 엇개는 나는 졔비 갓고 셰요는 깁으 로 묵근 듯 빅틱 졀승ᄒ여 일셰의 희한흔 미식이오
> ≪심청전≫

(164) 졔비가 흥부집의 이르러 넘놀 젹에
　　　북히 흑농이 여의듀를 물고 치운간의 넘노는 듯
　　　단산 치봉이 듁실롤 물고 오동상의 넘노는 듯
　　　츈풍 황잉이 ᄂᆞ븨롤 물고 셰류변의 넘노는 듯
　　　이리 가웃 져리 가웃 넘노는데
　　　　　　　　　　　　　　　　　　　　《흥부젼》

　이상의 예문 (162)에서는 '사령'을 '맹호'에 비유하고 머리채를 감아
쥐는 동작을 '젼졍시졀 연실 감 듯 비사공의 닷줄 감 듯 사월 팔일 등�
감 듯'에 비유하면서 극악무도한 관청사령들의 포악한 행동을 저주하
고 있으면서 춘향의 신세를 한탄하고 있다. 예문 (163)에서는 주인공
심청이의 형상을 묘사하면서 눈썹은 "춘산을 그린 듯", 입술은 "단사
를 찍은 듯", 어깨는 "졔비 같고", 허리는 "비단으로 묶은 듯하다"고
비유하고 있다. 예문 (164)에서는 제비의 행동을 묘사함에 있어서 "북
히 흑농이 여의듀를 물고 치운간의 넘노는 듯", "단산 치봉이 듁실롤
물고 오동상의 넘노는 듯", "츈풍 황잉이 ᄂᆞ븨롤 물고 셰류변의 넘노는
듯 같다"고 표현하면서 마음씨 고운 제비를 아름답게 그려 내고 있다.
　은유의 수법은 다음과 같이 실현된다.

　(165) ㄱ. 잇ᄯᅥ 사쏘 자졔 이도령이 연광은 이팔이요 풍치는 두목지
　　　　　라 도량은 창히 갓고 지혜 활달ᄒᆞ고 문장은 이빅이요 필
　　　　　법은 왕히지라
　　　　ㄴ. 물은 본이 은하수요 경기는 잠깐 옥경이라
　　　　ㄷ. 옥안을 상뎌한니 여운간지 명월이요 단순을 반기한이 약
　　　　　슈 즁지 련화로다
　　　　　　　　　　　　　　　　　　　　　《춘향젼》

(166) 홍부 ᄆᆞᆷ이 인후ᄒᆞ여 청산뉴슈와 곤뉸옥결이라

《홍부전》

(165)에서는 이도령을 묘사하면서 풍채를 '두목지', 문장을 '이빅', 필법을 '왕희지'에 비유하고 있고 물을 '은하수', 경개를 '옥경'에 비유하고 있으며 (166)에서는 주인공 홍부의 마음을 '청산뉴슈'와 '곤뉸옥결'에 비유하여 표현하고 있다.

이 밖에 《춘향전》에는 형상적 수법을 사용하고 있는 예도 있다.

(167) 웬수로다 웬수로다 빅발리 웬수로다 오는 빅발 막그랴고 우수의 도치 들고 좌수의 가시 들고 오는 빅발 쑤다리며 가는 홍안 거러당게 정사로 절박ᄒᆞ야 단단이 졸나 미되 가는 홍안 절노 가고 빅발은 시시로 도라 와 귀 밋티 살 잡피고 거문 머리 빅발 되니 조여청사 모성셜이라 무정한 게 셰월이라

(167)에서는 오는 백발을 막으려고 "우수의 도치 들고 좌수의 가시 들고 오는 빅발 쑤다리며" 가는 홍안을 붙잡으려고 "거러당게 정사로 절박ᄒᆞ야 단단이 졸나 미나" 하지만 가는 홍안은 절로 가고 오는 백발은 저절로 찾아온다고 표현하고 있다. 작가는 형상적 수법으로 늙음이 찾아오는 자연의 이치를 어쩔 수 없어 한탄하고 있다.

과장법이 사용된 실례를 보면 다음과 같다.

(168) ㄱ. 사사이 하는 힝실 쳘셕 갓치 구든 쓰시
청송녹죽 젼나무 사시졀을 닷토난 듯
상젼벽히 될지라도 늬 ᄯᅡᆯ 마음 변할손가
ㄴ. 암힝어사 출도야 웨난 소리 강산이 문어지고 천지가 뒤눕

난 듯 초목 금슌들 아니 쩔야

《춘향전》

(169) 가슴이 뮈여지고 구곡이 스라지는 듯 ㅎ여 싱각ㅎ미 가슴이
터지는지라

《심청전》

(170) 제 칠년 디한 가믄 눌의 비오기 기다리듯 구년지슈 장마진 듸
볏ᄂᆞ기 기다리듯 제갈량 칠셩단의 동남풍 기다리듯 강틱공 위
슈상의 시절 기다리듯 만니 젼장의 승젼ㅎ기 기ᄃᆞ리듯 어린
ᄋᆞ회 경풍의 의원 기ᄃᆞ리듯 독슉공방의 낭군 기ᄃᆞ리듯 츈향이
듁게 되어 니도령 기ᄃᆞ리듯 과년ᄒᆞᆫ 노쳐녀 싀집가기 기ᄃᆞ리듯
삼십 너믄 노도령 장가가기 기다리듯 장 듕의 드러가셔 과거
ㅎ기 기ᄃᆞ리듯 세 ᄭᅵ 굴머 누은 ᄌᆞ식 홍부 오기 기다린다

《홍부전》

예문 (168)~(170)에서 "철석같이 다진 뜻", "뽕나무밭이 바다가 될
지언정 마음이 변할 수 없다", "출도 소리에 강산이 무너지고 천지가
뒤집힌다", "가슴이 미여지고 구곡이 사라지고 가슴이 터진다"라는 등
의 표현은 과장법으로 된 언어 표현이다. 마지막 예는 전반 문장이 다
과장법으로 되어있으면서 밥 동냥하러 간 아버지를 기다리는 자식들
의 심리 묘사를 해학적인 수법으로 잘 그려 내면서 가난에 쪼들린 홍
부의 신세를 한탄하고 있다.

의인법이 이루어진 실례를 보면 다음과 같다.

(171) 양우광풍 몸을 눌녀 빅운을 넝소ㅎ고 듀야로 나라 강남을 득
달ㅎ니 졔비 황뎨 보고 무르되 너는 어이 져ᄂᆞ니 졔비 엿ᄌᆞ오
디 소신의 부뫼 됴션의 ᄂᆞ가 홍보의 집의다가 드쥬ㅎ고 쇼신

등 형뎨롤 ᄂ핫습더니 의외 딕망의 변을 맛ᄂ 쇼신의 형뎨 다
둑고 쇼신이 홀노 아니 둑으려 ᄒ여 ᄇ르작거리ᄃ가 쑥 쩌러
져 두 발목이 작근 부러져 피롤 흘니고 발발 쩌온즉 홍부가
여츠여츠 ᄒ여 졀각이 의구ᄒ와 이졔 도라 왓스오니 그 은혜
롤 십분일이라도 갑기롤 ᄇ라ᄂ시다 졔비 황뎨 하교ᄒ되 그런
은공을 몰ᄂ셔는 힝셰치 못홀 금쉬라

≪홍부전≫

(171)은 제비와 황제 사이의 대화 장면인데 여기에서는 의인법을 사
용하여 제비를 의인화하여 표현하면서 마음씨 착한 홍부의 처사를 노
래하고 있는 동시에 권선징악(勸善懲惡)의 주제 사상을 보여 주고 있다.
　완곡어법이 이루어진 실례를 보면 아래와 같다.

　(172) 북망산천 차져갈 졔 압남산 뒤남산 다 바리고

≪춘향전≫

　(173) 밤 이슬을 맞다

≪홍부전≫

(172), (173)에서 "북망산천 차져갈 졔", "밤 이슬을 맞다"는 완곡어
법이 이루어진 실례인데 여기에서는 직접적인 표현을 피하고 완곡적
으로 "세상을 떠나다" 대신에 "북망산천 찾아가다", "도적질 하다" 대
신에 "밤 이슬을 맞다"라고 표현하고 있다.
　이야기소설의 성구, 속담이 글말체에 기초한 한문식 표현이 많은 것
이 특징이라면 판소리소설의 성구, 속담은 대부분이 백성들의 언어생
활에 바탕을 둔 입말체 표현이 많다.

(174) ㄱ. 사지의 믹이 풀고 간장이 녹난 듯 하다

ㄴ. 속의셔 두부장 쓸틋 하다

ㄷ. 게발 무러다 던지다시

ㄹ. 쏘와논 사리 되고 업쩌러진 물이 되다

ㅁ. 맛파람의 게 눈 감추덧

ㅂ. 신근 남기 썩어지고 공든 탑이 문어지다

ㅅ. 도적질은 니가 흐마 오릭는 네가 져라

ㅇ. 씽을 매로 보다

ㅈ. 하나리 무어져도 소사날 궁기가 잇다

ㅊ. 인명이 지쳔이다

≪춘향전≫

(175) ㄱ. 업쩌른 물이 되고 쏘아논 살이로다

ㄴ. 오뉴월 까마귀 곤수박 파먹듯

ㄷ. 개밥에 도토리요 꿩 일은 매

ㄹ. 공든 탑이 무너지며 힘든 남기 부러지랴

ㅁ. 정성이 지극흐면 감텬이라

≪심청전≫

(176) ㄱ. 아니 되는 놈은 잣바져도 코가 씨진다

ㄴ. 예 황뎨를 불위홀 개아들 업다

ㄷ. 식혜 먹은 괴양이 갓다

ㄹ. 손이 발이 되도록 빌다

ㅁ. 불 붓는 디 키질흐기

≪흥부전≫

이상의 예문에 쓰인 성구, 속담들은 대부분이 입말체 표현이다. 이런 입말체 표현들은 오랜 세월 백성들의 언어생활에서 다듬어지고 보충되면서 하나의 굳어진 결합으로 고착된 언어 형식으로서 이런 언어

형식은 그 속에 내포되어 있는 깊은 내용으로 하여 대중을 교양하는
데서 긍정적 역할을 논다.

대구법은 아래와 같은 형식으로 실현되고 있다.

(177) 혼즈말노 셤어하되 오호으 편쥬 타고 범소빅을 촛츠스니 셔시
　　　도 올 이 업고
　　　희셩 월야의 옥창비가로 초픠왕을 이별하던 우미인도 올 이
　　　업고
　　　는봉궐 하직하고 빅용퇴 간 연후의 독이 쳥총하여 쏜 이 왕소
　　　군도 올 이 업고
　　　장신궁지 피닷고 빅두름을 을퍼슨이 반첩여도 올 이 업고
　　　소양궁 아침날으시치하고 도라온 이 조비련도 올 이 업고
　　　　　　　　　　　　　　　　　　　　　　　　　≪춘향전≫

(178) 옥계 상의 아릿다온 곳츤 탐향봉졉을 머므르고
　　　잔잔흔 금구빈의 가는 버들은 환우ᄒ는 쐬고리들 쳥ᄒ어
　　　　　　　　　　　　　　　　　　　　　　　　　≪심청전≫

(179) 쑬이 만히 잇다 흔들 너 듀ᄌ고 노젹 헐며
　　　벼가 만히 잇다 흔들 너 듀ᄌ고 셥을 헐며
　　　돈이 만이 잇다 흔들 피목궤의 가득 든 거슬 문을 열며
　　　가로 되ᄂ 듀ᄌ 흔들 북고왕 염소독의 가득 너흔 거슬 독을
　　　열며
　　　의복이ᄂ 듀ᄌ 흔들 집안이 고로 버셧거든 너롤 엇지 듀며
　　　찬밥이ᄂ 듀ᄌ 흔들 샷기 ᄂ흔 거먹 암기 부억의 누엇거든 너
　　　듀ᄌ고 기롤 굼기며
　　　지거미ᄂ 듀ᄌ 흔들 구증방 우리 안히 샷기 나흔 돗치 누어스
　　　니 너 듀ᄌ고 돗츨 굼기며
　　　겨셤이ᄂ 듀ᄌ 흔들 큰 농우가 네 필이니 너 듀ᄌ고 소롤 굼

기랴
≪흥부전≫

　대구법의 사용은 작품의 도처에서 찾아볼 수 있는데 그 중 몇 개를 든다면 위의 예문과 같다. 여기에서 문장은 복합문으로 되어 있는데 (177)은 '업고', (178)은 '머므르고', (179)는 '헐며, 열며, 듀며, 굼기며'를 기준점으로 하면서 서로 뜻이 비슷한 여러 개의 구절이 놓이면서 대구법을 이루고 있다.

　판소리소설에는 운율 조성의 보조적 수단으로 이용되는 반복법이 있는 동시에 운율을 조성하는 것과는 관계없이 서술에서의 표현적 효과를 위하여서만 반복법이 이용되는 경우도 있다.

　　(180) 암힝어사 출도야 웨난 소리 강산이 문어지고 천지가 뒤눕난
　　　　　 듯 초목 금슌들 아니 썰야 남문에서 출도야 북문에서 출도야
　　　　　 동셔문 출도소리 쳥쳔을 진동ᄒ고
　　　　　　　　　　　　　　　　　　　　≪춘향전≫

　　(181) 흔 년셕이 ᄂᄋ오면셔 잇고 어머니 우리 열구ᄌ탕의 국슈 마라
　　　　　 먹으면
　　　　　 쏘 한 년셕이 ᄂ 안즈며 잇고 어마니 우리 벙거지골 먹으면
　　　　　 쏘 한 년셕 니다르며 잇고 어머니 우리 기장국의 흰밥 조곰
　　　　　 먹으면
　　　　　 쏘 한 년셕이 나오며 잇고 어머니 디초찰썩 먹으면
　　　　　 잇고 이 년셕들ᄋ 호박국도 못 어더 먹는듸 보치지ᄂ 말녀므나
　　　　　　　　　　　　　　　　　　　　≪흥부전≫

　(180), (181)에서는 '출도야', '쏘', '년셕', '먹으면' 등 단어들이 반복되면서 반복법을 이루고 있는데 이러한 반복법은 운율을 조성하기 위

한 목적에서 사용하기보다는 사건을 서술함에 있어서 사건 진행의 긴박감을 주거나 인물을 묘사하고 사건을 설명할 때 쓰인다.

대조법이 이루어진 실례를 보면 다음과 같다.

(182) ㄱ. 이 놈도 잡고 능청능청 져 놈도 잡고셔 능청능청
　　　 ㄴ. 요 다리는 요리 틀고 져 다리는 져리 틀소
　　　 ㄷ. 셔산의 지난 히는 니일 다시 오런마는
　　　　　 불상한 춘향이는 한 번 가면 언의 씨 다시 올가

≪춘향전≫

(183) ㄱ. 양지의 방으 걸고 음지의 우물 파고
　　　　　 울 안의 벌통 놋코 울 밧긔 원두 놋코
　　　 ㄴ. 엇던 스룸 팔즈 조화
　　　　　 디광보국 슝녹디부 삼티 뉵경되어 느셔
　　　　　 고디 광실 조흔 집의 부귀 공명 누리면셔 호의 호식 지니는고
　　　　　 니 팔즈 무슴 일노
　　　　　 말 만흔 오막집의 셩소광어공경ㅎ니
　　　　　 집웅 말니 별이 뵈고 쳥텬 한운 셰우시의 우디량이 방듕이라
　　　　　 문 밧긔 셰우 오면 방 안의 큰 비 오고
　　　　　 폐셕 초갈 찬 방안의 헌 즈리 벼록 빈디 등의 피롤 샌라 먹고
　　　　　 압 문의는 살만 남고 뒷 벽의는 외만 나무
　　　　　 동지셧달 한풍이 살 쏘듯 드러오고
　　　　　 어린 즈식 졋 달느고 즈란 즈식 밥 달느니 참으 셜워 못 살깃니

≪흥부전≫

이상의 (182), (183)에서는 '이 놈'과 '져 놈', '요'와 '져', '요리'와 '져
리', '양지'와 '음지', '방ᄋ 걸고'와 '우물 파고', '안'과 '밧', '벌통'과 '원
두', '문 밧'와 '방 안', '셰우'와 '큰 비', '압 문'과 '뒷 벽' 등 단어들이
서로 대조되면서 대조법을 이루고 있다. 그리고 (182ㄷ)와 (183ㄴ)은
의미의 대조로 대조법을 이루고 있다. 여기서 '서산에 지는 해'와 '불쌍
한 춘향'을 대조시키면서 주인공 춘향의 불쌍한 처지를 하소연하고 있
으며 주인공 흥부를 부자들과 대조시키면서 부자들은 "고딕 광실 조흔
집의 부귀 공명 누리면셔 호의 호식 지닉는데", "별이 뵈는 말 만한
오막집에서, 문 밖에 셰우오면 방안은 큰비 오는 집에서, 앞문은 살만
남고 뒤벽은 외만 남은 집에서, 동지섯달 한풍이 살 쏘듯 드러오는 집
에서"만 보내야 되는 팔자 사나운 흥부의 한심한 신세를 부자들과의
대조 속에서 잘 보여 주고 있다.

열거법이 사용된 예를 들면 다음과 같다.

> (184) ㄱ. 녹음방초 우거져 금잔듸 좌르륵 쌀인 고딕 황금 갓튼 쇠꼬
>   리는 쌍거쌍닉 나라들 졔 무성한 버들 빅쳑장고 놉피 믹고
>   츄쳔을 하려할 졔 슈화 유문 초록 장옷 남방사 홋단 초미
>   훨훨 버셔 거러두고 자쥬영초 슈당혀을 셕셕 버셔 던져 두
>   고 빅방사 진솔 속것 턱미틱 훨신 츄고 연숙마 츄쳔 줄을
>   셤셤옥슈 넌짓 드러 양슈의 갈나 잡고 빅능 보션 두 발길
>   노 셥젹 올나 발 구를 졔 셰류 갓튼 고흔 몸을 단졍이 논
>   이난듸
>
>   ㄴ. 춘향이 이 말을 듯더니 고닥기 발연 변식이 되며 요두졀
>   목으 불그락 푸르락 눈을 간잔조롬하게 쓰고 눈섭이 꼭꼿
>   하여지면서 코가 발심발심ᄒ며 이를 쏘도독 쏘도독 갈며
>   온 몸을 쑤순 입틀 덧하며 믹 씽 차난 듯 하고 안쩐이 허

허 이게 웬 말이요 왈칵 쒸여 달여 들며 초민 자락도 와드
득 좌루욱 찌져 바리며 머리도 와드득 쥐여 쓰더 싹싹 비
벼 도련임 압푸다 던지면셔 무어시 엇겨고 엇졔요

≪춘향전≫

(185) ㄱ. 듀머괴롤 불끈 뒤어 뒤곡뒤롤 꽉 집흐며 몽동이롤 직근 썩
거 아조 쾅쾅 두다리니

ㄴ. 놀부 심슐롤 볼작시면 초상난 디 춤츄기 불 붓는 디 부치
질 ᄒ기 희산흔 듸 기 닭 잡기 장의 가면 억미 흥정ᄒ기
집의셔 못쓸 노릇ᄒ기 우는 ᄋ히 볼기 치기 갓난 ᄋ히 똥
먹이기 무죄흔 놈 쌤 치기 빗 갑시 계집 쎅기 늙은 영감
덜미 집기 ᄋ희 빈 계집 비 츠기 우물 밋틔 똥 누기 요려
논의 물 터놋키 잣친 밥의 돌피 붓기 픠는 곡식 삭 즈르기
논두렁의 구멍 뚤기 호박의 말쑥 밧기 곱장이 업허 놋코
발쭘치로 탕탕치기 심스가 모과나모의 ᄋ들이라

≪흥부전≫

이상의 예문 (184), (185)에서는 '좌르륵', '훨훨', '셕셕', '훨신', '넌
짓', '셥젹', '불그락 푸르락', '간잔조롬', '쏙씃', '발심발심', '쏀도독 쏀
도독', '왈칵', '와드득 좌루욱', '와드득', '싹싹', '불끈', '꽉', '직근',
'쾅쾅' 등 상징어들이 동사를 수식하면서 열거법을 이루고 있다. 또한
마지막 예문은 놀부의 심사를 묘사함에 있어서 열거법을 사용하고 있
는데 이런 열거법의 사용은 위의 생활 속에서 다듬어진 입말체 표현들
이다.

점층법이 이루어진 실례를 들면 다음과 같다.

(186) ㄱ. 봉이 나미 황이 나고 장군 나미 용마 나고 남원의 춘향

나미 이화춘풍 꼿다웁다

ㄴ. 자손 징손 고손이며 무릅우의 안쳐 노코 죄암죄암 달강달강

ㄷ. 좌수 별감 넉슬 일코 이방 호장 실혼ᄒ고 삼식 나졸 분주하네

《춘향전》

(187) 오 푼 밧고 마쳘 박기 두 푼 밧고 쏭지 치기 ᄒ 푼 밧고 뷔
미기

《흥부전》

(186ㄱ), (186ㄴ)은 "봉이 나미, 장군 나미, 남원의 춘향 나미"와 '자
손, 징손, 고손'이 점층적인 관계에 놓이면서 점층법을 이루고 있고
(186ㄷ), (187)은 단어의 의미가 축소되면서 반대방향으로 점층법을
이루고 있다. 여기에서 '좌수, 별감, 이방, 호장, 나졸'은 당시 관리직
위가 낮아지는 방향으로 이루지고 있고 '오푼, 두푼, ᄒ푼'은 수자가
작아지는 방향으로 이어지고 있다.

문체론적 표현 수법의 일종인 해학법은 판소리소설에서 많이 이용
되고 있는데 이것은 이야기소설과 구별되는 하나의 특징으로 되고 있
다. 특히 《흥부전》에서는 마음씨 착한 흥부의 처량한 처지와 심술궂
은 놀부의 형상을 묘사함에 있어서 해학법을 재치 있게 사용하면서 독
자들로 하여금 '눈물어린 웃음'을 자아내게 한다.

(188) ㄱ. 방안이 널던지 마던지 양뒤 드러누어 기지게 켜면 발은 마
당으로 가고 디골이는 뒷겻트로 밍ᄌ ᄋ리 디문ᄒ고 엉덩
이는 울트리 밧그로 나가니 동니 ᄉ롭이 출입ᄒ다가 이 엉
덩이 불너 드리소 ᄒ는 소리 홍뷔 듯고 쌈쟉 놀ᄂ 디셩 통
곡 우는 소리 이고 답답 셜운지고

ㄴ. 굼기를 부즈의 밥 먹듯 흐다

≪흥부전≫

이상의 (188ㄱ), (188ㄴ)은 흥부의 불쌍하고 처량한 신세를 해학적으로 잘 그려 내면서 독자들로 하여금 '눈물어린 웃음'을 자아내게 한다. 이러한 해학법은 ≪춘향전≫에도 나타나고 있다.

> (189) 모든 수령 도망할 제 거동 보소 인궤 일코 과절 들고 병부 일
>   코 송편 들고 탕근 일코 용수 쓰고 갓 일코 소반 쓰고 칼집
>   쥐고 오좀 뉘기 부셔진니 거문고요 찌지나니 북장고라
> (190) 본관이 드러 가셔 어 추워라 문 드러온다 바람 다더라 물 마
>   른다 목 듸려라

≪춘향전≫

(189)에서는 암행어사 출도소리에 당황망조에 빠진 관리들의 거동을 해학적으로 묘사하고 있고 (190)은 어순전도법을 이용하여 암행어사 출도에 얼이 빠진 변학도의 추태 상을 보는 듯이 그려내고 있다.

문체론적 표현 수법의 이용에서 판소리소설이 지니는 다른 하나의 특징으로는 야유법을 들 수 있다.

> (191) ㄱ. 이도령인지 삼도령인지 그 놈의 자식은 일거후 무소식 하니
>   ㄴ. 네의 셔방인지 남방인지 걸인 하나 시려 왓다

≪춘향전≫

(191)에서는 '이(李)'씨 성이 수자 '이'와 동음이의적 관계를 가지고 있는 것을 이용하여 '이도령인지 삼도령인지'라고 표현하였고 남편의

뜻을 의미하는 '서방'이 방향을 나타내는 '서방(西方)'과 동음이의적 관계를 가지고 있는 것을 이용하여 '셔방인지 남방인지'라고 표현하였다. 이렇게 ≪춘향전≫에서는 야유법을 이용하여 야속하고 괘씸한 이몽룡을 원망하면서 조소하고 있다.

글자풀이법을 일명 파자법(破字法)이라고도 하는데 이 수법도 판소리소설에 특유한 문체론적 표현 수법의 하나이다.

(192) ㄱ. 도령임 일홈이 몽용이라 ᄒᆞ니 꿈 몽짜 용 용짜
ㄴ. 쓴 글자가 충성 충 자 완연턴이 가온디 중 짜는 어디 가고 마음 심 짜만 나머 잇고

≪춘향전≫

(193) 군평이 ᄒᆞ는 말이 ᄇᆞᆨ 셋지 안즌 분은 셩즈를 뉘라 ᄒᆞ시오 ᄒᆞᆫ 놈이 답ᄒᆞ되 나모 둘이 씨름ᄒᆞ는 셩이오 군평이 ᄒᆞ는 말이 목즈 둘이 겹으로 붓치니 슈풀 님즈 님 셔방이오
ᄯᅩ 져분은 뉘라 ᄒᆞ시오 ᄒᆞᆫ 놈이 답ᄒᆞ되 니 셩은 목독이의 갓 쓰인 즈이오 군평이 ᄒᆞ는 말이 갓 머리 안히 나모 목 ᄒᆞ여스니 나라 송즈 송 셔방이오
ᄯᅩ 져분은 뉘라 ᄒᆞ시오 ᄒᆞᆫ 놈이 답ᄒᆞ되 니 셩은 계슈남기란 목즈 아리 만승 텬즈란 즈즈를 밧친 외얏 니즈 니 셔방이오
ᄯᅩ 져분은 뉘라 ᄒᆞ오 ᄒᆞᆫ 놈이 답ᄒᆞ되 니 셩즈는 뫼 산즈 네히 ᄉᆞ면으로 두른 셩이오 군평이가 마니 삭여 ᄒᆞ는 말이 뫼 산즈 네히 둘너스니 밧 젼즈 젼 셔방인가 보오

≪흥부전≫

(193)에서 쓰인 '꿈 몽(夢)짜 용 용(龍)짜'나 "충셩 충(忠)자 완연턴이 가온디 중(中)짜는 어디 가고 마음 심(心)짜만 나머잇고"라는 표현은

글자풀이법이 쓰인 실례이다. 또한 "나모 둘이 씨름ㅎ는 셩"은 '林'자를 가리키고 "목독이의 갓 쓰인 ㅈ"는 '宋'자, "계슈남기란 목즈 아릭 만승 텬즈란 자"는 '李'자를 가리키며 "뫼 산즈 네히 스면으로 두른 셩"은 '田'자를 가리킨다. 여기서 쓰인 이런 글자풀이법은 양반문인들의 문자 유희에 불과하다.

이렇게 판소리소설에는 문체론적 표현 수법의 이용에서 이야기소설보다 한걸음 더 발전하고 있는데 판소리소설의 표현 수법도 이야기소설처럼 여래 개의 수법이 융합되어 사용되고 있다.

(194) 사랑 사랑 니 사랑이야
　　　동정 칠빅월하초의 무산 갓치 노푼 사랑
　　　목단무변슈의 여천창히 갓치 집푼 사랑
　　　오산전 달 발근듸 츄산쳠봉 원월 사랑
　　　진경한무 하올 젹 차문취소하던 사랑
　　　유유낙일 월염간의 도리화기 비친 사랑
　　　셤셤초월분빅한듸 함소함틱 슛한 사랑
　　　월하의 삼싱연분 너와 나와 만난 사랑
　　　허물 업난 부부 사랑
　　　화우동산 목단화 갓치 펑퍼지고 고은 사랑
　　　영평바더 그무 갓치 얼키고 밋친 사랑
　　　은하 직여 직금 갓치 올올리 이은 사랑
　　　쳥누미여 침금 갓치 혼슐마다 감친 사랑
　　　셰닉가 슈양 갓치 쳥쳐지고 느러진 사랑
　　　남창 북창 노적 갓치 다물다물 싸인 사랑
　　　은장옥장 장식 갓치 모모이 잠긴 사랑
　　　영산홍노 봄바람의 넘노난이 황봉빅접 꼿슬 물고 질긴 사랑

> 녹슈청강 원낭조격으로 마조 둥실 써 노난 사랑
> 연연 칠월 칠석 야의 견우 직여 만난 사랑
> 육관뎌사 셩진이가 팔션여와 노난 사랑
> 역발산 초픽왕이 우미인을 만난 사랑
> 당나라 당명왕이 양구비 만난 사랑
> 명사심이 힝당화 갓치 연연이 고은 사랑
> 네가 모도 사랑이로구나
>
> ≪춘향전≫

　(194)는 이몽룡이 춘향이한테 사랑을 고백하는 장면인데 여기에는 반복, 열거, 대구, 직유, 은유, 과장 등 표현 수법들이 융합되어 쓰이고 있다.

　여기에서는 뜻이 비슷한 여러 개의 문장이 병렬적으로 놓이면서 단어 '사랑'을 기준점으로 대구가 이루어지고 있고 단어 '사랑'을 반복하면서 운율을 조성하고 있으며 자기들의 사랑이 "동정 칠빅월하초의 무산 갓치 놉고", "목단무변슈의 여천창히 갓치 집다"고 표현하면서 과장법을 이루고 있다. 문장은 인물이나 사물들을 열거하면서 직유의 수법으로 사랑이 "화우동산 목단화 갓치 펑퍼지고 곱고", "영평바듸 그무 갓치 얼키고 밋친 것"같다고 비유하고 있다. 은유의 수법으로 자기들의 사랑이 "육관뎌사 셩진이가 팔션여와 노난 사랑", "당나라 당명왕이 양귀비 만난 사랑"이라고 노래하면서 영원히 변치 않을 사랑을 다짐하고 있다.

3.3.4. 표기 수단

판소리소설은 이야기소설과 마찬가지로 8종성 원칙을 지키고 있으나 많은 경우 'ㄷ' 대신에 'ㅅ' 종성을 쓰고 있다.

어두에 'ㅺ, ㅼ, ㅽ, ㅾ' 등 합용병서 외에 'ᄸ, ᄹ'이 쓰이고 있으며 합용병서 'ㅄ' 대신에 각자병서 'ㅆ'이 쓰이고 있다.

(195) ㄱ. <u>ᄸᅩᆼ</u>나물 싹ᄯᅴ기 목걸이 한 사발 노와구나
ㄴ. 상을 발길로 <u>ᄹᅡ</u> 차 던지며
ㄷ. 오직ᄌᆞ <u>쎡</u> 나셔셔 좌우산쳔 둘너보니

《춘향전》

'ㆍ'가 동요되는 상태에 놓여 있다. 이야기소설에서는 동사 'ᄒᆞ다'로 표기하고 있으나 판소리소설의 경우에는 'ᄒᆞ다'나 '하다'로 표기하고 있다.

(196) 츙효자을 ᄐᆡᆨ츌<u>ᄒᆞ</u>사 자목지관 임용<u>하</u>실식

《춘향전》

이야기소설에는 구개음화가 실현되지 않고 있지만 판소리소설의 경우는 'ㄷ, ㅌ'이 'ㅑ, ㅕ, ㅛ, ㅠ, ㅣ' 앞에서 'ㅈ, ㅊ'으로 변하고 있다.

(197) <u>텬</u>하의 이름난 뫼히 다ᄉᆞ시 이시니

《구운몽》

(198) <u>쳔</u>즁지 가졀이라

《춘향전》

대부분은 표음주의 원칙에 따라 발음 그대로 하철하여 적고 있지만 일부 경우 상철 또는 복철 현상이 존재한다.

> (199) 얼골이 조촐ㅎ니
> (200) 단순을 반기한이
> (201) 옥안을 상뎌한니

이상의 (199) '조촐ㅎ니'는 하철의 예이다. (200) '반기한이'는 상철의 예이며, (201) '상뎌한니'는 복철의 예이다.

제4절 규방 산문

17세기 이후 활발해진 실학사상의 영향으로 자기들의 실생활에서 제기되는 제반 문제를 기록하려는 학풍이 나타나기 시작하면서 여성들의 문필 활동이 적극적으로 진행되었다. 여성들의 문필 활동은 시가 뿐만 아니라 산문에서도 주목할 만한 성과를 거두었는데 규방 산문(閨房散文)의 출현이 그 대표적인 실례라고 할 수 있다.

18~19세기의 규방 산문에는 ≪계축일기≫, ≪한중록≫, ≪인현왕후전≫, ≪규중칠우쟁공론≫, ≪유씨제침문≫, ≪규합총서≫ 등 작품이 있는데 이 글에서는 ≪계축일기≫, ≪한중록≫, ≪규중칠우쟁공론≫, ≪규합총서≫를 고찰 자료로 삼고자 한다.

≪계축일기≫는 실재하였던 궁중 비화를 궁녀의 손으로 작품화한 것으로서 선조의 서자인 동궁 광해군과 적자인 영창대군과의 왕위 계승을 둘러싸고 벌어진 일을 적은 작품이고 ≪한중록≫은 사도세자의

빈인 혜경궁 홍씨가 환갑을 맞으면서 자기 생활의 추억을 더듬어 써 놓은 내간체(內簡體) 문장이다. 이것은 1795년과 1805년에 쓴 부분을 합하여 만든 책이다. ≪규중칠우쟁공론≫은 19세기 초에 유식한 부녀자에 의해서 창작된 것으로 짐작된다. 이것은 바느질 도구인 자, 가위, 바늘, 실, 골무, 인두, 다리미를 의인화하여 자기 공로를 자랑하는 내용으로 되어 있다. ≪규합총서≫는 19세기 전반기에 활동한 빙허각 이씨의 작품으로서 여기에는 약주방문, 장초법, 반찬, 어육, 병과, 잡 음식, 염색법, 각색 비단 도침법, 세의법 등을 소개하고 있다.

규방 산문의 문체는 한마디로 부녀자들이 일상적인 입말에서 쓰던 어휘와 표현들이 적지 않게 반영되어 있으면서 여성 문체의 특징이 다분히 드러나 있다.

3.4.1. 어휘적 수단

규방 산문의 어휘적 특징을 보면 두 가지로 나누어볼 수 있는데 ≪계축일기≫나 ≪한중록≫은 궁중생활을 반영한 작품이라는 것을 염두에 둘 때 궁중생활과 관계되는 궁중 용어가 많고 한자어나 한자 성구, 한문투가 많이 사용되고 있으며 ≪규합총서≫나 ≪규중칠우쟁공론≫은 인민들의 일상생활을 반영한 작품으로서 부녀자들이 일상생활에서 흔히 쓰는 입말체 어휘가 많이 사용되고 있다.

≪계축일기≫, ≪한중록≫에는 궁중 용어가 많이 사용되었다.

    (202) 쥬샹(主上) : 임금
         듕뎐(中殿) : 왕후
         대뎐(大殿) : 임금

　　대군(大君) : 임금의 정궁(正宮)의 아들

　　군(君) : 임금의 비(妃)의 아들

　　동궁(東宮) : 임금의 자리를 이을 사람

　　세즈(世子) : 임금의 자리를 이을 임금의 아들

　　빈(嬪) : 왕세자의 정부인

　　내전(內殿) : 왕비를 높여 이른 말

　　상상(上相) : 영의정(領議政)을 달리 이르는 말

　　내관(內官) : 왕궁에서 사무 보는 환관(宦官)

　　내인(內人) : 궁녀

　　샹궁(上宮) : 궁녀

　　부원군(府院君) : 임금의 장인이나 제1품의 공신

　　마마 : 왕족, 귀족에 대한 하급의 호칭

　　수라 : 임금의 밥, 음식(몽골어에서 중세에 들어온 어휘인데
　　　　　한자로 ≪水刺≫라 적었다)

　　주청(奏請) : 임금에게 청하는 것

　　가예(嘉禮) : 임금, 왕세자의 결혼이나 책봉 때의 예식

　　뎐교(傳敎) : 왕이 내리는 교지(敎旨)

　　간택(揀擇)ᄒ다 : 왕자나 공주의 배우자를 선택하다

　　면칙(免責)ᄒ다 : 책임을 면하다

　　샹소(上訴)ᄒ다 : 임금에게 글발을 올리다

　　감선(監膳)ᄒ다 : 임금이 먹는 음식과 그 기구들을 미리 검사
　　　　　하다

　　물론 ≪계축일기≫나 ≪한중록≫에는 궁중 용어만 쓰이고 있는 것
이 아니다. 여기에는 대량의 고유어가 사용되고 있는데 대표적인 몇
가지 예를 보면 다음과 같다.

　　여기에는 현대어와 어원을 같이 하고 있는 어휘가 있다.

(203) 아기시(아가씨), 심브림(심브름), 마노라(마누라), 어루신(어르신), 사희(사위), 어버히(어버이), 거즛말(거짓말), 갈모리(갈무리), 어룬(어른), 온돌(온돌), 병알의(병아리), ᄀᆞᆺ사돈(갓 맺은 사돈), 녀편내(녀편네), 애(창자), 누으님(누님), 혬(생각), 식음(음식), 콩ᄀᆞᄅ(콩가루), ᄀᆞ애(가위), 힛ᄂᆞᄆᆞᆯ(햇나물), 출슈슈(찰수수)

인명을 표기함에 있어서 입말에서 쓰이는 것처럼 자음으로 끝나는 인명 아래 '이'가 쓰이고 있다.

(204) 계난이, 학천이, 언금이, 덕복이, 표금이, 복이, 도섭이, 고운이, 보롬이, 보삭이, 녜환이, 이옥이, 쏫향이, 은덕이, 갑이

15~16세기에 자음, 모음 변화에 의하여 새로운 단어가 조성되었거나 단어의 형태가 변화되었는데 19세기의 작품으로서 이 책에는 변화되기 전의 형태가 그대로 쓰이고 있다.

(205) 우음(웃음), 알픠(앞), 마리(머리), 마리텰(머리털), 현마(설마), 설(살), 번드시(반드시), 즘싱(짐승), 겨요(겨우), 귀경(구경)

(205)에서 '우음'은 '우슴'에서 자음 'ㅿ'가 탈락된 형태이고 '알픠'는 자음 'ㄹ'이 탈락되기 전의 형태이다. '마리, 설' 등 단어에서 고유어의 모음교체에 의하여 새로운 단어 '머리, 살'이 조성되었고 '현마'는 구개음화에 의하여 '설마'로 변화되었으며 '번드시'는 모음조화의 파괴에 의하여 '반드시'로 전성되었고 '즘싱, 겨요'는 음운 변화를 입이 '짐승, 겨우'로 변화를 가져왔다. 이 밖에 한자어가 조선어 어휘 구성에 들어

오면서 고유어처럼 음운 변화를 한 어휘들도 있다. 여기서 '귀경'은 한자어 '구경(求景)'에서 온 단어로서 음운 변화를 입은 변화된 형태이다.

한자어, 한자 성구, 한문투의 쓰임을 보면 아래와 같다.
한자어의 사용을 보면 다음과 같다.

> (206) 측간(厠間), 적자(嫡子), 표문(表文), 시보(璽寶), 계쯧(啓字),
> 정배(定配)ᄒ다, 불민(不敏)ᄒ다

한자 성구의 사용을 보면 다음과 같다.

> (207) 불셩인ᄉ(不省人事), 불패무샹(不牌無常), 구불가도(口不可
> 道), 불공딕텬지쉬(不共戴天之讎)

한문투의 표현은 아래와 같다.

> (208) ㄱ. 사롬이 죡불니지(足不離地)ᄒ야 평일의 병드러 나갓ᄂ니라
> ㄴ. 몬져 블너 보오시고 화긔만안(和氣滿顔)ᄒ야
> ㄷ. 션딕왕이 감(感)ᄒ시고 크게 환희(歡喜)ᄒ오셔

작품에 궁중 용어나 한자식 표현이 많이 쓰이고 있지만 고유어에 기초한 입말체 표현도 적지 않게 쓰이고 있다.

> (209) ㄱ. 궁인 셜흔 나믄이
> ㄴ. 그 ᄆᆞᆷ을 싀원킈 ᄒᆞ미 됴흔 일이오니

ㄷ. 우리라 모르리잇가 마는

ㄹ. 셜워 애룰 뻐 튼는 듯 간댱이 줄고 심간의 블이 붓눈듯 ᄒ니

ㅁ. 죽을 동 살 동 아디 못 ᄒ여

ㅂ. 닐오더 고디 마라 드러시니

ㅅ. 텰셕ᄀᆞ튼 ᄆᆞ움인들 엇디 눈물이 나디 아니 ᄒ리오

(209)를 보면 (209ㄱ)의 경우 '셜흔 나믄'은 입말에서 흔히 쓰는 수사이고 (209ㄴ)의 경우 '싀원킈'는 '싀원ᄒ게'의 축략된 형태로서 입말에 많이 사용되고 있으며 (209ㄷ)의 경우에는 주격토 '가' 대신에 입말에서 쓰이는 '라'를 사용하였다. 그리고 (209ㄹ)의 경우에는 입말에 기초한 성구, 속담 "애룰 튿다", "간댱이 줄다", "심간의 블이 붓다"를 사용하고 있으며 (209ㅁ)의 경우에는 굳어진 단어 결합 "죽을 동 살 동"이 쓰이고 있고 (209ㅂ)과 (209ㅅ)의 경우에는 "…디…말라"나 "…인들…아니 ᄒ리오" 등과 같은 입말에서 많이 사용되는 단어의 어울림이 반영되고 있다.

≪규합총서≫, ≪규중칠우쟁공론≫에는 대량의 입말체 어휘가 쓰이고 있다.

명사의 예는 아래와 같다.

(210) 쪽박(족박), 쥬걱(밥주걱), 출밥(찰밥), 국말(국말), 이슬(이슬), 소리(소래), 김(김), 셔리(서리), 굴비(굴비), 빅셜기(백설기), 삿자리(삿자리), 닝슈(랭수), 쏘아리(동아리), 누록(누룩), 기얌(개암), 참ᄂᆞ모(참나무), 보리(보리), 집(짚), 즁독(장독), 며조(메주), 소곰(소금), 두부(두부), 고초쟝(고추장), 밀기울(밀기울), 뽕닙(뽕잎), 조긔젓(조기젓), 비츠(배추), 갓

(갓), 동아(동아), 낙지(낙지), 약념(양념), 조긔 젓국(조기 젖
국), 굴(굴), 졀구(절구),비늘(비늘), 녹말(녹말), 고명(고명),
놋그릇(놋그릇), 이호복(애호박), 쪼창이(꼬쟁이), 가옷(절반)

동사의 예는 다음과 같다.

(211) 직우다(재우다), 삭이다(삭이다), ᄇ리여(바래다), 울엿다가
(울이다), 담갓다가(담그다), 헤워(헤우다), 식이고(식히다),
버무리되(버무리다), 헤치면(헤치다), 반죽ᄒ야(반죽하다),세
말ᄒ야(세말하다), 조리다(졸이다), 찌고(찌다), 쓰 드려(뜸
드리다), 토막지어(토막지다), 싀다(쉬다)

형용사의 예는 다음과 같다.

(212) ᄌ옥허다(자욱하다), 성성허ᄂ니(싱싱하다), 밋그럽지(미끄럽
다), 만만흔(만만하다), 되다(되다), 션을허게(서늘하다), 연허
니라(연하다), 즐고(질다), 길며(길다), 짜르며(짧다), 조브며
(좁다), 널르며(넓다), 달금 빱뿔ᄒ야(달큼 씁쌀하다)

부사의 예는 아래와 같다.

(213) 돈돈이(단단히), 슬컷(실컷), ᄌ그마치(자그만치), 쎅쎅이(빽
빽이), 진득히(진득히), ᄀ독이(가득히), 큼직이(큼직이), 둡거
이(두껍게), 쟉쟉(작작), 낫낫치(낱낱이), 얼는(얼른)

이렇게 작품에는 고유어가 거의 전부의 양을 차지하면서 명사, 동

사, 형용사, 부사의 사용에서 고유어에 기초한 입말체 어휘를 많이 사
용함으로써 언문 일치의 발걸음을 다그치고 있었다.

　이 두 작품에는 한자어나 한문투의 사용을 들 수 있으나 그 실례가
아주 적다.

　　(214) ㄱ. 청주가 용츌ᄒ며

　　　　　ㄴ. 밥소라에 담쏘 풀 적기로 화합허게 져허

　　　　　ㄷ. 열두 번 갈아닉면 마시 평순허고 팔구 ᄎ 갈아닉면 ᄆ시
　　　　　　　밍렬허니라

　　　　　ㄹ. 극픔 춥쌀 두 되 시승 셰졍ᄒ야

　　　　　ㅁ. 다른 죠흔 술을 부어도 향긔가 의구ᄒ니라

　(214)에서는 고유어 '넘어나다, 섞다, 순하다, 세다, 좋은, 깨끗이
씻다, 여전하다' 대신에 '용츌ᄒ다, 화합ᄒ다, 평순ᄒ다, 밍렬ᄒ다, 극
픔, 셰졍ᄒ다, 의구ᄒ다' 등을 사용하고 있는데 이러한 것들은 한문식
표현들이다.

3.4.2. 규방 산문의 형식

　규방 산문의 문장 형식은 번역 산문체, 이야기소설, 판소리소설과
마찬가지로 복합문의 구조를 이루고 있으나 문장의 길이가 그렇게 길
지 않은 것이 특징적이다. ≪규합총서≫나 ≪규중칠우쟁공론≫의 경
우는 문장의 길이가 짧으며 ≪계축일기≫나 ≪한중록≫의 경우에도
상술한 작품보다는 문장의 길이가 길지만 번역 산문체, 이야기소설이
나 판소리소설처럼 문장이 다양한 접속토에 의하여 끊임없이 이어지

면서 긴 복합문을 이루고 있는 것이 아니라 상대적으로 짧은 문장을
이루고 있다.

> (215) 대군을 두고 각식으로 의심훈 후 더욱 위엄을 내여 고기롤 화
> 긔만 드려 눌고기로 만히 먹고 밥으란 죽궃티 ᄒᆞ야 먹고 눌고
> 기롤 즐기니 눈은 점점 붉더라 산치한 더럽다 ᄒᆞ고 아마도 고
> 기만 자시고 즌 광어과 즌 여술 즐기더라//3) 거동이 슈샹ᄒᆞ고
> 눔과 달나 눔이 ᄒᆞ라 ᄒᆞᄂᆞᆫ 일난 아니 ᄒᆞ고 말나 ᄒᆞᄂᆞᆫ 일은 부
> 디 ᄒᆞ더라// 속은 흉ᄒᆞ고 말은 실이 업스니 위엄은 겉쥬롤 본
> 밧고 힝실은 양뎨의게 더으니 우히 듀야의 두려 ᄒᆞ오샤 타일
> 의 션묘롤 져ᄇᆞ리올가 넉이오시더라// 과연 난을 일워 내니라
> ≪계축일기≫

(215)를 보면 문장이 짧게 이루어지고 있다.

일부 경우는 바탕글이 대화 문장을 내포하면서 긴 문장을 이루고 있
으나 접속토에 의하여 문장이 이어지지 않고 끊어지면서 여러 개의 대
화문을 이루고 있다.

> (216) 스월노셔 뉴개 니이쳠 박승종 등 심복과 도모ᄒᆞ며(S1) 방졍
> 지스로 소계홀 ᄆᆞ디(S2) 예온 도적 박응셰 포도쳥의 개개히
> 복쵸ᄒᆞ니(S3) 결안 다딤 바다 결의 닐 거시여눌(S3) 주 박
> 니 삽젹이 포도대쟝 지주ᄒᆞ여 죽이고(S4) 죄슈ᄂᆞᆫ 도로 가도
> 고 이리리 ᄒᆞ라 마초니(S5) 그 도젹 이제 살 억탁으로 일죵
> 지휘대로 샹소훈대(S5) 스월 스므엿새날 샹소 든대(S6) 즉시
> 고변이라 션셩내고(S7) 적도 응셰 탑젼의 ᄀᆞᄅᆞ쳐 가며 뭇ᄂᆞᆫ

---

3) 이 글에서 ≪//≫ 표기는 문장이 끊어짐을 의미한다.

말이(S8) 네 김부원군 집의 갓던다// 네로롸 ᄒ면 살니라//
더 왈(S1) 살기는 듕ᄒ오나(S2) 부원군운 모ᄒᄂ이다// 대군
도 니르라(S1) ᄒ거늘(S2) ᄒᆫ 부원군이 무어시 귀ᄒ여(S3)
아니 뭇더라 ᄒ리잇가// 그 집 문도 모ᄅᄂ이다// 아모라 살
오려 ᄒ시다(S1) 모ᄅᄂ 사롬을 엇디 긔더닝잇가// 대군도
우리 부원군 올니론 말이디(S1) 부원군도 알배 아니니이다//
늠의 익미ᄒᆫ 말을 ᄒ리잇가(S1) ᄒ디(S2) 저의 어버이 다 잡
아다가 극형 ᄒ니(S3) 혹 어미 안치고 아들 티며(S4) 아들
안치고 어미 동셩 치둧(S5) 갓가지 극형을 ᄒ며(S6) 서로 뵈
며 티디(S7) 그것들이 잔잉ᄒᆫ 소리로 서로 보며 (S8)어미는
아들아 무복 ᄒ여날 살롸라 ᄒ면(S9) 아모리 어버히 듕ᄒ여
살오고져 ᄒᆫ들(S10) 거즛말을 ᄒ여(S11) 나도 셟거든(S12)
늠의게 밀워 어디다가 긋틀 다히리오 ᄒ며(S13) ᄌ식이 어버
이롤 보채면 ᄒ디(S14) ᄌ식이 듕타 ᄒ고(S15) 언근 업손 말
을 내 엇디 갈모리 ᄒ여(S16) 이톄로 싱소히 구다가(S17) 영
갑이 는어미 극형 ᄒ여(S18) 죽은 후의 문스낭쳥이 계하로
ᄌ로 오ᄅᄂ려 말ᄒ더니(S19) 그후는 늠의 말ᄒᆺ ᄒ디(S20)
부원군도 아ᄂ이다 ᄒ니(S21) 네 그 집의 가니 엇디 ᄒ더니//
더답ᄒ디(S1) 가니(S2) 술 내여 먹이더이다// 역모홀시 올ᄒ
니이다// 저는 경형ᄒ나(S1) 제 아븨 무덤 프긔는 아니ᄒ고
(S2) 아들 살오니(S3) 그 언약을 ᄒ노라(S4) 귀예 다혀 무복
밧둧더라//

≪계축일기≫

(216)을 보면 가장 긴 복합문이 22개의 문장을 이루고 있으며 나머
지 경우는 바탕글에 대화문을 내포하면서 문장이 짧게 끊어지고 있다.
이러한 문장 형식은 근대에 들어서면서 현대와 비슷하게 문장 형식이

짧아지는 특징을 띠고 있다는 것을 말해 준다.

바탕글과 대화가 이루어지는 경우 번역 산문체, 이야기소설, 판소리 소설의 형식을 모두 취하고 있다.

> (217) 세우閣氏 變色 曰 兩友는 다토디 말라 내 몸이 가야 무슨 일 이든디 일워디나니 그대 등이 아모리 炎凉과 模樣 制度를 한 들 한가지나 일워낼소냐 그런고로 내 功이 웃듬 되리로다
>
> 《규중칠우쟁공론》
>
> (218) 대뎐이 샹샹의 니르디 내 이신 적은 열 대군이 이시나 두렵다 아니려니와 셰즈는 대군과 족해니 조종묘의도 족하롤 해ㅎ고 셔시니 이런 일이 이실가 저허ㅎ노라// 내 브디 대군을 업시 ㅎ고 셰즈롤 편히 살게 ㅎ렷노라// 이러툿 들넛기예 셰지 대 군 보기롤 슬회여 두리온 것 보듯 ㅎ니라
>
> 《한중록》

(217)에서는 바탕글과 대화문이 한자어 '왈'에 의하여 이어지고 있 고 (218)에서는 바탕글과 대화문이 동사 '니르디'나 "셰즈롤 편히 살게 ㅎ렷노라. 이러툿 들넛기예"처럼 아무런 보조적 수단이 없이 이어지 고 있다.

《규합총서》에서는 여성 문체가 돋보이고 있는 것이 특징적이다.

> (219) ㄱ. 여름에 비가 ㅈ인 우물 물을 쓰지 말고
>
> ㄴ. 솟헤 물을 일곱 식긔만 폭폭 쓸혀
>
> ㄷ. 골고로 져허 퍼너야
>
> ㄹ. 진물 조곰 더키도 ㅎ고
>
> ㅁ. 며조 즙을 몬져 씰고

ㅂ. 기름을 쟝간 쳐 그 우희 고로고로 발나 고쳐

ㅅ. 줄고 동굴면 야허니 디소을 임의더로 비겨

ㅇ. 죠흔 치렁에 알마죠 반쥭ㅎ야

(219)에는 '우믈, 믈, 푹푹, 골고루, 조금, 먼져, 고루고루, 둥굴면, 알마춰' 대신 '우몰, 몰, 폭폭, 골고로, 조곰, 몬져, 고로고로, 동굴면, 알마죠' 등 단어들이 쓰이고 있는데 이것은 양성모음으로써 여성다운 문체를 살린 대표적인 실례라 할 수 있다. 다 아는 바와 같이 음성모음은 세고, 크고, 느리고, 어둡고, 무거운 표현 가치를 가지고 있는 반면에 양성모음은 여리고, 작고, 빠르고, 밝고, 가벼운 표현 가치를 가지고 있다. 이렇게 작자는 창작에서 명사, 동사, 형용사, 부사, 상징어에 이르기까지 작고 여린 느낌을 주는 양성모음을 사용하면서 여성다운 문체를 살리고 있다.

3.4.3. 문체론적 표현 수법

규방 산문은 예술 산문체인 이야기소설이나 판소리소설과 달리 주로 사건이나 사물을 서술하는 표현 형식을 취하고 있기 때문에 문체론적 표현 수법이 많이 쓰이지 않고 있다. 표현 수법에는 비유, 과장, 반복, 열거, 꼬리잡이 수법, 성구, 속담 이용법이 사용되고 있는데 그 수가 많지 않다. ≪규중칠우쟁공론≫은 바느질 도구를 의인화한 작품으로서 의인법이 전반 작품에 일관되어 있다.

비유법, 과장법이 사용된 실례를 보면 아래와 같다.

(220) ㄱ. 이 쏘흔 텬쉬니 셜우미 태산 ᄀᆞ하더 죽디 못ᄒᆞ믈 두려ᄒᆞᄂᆞ디

ㄴ. 하 셜워 우옵시니 비록 텰셕곳튼 무움인들 엇디 눈물이 나
    디 아니호리오

ㄷ. 하 셜워 애롤 뻐 투는 듯 간댱이 졸고 심간의 블이 붓는
    듯 호니

≪계축일기≫

(221) ㄱ. 우름을 그치디 못호니 그쩌 심수야 목셕인들 엇디 감동치
        아니호리오

ㄴ. 쥬샹이 나시매 신치 영위호시고 골격이 긔이호샤 진실노
    농봉지지시며 텬일지모,신다라

ㄷ. 쳡쳡흔 공수 참화후 일명이 실 곳투여 거의 쓴허지게 되니

≪한중록≫

규방 산문의 표현 수법은 많은 경우 비유법과 과장법이 융합되어 사
용되고 있다. 예문에서는 직유의 수법으로 설움을 '태산', 마음을 '철
석', 목숨을 '실'에 비유하고 있고 은유의 수법으로 주상전하의 형상을
'룡봉지재, 천일지모'에 비유하고 있다. '설음이 태산 같다', '철석같은
마음', '애가 타고 간장이 졸고 심간에 불이 붓는다', '목석이라도 감동
한다' 등의 언어적 표현은 과장법이 이루어진 실례이다.

반복법의 사용을 보면 다음과 같다.

(222) 도망호는 죵이 스스로 도라오는 법은 도망흔 죵의 옷과 치마
    을 우물 구온디 드리워 두면 스스로 도로오고 도망흔 죵의 머
    리털을 불네 우희 걸고 두르면 갈 바롤 아지 못호야 도랴오고
    도망흔 죵의 셩명을 써 들보의 걱구로 부치고 그 신을 뿕으로
    셕쟝을 쩌셔 뒤간의 미여둔 즉 오러지 아니호여 스스로 도라
    오고 도망코져 호는 죵을 웃신 일력 육촌을 시로 속의 바와

ᄒᆞᆫ가지로 치면 도망코져 ᄒᆞᆫᄂᆞᆫ ᄆᆞ음이 소ᄉᆞ로 업ᄂᆞ니라

≪규합총서≫

(222)에서는 동사 '도망ᄒᆞ다', '도ᄅᆞ오다'가 반복되면서 단어의 반복을 이루고 있고 규정토 'ᄂᆞᆫ/ᄂᆞ', 조건의 종속접속토 '면'과 합동적 병렬접속토 '고'가 반복되면서 토 반복을 이루고 있다.

열거법이 실현된 실례를 보면 다음과 같다.

(223) ㄱ. 녹말을 무쳐 ᄀᆞ날게 회쳐로 뼈홀고 쳔엽 양 곤ᄌᆞ손 부화
싱치 ᄃᆡ하 전복 희샴 슬믄 제육 ᄃᆞ 얇게 졈여 ᄀᆞ날게 치쳐
로 뼈홀고
ㄴ. 빗치 프르고 잘고 검고 ᄒᆞᆫ 거시 일즉 ᄲᅮᆫ 호품이니 십여 일
이나 찬찬이 말뇌여

≪규합총서≫

(224) 내란 몸은 길며 쌀르며 조브며 널르며 이런 것을 눈치 잇게
자세히 살피면서

≪규중칠우쟁공론≫

(223), (224)에서는 명사 '쳔엽, 양, 곤ᄌᆞ손, 부화, 싱지, ᄃᆡ하, 전복, 희샴, 슬믄 제육', 형용사 '프르다, 잘다, 검다'와 '길다, 쌰르다, 좁다, 넓다'를 열거하면서 열거법을 이루고 있다.

꼬리잡이 수법의 이용을 보면 다음과 같다.

(225) 부뫼 인정의 쳑비ᄒᆞᆯ실 거시로ᄃᆡ 악연ᄒᆞᆫ 졍니를 ᄎᆞᆷ으시고 션인
이 경계ᄒᆞ시ᄃᆡ 인신의 집이 쳑니되면 영통이 ᄯᅳ르고 영통이
ᄯᅳ르면 문난이 셩ᄒᆞ고 문난이 셩ᄒᆞ면 지앙을 부르ᄂᆞ니

≪한중록≫

(225)에서는 '척니되다', '영통', '문난', '직앙' 등 단어가 꼬리에 꼬리를 물고 이어지면서 꼬리잡이 수법을 이루고 있다.

규방 산문에서 사용되고 있는 성구나 속담들은 오랜 생활 속에서 얻은 경험이나 교훈을 함축성 있게 표현한 언어 형식들이라는 점이 주목된다.

(226) ㄱ. 애가 타다
     ㄴ. 간당이 졸다
     ㄷ. 심간의 블이 붓는다

《계축일기》

(227) 구슬이 서말이라도 꾀여야 구슬이 된다.

《규중칠우쟁공론》

3.4.4. 문법적 수단

구격토의 사용에서 15세기 문헌에서는 모음과 'ㄹ' 종성 아래서 '와'가 쓰이고 기타 종성 아래에서는 '과'가 쓰이면서 사용 범위가 명확히 구별되어 있었으나 《계축일기》에서는 '와'가 쓰일 곳에 '과'가 쓰이고 있다.

(228) ㄱ. 침실샹궁 김시과 대군 보모샹궁과 침실 시녀 녀옥이과 대군 큰 각시 환이롤
     ㄴ. 나라과 무슨 원슈러니 진동ᄒ며
     ㄷ. 즌 광어과 즌 여술 즐기더라

(228)에서 보여 주는 이러한 실례는 그때 당시까지도 구격토의 고립

적 용법이 궁중의 언어생활에 남아 있다는 것을 말해 준다.

≪계축일기≫에는 주격토 '가'와 'ㅣ'를 서로 혼동하여 사용하고 있다.

  (229) ㄱ. 불공디텬지슈 되리오
       ㄴ. 오가가 아녀 님별패라 ㅎ옵데 다시곰 욱이디

  (229)에서 개음절 '슈' 아래에 '가'가 쓰이지 않고 모음 'ㅣ'가 위 음절과 결합되어 하나의 음절을 이루고 있다. 이런 현상은 17세기 이전의 주격토의 용법이 그대로 남아 있는 것이라고 할 수 있다.

  ≪계축일기≫에는 객체존칭토 '옵', 상대존칭토 '이'의 흔적을 찾아볼 수 있다.

  (230) ㄱ. 부원군도 알배 아니니이다
       ㄴ. 역모홀시 올흐니이다
       ㄷ. 수이 내여 보ㅎ옵시더
       ㄹ. 하 셜워 우옵시니

  (230)에서 '옵', '이'는 중세에 쓰이던 객체존칭토 '숩', 상대존칭토 '이'에서 자음 'ㅿ', 'ㆁ'이 탈락되어 변화된 형태들로서 객체존칭과 상대존칭의 문법적 의미를 나타내고 있다.

3.4.5. 표기 수단

  규방 산문은 ≪규중칠우쟁공론≫을 제외하고 모두 국문체로 되어 있다.

≪규중칠우쟁공론≫은 표기에서 고유어는 정음자로 표기하고 한자어는 한자로 표기하고 있으나 한자 의식에서 유리되어 고유어처럼 쓰이는 어휘들까지도 한자로 표기하고 있다.

(231) ㄱ. 말이 果然 올토다
ㄴ. 人情 업는 것은 人間 사람이로다
ㄷ. 野俗히 말하는 도다
ㄹ. 許久한 날의 내 입을 어긔고
ㅁ. 請컨대 夫人은 怒를 그치시고 容恕하쇼서
ㅂ. 以後로 功을 잊디 못하야

≪규중칠우쟁공론≫

(231)에 한자로 표기된 단어들은 오랜 세월을 거쳐 고유어에 녹아붙은 어휘로서 고유어처럼 사용되고 있었던 것들이다.

표기가 혼란되어 있다.

(232) ㄱ. 좀디 못 ᄒᆞ야 ᄒᆞ 우ᄉᆞ니
ㄴ. 하 밧긔셔 번히 뵈디 못 ᄒᆞ게(계축일기)

≪계축일기≫

(232)에서 '크다'의 뜻으로 사용되는 '하'를 어떤 경우에는 'ᄒᆞ'로 표기하고 있다.

그리고 된소리 표기에 'ᄭ, ᄯ, ᄶ, ᄲ, ᄡ, ᄞ, ᄠ, ᄧ, ᄊ' 등이 쓰였다.

(233) ㄱ. 정히 ᄧᅡᆨ가 함 담을 ᄧᅥᆺ고
ㄴ. 콩ᄧᅡᆨ지ᄀᆞ 뎨일이오

ㄷ. 시승 흔 물 작말ᄒ야 빅셜기 찌고

ㄹ. 굼글 졍히 뿔쇼 몬져 써 흐린 거슬

ㅁ. 밥이 쎄 업시

ㅂ. 졈미 서 말 뵈 번 써셔

ㅅ. 붉틔ᄂ 졍히 씻고

《규합총서》

그리고 합용병서에 'ㅄ, ㅅㅊ'가 쓰이고 있다.

(234) ㄱ. 셰 틀에 보ᄌ을 쓰라 쌀고

ㄴ. 홍싞은 셜벼 튄 거슬 작몰ᄒ야

《규합총서》

일부는 구개음화 현상에서 혼란을 보이고 있다.

(235) ㄱ. 쏙터ᄂ 닛터도 됴ᄒ니

ㄴ. 소곰 녁 되롤 죠흔 물에 타 버무리되

《규합총서》

단어 '좋다'를 (235ㄱ)에는 구개음화가 되지 않은 형태인 '됴ᄒ'로 표기하고 있는 반면에 (235ㄴ)의 경우에는 '죠흔'으로 표기하고 있다.

제4장 대화체의 문체적 특징

대화체는 일상생활의 교제 분야에 쓰이는 두 사람이나 두 사람 이상이 직접 대면하여 주고받는 언어 행위의 문체를 말한다. 그러기에 대화체는 문학 예술 문체와 구별되는 독특한 문체적 특성을 가지고 있다. 앞에서도 언급한 바와 같이 문학 예술 문체에 속하는 시가체와 산문체도 서로 다른 특성을 가지고 있는데 시가체가 인간의 생활을 서정적 묘사 방식에 기초한 문학의 한 형태라면 산문체는 서사적 묘사 방식을 위주로 하는 문학의 한 형태이다. 그러나 대화체는 이러한 시가체나 산문체에서처럼 인간의 생활을 이야기 줄거리에 담아 묘사하는 것이 아니라 사람들이 주고받는 말을 직접 나타내고 있다. 산문체에도 대화가 있지만 이러한 대화는 바탕글과 결합되어 사용되고 있는 반면에 대화체의 경우에는 순 대화만으로 구성되어 있다. 대화체는 사람들의 생동한 언어 행위를 직접 나타내고 있기 때문에 시가체나 산문체보다 당시 입말의 형태를 더 잘 보여 주고 있다.

대화체의 문체적 특징을 고찰하는 데는 ≪번역노걸대≫, ≪노걸대언해≫, ≪번역박통사≫, ≪박통사언해≫, ≪화음계몽언해≫ 등 작품을 고찰 자료로 삼고자 한다.

제1절 ≪노걸대≫, ≪박통사≫의 초간본과 중간본

≪노걸대≫, ≪박통사≫의 초간본과 중간본은 ≪번역노걸대≫, ≪노걸대언해≫와 ≪번역박통사≫, ≪박통사언해≫라고 하는데 이것은 ≪노걸대≫와 ≪박통사≫라는 중국어교과서를 우리말로 번역한 책이다. ≪노걸대≫는 기본적인 일상대화를 내용으로 하고 있는 반면에 ≪박통사≫는 비교적 고급한 내용의 회화를 내용으로 하고 있다. ≪노걸대≫, ≪박통사≫의 초간본과 중간본 사이에는 150여 년의 시간적 간격이 있기 때문에 여기에는 16세기 초부터 17세기 중엽에 이르는 조선어의 음운적 변화, 문법적 변화, 어휘적 변화, 표기법의 변화가 확연히 드러나 있다.

4.1.1. 어휘적 수단

≪노걸대≫나 ≪박통사≫의 초, 중간본은 대화체 작품으로서 입말체에 기초한 고유어를 반영하고 있는 어휘적 특징을 가지고 있다. 물론 이러한 작품들은 번역이라는 제한성 때문에 당시의 입말 그대로의 반영이라고는 할 수 없으나 같은 시기의 다른 문체의 작품들보다 입말적인 요소가 적지 않게 들어 있다. 그것은 대화체가 다른 문체보다 언어 행위를 직접 표현하고 있는 사정과 관계된다.

≪노걸대언해≫와 ≪박통사언해≫는 그 당시 다른 책에 비하여 고유한 입말 어휘가 비교적 풍부하게 반영되어 있다. 여기에는 내용의 특성과 관련하여 의복, 신발, 직물, 남새, 과일, 육류, 마구, 일용잡화, 인륜 등 인민들의 일상생활에서 흔히 쓰이고 있는 다종다양한 어휘가 풍부하게 반영되고 있다.

작품에 쓰인 입말체 어휘를 살펴보면 다음과 같다.

일용잡화와 관련된 어휘로는 다음과 같은 것들이 있다.

  (1) 사발, 뎝시, 그릇, 돗, 지즑, 가마, 노고, 술, 뎌, 칼, 연장, 송곳,

    저울, 저울튜, 저울눈, 저울갈구리, 방올, 낫

                    ≪노걸대언해≫

  (2) 납, 기동, 門빡, 들창, 울어리창, 상다디, 외다디, 창살, 바리, 벽,

    먹고조, 먹갈, 갓괴, 항괴, 디패, 끌, 도치, 줄, 톱

                    ≪박통사언해≫

남새, 과일과 관련된 어휘로는 다음과 같은 것들이 있다.

  (3) 년근최, 외, 가지, 파, 부치, 마늘, 닷무우, 동화, 박, 계ᄌᆞ, 쉬무우,

    시ᄀ치, 다ᄉᆞ마, 대쵸, 감, 호도, 보도, 슬고, 슈박, 춤외, 셕뉴, 비,

    외앗, 잣, 밤

                    ≪노걸대언해≫

  (4) 개얌, ᄆᆞ론 보도, 녀지, 감자, 앵도, 슬고, 복셩화, 님금, 유황슬고

                    ≪박통사언해≫

인륜과 관련된 어휘로는 다음과 같은 것들이 있다.

  (5) 하나비, 할미, 아비, 어미, 아븨 뭇형, 아븨 아ᄋᆞ 형, 아ᄋᆞ 뭇누의,

    아ᄋᆞ 누의, 누의게 난 아둘, 동셩 형뎨의 난 아둘, 동셩 형뎨게

    난 아촌쏠, 어믜 오라비, 사회, 어믜 오라븨 겨집, 아ᄋᆞ 아자븨

    겨집, 어믜 겨집 동셩, 싱븨동동누의 아븨 동셩, 누의 남진, 어믜

    겨집 동셩의 남진, 뭇누의 남진, 아ᄋᆞ 누의 남진, 쏠의 사회, 同

姓 四寸형 아ᄋ, 異姓 四寸형 아ᄋ, 同姓 六寸형 아ᄋ, 어믜 겨
집 동성의게셔 난 형뎨, 사돈짓 아비, 사돈짓 어미, 사돈짓 아자
비, 사돈짓 어먹오라비, 사돈짓 어믜 겨집 동싱

≪노걸대언해≫

≪노걸대언해≫나 ≪박통사언해≫에는 입말에서 흔히 쓰이는 어휘
적 표현이 많이 반영되어 있다.

(6) ㄱ. 내 앗가 ᄌᆞ 뿔 밧고라 갓더니

　　ㄴ. 딕골이 알ᄑᆞ고

　　ㄷ. 헤아리건대 이만짠 양에

≪노걸대언해≫

(7) ㄱ. 둘재형은 오락가락ᄒᆞ고

　　ㄴ. 그저 구믈구믈ᄒᆞ더라

　　ㄷ. 네 다슷빵식 무둑무둑 나아드러

　　ㄹ. 官人들의 비즌 됴흔 술을 여라믄 병을 어더 오미 엇더ᄒᆞ뇨

≪박통사언해≫

이상의 (6), (7)에서 '앗가', 'ᄌᆞ', '딕골', '이만짠', '오락가락', '구믈
구믈', '무둑무둑', '여라믄' 등 단어들은 모두 입말에서 잘 쓰이는 일반
고유 어휘이다.

이 밖에 대화에서 자주 쓰이는 호칭어도 많이 사용되고 있다.

(8) ㄱ. 張가야 이바 우리 이 官人이 ᄒᆞᆫ 불 칼을 민돌고져 호되

　　ㄴ. 애 내 일즙 아디 못ᄒᆞᆯ샤 일즉 아드면 探望ᄒᆞ라

≪박통사언해≫

(8)에서 '이바', '애'는 우리말 대화에서 흔히 사용되는 호칭어들이다. ≪노걸대언해≫나 ≪박통사언해≫에는 입말에서 쓰이는 단어들의 어울림도 반영되어 있다.

(9) ㄱ. 즐기거든 즐기고 슬커든 말라 나는 셩 샨론 사름이니
　　 ㄴ. 엿트나 엿튼 우믈이니 그저 줄드레로 물을 깃느니라
　　　　　　　　　　　　　　　　　　　　≪번역노걸대≫
(10) ㄱ. 키만치 크게 혼 흔빵 귓바회와
　　 ㄴ. 나는 그저 불희로 解酒ᄒ고 초 빗는 줄만 알고
　　 ㄷ. 텨 반만 죽엇다가 되 씌여나니
　　　　　　　　　　　　　　　　　　　　≪박통사언해≫

(9), (10)에서 "…거든…고", "…나…ㄴ…", "…만치…게 혼", "그저…줄만", "…다가…니" 등과 같은 어울림은 입말의 직접적인 반영으로서 작품에 많이 나타나고 있다.

그러나 작품은 번역에서 오는 제한성으로 하여 대화에서 한문의 영향으로부터 오는 한문식 표현이 더러 쓰이고 있다.

(11) ㄱ. 하늘 붉거든 가리라 이대 이대
　　 ㄴ. 읍ᄒ노이다 큰형아
　　 ㄷ. 네 날를 져기 죽쑤어 줌이 엇더ᄒ뇨 두어 두어
　　　　　　　　　　　　　　　　　　　　≪노걸대언해≫

(11)의 '이대 이대', '읍ᄒ노이다', '두어 두어' 등은 직역에서 오는 한문식 표현들이다.

≪노걸대≫, ≪박통사≫의 초간본과 중간본을 비교하여 보면 16세

기 전반기까지 쓰이다가 그 후 다른 말로 바뀐 고유 어휘가 적지 않음
을 알 수 있다.

(12)

(번역박통사)	(박통사언해)
아슥라히	멀리
ᄇ라와 견듸디 몯 ᄒ애라	ᄀ렵기를 불티 못 ᄒ여라
하늘 듧는 솔오재	하늘 둛는 송
서느러운	서눌ᄒ
니거든	가거든
녀느	다른
눕더기	누비옷
봅노는	뛰노는
므스거시	므서시
혀근	져근

≪노걸대≫나 ≪박통사≫의 초간본과 중간본을 대비해 보면 초간본
에서 사용되던 고유어가 중간본에서 한자어에 의하여 교체되고 있는
것을 찾아볼 수 있다. 어휘의 변화를 보면 다음과 같다[1].

(13)

(번역노걸대)	(노걸대언해)
되	漢
웃듬보미	主見

---

1) 김병운, ≪리조후반기 조선어어휘변화에 대한 연구≫, 김일성종합대학출판사, 1990
년, 114쪽.

니건히	往年
밤마다	每夜
흥졍ㄱ숨	貨物
ᄒᆞ근 깁	小絹
고로	綾
아븨누의	姑姑
어비오라븨	舅舅
조혼	乾淨
도틔고기	豬肉
ᄧᅥ녀슴거우녀	鹹淡
읍	拜揖
사ᄅᆞᆷ과 ᄆᆞᆯ들	人馬
아리	在前
ᄯᅡᆺ님자	地主
사ᄅᆞᆷ업다	無人
나그내	客人
설어즈라	收拾ᄒᆞ쟈
ᄂᆞᄆᆞ새	菜蔬
일아ᄂᆞᆫ 사ᄅᆞᆷ	見識잇ᄂᆞᆫ 사ᄅᆞᆷ
어득흔 수풀	黑林
구디잡고	堅執
ᄀᆞᄂᆞᆫ 시리	細絲

(번역박통사)	(박통사언해)
ᄀᆞᅀᆞᆯ	秋
굴외다	遊蕩
갑던	報

겨집	娘子
고기	肉
고르며	調
곳	花
구들	炕
구의	官
활와치	弓匠
홍정	買賣
힘	氣力
어리다	愚
어버ᇫ	父母
얻다	取
얼굴	象
여위다	瘦
열갑다	淺
ᄭᅮ민	飾
그림	畫
그믈	網
글지ᇫ	文章
기픠	深
깃브다	喜
나라	國家
나져	白日
나토와	顯
ᄂᆞ리와	降
ᄂᆞ미것	他人
낛	釣

쟝만ᄒ다	準備
쟝앳디히	醬瓜
절	禮拜
즐기다	樂
춤다	耐
채	鞭
취위	寒
펴다	撒
프르다	蒼
ᄒ녀고론	一邊
헌디	瘡
협금	皮金
밤	黑夜
발고락	爪
벼루	峴
벼슬	官
붓	筆
비	雨
새철보기	拜門
믿	本
ᄇ롬	壁
로룻바치	雜技
누른	黃
눈앏	眼前
닐곱	第七
다드라	監
담	墻

다다	眂
둘고지	搖車
돌	過年
여다	開
예순	六十
웃딕	貴宅
이스랏	櫻桃
이싱	今世
이저	當今
줌겨다	浸
소라	盆子
쇠	鐵
쇠붑	鐘
수늙	高頂
술	酒
스승	師傅
시름	愁
새요	蝦
아숨	親戚
안개	霧
어딜다	善
어렵다	難
뫼	山
믈놀이	弄水
미혹ᄒ다	魯

이상의 (13)에서 보여 주는 이러한 교체가 일어나게 된 것은 첫째로

'니건힉, 구의, 아숨, 이스랏, 고로, 로롯바치, 웃듬보미, 흥졍가숨, 호근깁' 등 일부 고유어가 후대로 내려오면서 언어생활에서 잘 쓰이지 않고 '往年, 官, 親戚, 櫻桃, 綾, 雜技, 主見, 貨物, 小絹' 등 한자어로 대체된 것과 관련되고 둘째로는 당시의 언어생활에서 '나라, 나그내, ᄂᆞᄆᆞ새, 곶, 그믈, 안개' 등 고유어가 있음에도 불구하고 '國家, 客人, 菜蔬, 花, 網, 霧' 등 한자어가 사용되면서 한자 어휘가 증가된 사정과도 관련되며 역자들의 언어 의식과도 관련된다고 말할 수 있다.

≪노걸대언해≫ · ≪박통사언해≫는 한어, 몽골어, 만주어 등에서 차용된 어휘가 적지 않게 쓰이고 있다.

한어의 차용에는 일부분은 한어 원음 그대로 받아들이고 일부분은 조선 한자음으로 결합된 부분 차용과 전부 한어 원음을 받아들인 완전 차용으로 나누어 볼 수 있다.

부분적으로 차용된 어휘를 보면 아래와 같다.

(14) 다홍(大紅), 야쳥(鴉靑), 햐쳐(下處), 됴야(挑牙), 탕관(湯罐), 딩ᄌᆞ(頂子), 푼ᄌᆞ(粉子), 푸ᄌᆞ(鋪子), 톄ᄌᆞ(帖子), 쥬벼ᄋᆞ(酒鼈兒)

완전히 차용된 어휘를 보면 아래와 같다.

(15) 노고(鑼鍋), 솽(雙), 투투멋(脫脫麿食), 황호(荒貨), 푼(分), 캉(炕), 죠리(笊籬), 대련(搭連)

몽골어에서 차용된 어휘를 보면 아래와 같다.

(16) 고도리(幞頭), 졀다몰(赤馬), 공골몰(黃馬), 간쟈몰(玉面馬), 지
달(拌了脚), 타락(소젖기름)

만주어에서 차용된 어휘를 보면 다음과 같다.

(17) 사돈(親家), 슈슈(高粱), 실(線), 모로(鐵枕), 고돌개(鞦)

≪노걸대언해≫나 ≪박통사언해≫에는 당시 입말체 어휘가 많이 사
용되고 있지만 번역문이라는 제한성 때문에 글말체에 기초한 한문투
들이 적지 않게 사용되고 있다.

(18) ㄱ. 그러면 너 ᄒ여 受禮ᄒ라
     ㄴ. 갑시 如常ᄒ되
     ㄷ. 아히들히 다 安樂ᄒ더라
     ㄹ. 두고 즈름과 眼同ᄒ여 보라
     ㅁ. 닷쇗 날 다ᄃᆞ르면 起程ᄒ리니
                                        ≪노걸대언해≫

(19) 當今에 聖主ㅣ 큰 福이 하늘과 ᄀᆞ즉ᄒ야 風調雨順ᄒ고 國泰民
     安ᄒ더 ᄯ오 이 봄 二 三 月 됴ᄒᆫ 時節을 만나시니 됴ᄒᆫ 時光을
     그릇 디내디 마쟈 人生 一世ㅣ오 草生 一秋이라 우리 여러 됴
     ᄒᆫ 弟兄들히 뎌 有名ᄒᆫ 花園에 가 ᄒᆫ 賞花ᄒᄂᆞ 이바디롤 ᄒ여
     우리 消愁解悶홈이 엇더ᄒ뇨
                                        ≪박통사언해≫

(18), (19)에서 '當今, 聖主, 福, 時光, 弟兄, 花園' 등은 한자 어휘
이고 '受禮ᄒ다, 如常ᄒ다, 安樂ᄒ다, 眼同ᄒ다, 起程ᄒ다'는 한자어

에 고유어 '흐다'가 결합된 형태이며 '風調雨順, 國泰民安, 消愁解悶'
은 한자어성구이고 "人生 一世ㅣ오 草生 一秋이라"는 중국 속담을 그
대로 인용한 언어적 표현이다. 이렇게 ≪노걸대언해≫나 ≪박통사언
해≫는 비록 당시 고유어에 기초한 입말체 표현이 많이 쓰이고 있었으
나 한자어, 한자 성구, 한문투의 표현이 적지 않게 사용되고 있어 당시
의 생동한 입말과는 아직 거리가 멀었던 것이다.

　성구, 속담은 인민 대중이 오랜 생활 과정에서 얻은 경험과 교훈을
간결하고도 형상적인 언어 형식으로 표현하는 것이기 때문에 인민들
의 일상생활 대화에 많이 이용되고 있다. ≪노걸대언해≫나 ≪박통사
언해≫에도 성구, 속담이 많이 쓰이고 있다.

(20) ㄱ. 물이 밤 여믈을 엇디 못흐면 슬지디 못흐고 사룸이 뿐 財物
　　　을 엇디 못흐면 가옴여디 못흐다
　　ㄴ. 샹샹의 도적 무옴을 막고 눕의 것 도적 말라
　　ㄷ. 사오나온 일란 그이고 됴흔 일란 들어나게 흐라

　　　　　　　　　　　　　　　　　　　　　　　≪노걸대언해≫

(21) ㄱ. 말을 니르디 아니면 아디 못흐고 남글 뚤디 아니면 스뭇디
　　　아닌는다
　　ㄴ. 놉흔 바독은 첫 판을 진다
　　ㄷ. 君子는 一言이오 快馬는 一鞭이라
　　ㄹ. 사룸이 가난흐면 그저 다랍고 빗 지면 거줏말 니르기 잘흔다
　　ㅁ. 흔 희롤 비얌 믈려 디내면 三 年을 드렛줄도 접퍼흐다
　　ㅂ. 개는 濺草흔 恩이 잇고 물은 垂繮흔 報ㅣ 잇다
　　ㅅ. 一夜 夫妻ㅣ 百夜恩이라
　　ㅇ. ㅈ식을 길러야 보야흐로 父母 은혜롤 안다
　　ㅈ. 節에 拜홀 무옴이 이시면 寒食이라도 더듸디 아니타

ㅊ. 黃金을 귀타 니ᄅ디 말라 安樂호미 갑시 만타

ㅋ. 능히 萬 間 房을 지어도 밤의 一厦 間에 잔다

ㅌ. ᄒ나히 가매 빅이 온다

ㅍ. 送君 千 里나 終有一別이라

ㅎ. 범을 그리매 가족은 그려도 ᄲᅧ 그리기 어렵고 사ᄅᆷ을 알매
   ᄂᆺ촌 아라도 ᄆᆞᄋᆷ은 아디 못ᄒ다 ᄒᄂ니라

《박통사언해》

이러한 성구나 속담은 입말에 기초한 조선어식 표현으로 된 것도 있
고 글말에 기초한 한어식 표현으로 된 것도 있다.

4.1.2. 《노걸대》, 《박통사》의 문장 형식

《노걸대》, 《박통사》의 문장 형식은 한마디로 말하면 짧은 문장
이 많은 것이 특징적이다. 그것은 대화체는 직접적인 대화의 형식으로
되어 있으며 대화할 때 몸짓, 표정, 어조 등 언어의 외적 수단들을 이
용할 수 있다는 사정과 많이 관계된다.

문장 형식을 말하면 단어문, 단일문, 단순문 등이 많이 쓰이고 있으
며 문장성분의 생략에 의한 생략문이 많이 사용되고 있다.

(22) ㄱ. 큰형아

네 어드러로셔브터 온다

내 高麗 王京으로셔브터 오롸

ㄴ. 네 스승이 엇던 사ᄅᆷ고

漢ㅅ 사ᄅᆷ이라

나히 언머나 ᄒ뇨

셜흔 다숫시라

≪노걸대언해≫

(23) ㄱ. 이바 내 너를 フ르치마

언머에 흔 판고

두 돈 반에 흔 판식 호더 내 밥을 먹으면 돈 반에 흔 판이라

ㄴ. 네 뎌 쌤에 므슴 瘡고

아디 못께라 므슴 瘡인디

언제브터 낫ㄴ뇨

그제브터 나시되 フ렵기롤 當티 못ㅎ여라

≪박통사언해≫

(22ㄱ)에서 '큰형아'는 하나의 단어로 이루어진 단어문이고 (22ㄴ)의 "漢ㅅ 사룸이라", "셜흔다숫시라"는 술어로만 이루어진 생략문이며 (23ㄱ)의 "언머에 흔 판고"와 (23ㄴ)의 "언제브터 낫ㄴ뇨"는 주어가 생략된 문장이다. 완전문의 경우에도 (22ㄱ)의 "네 어드러로셔브터 온다", "내 高麗 王京으로셔브터 오라"에서처럼 단순단일문으로 된 문장이 많이 사용되고 있다. 또한 "아디 못께라 므슴 瘡인디"에서처럼 대화에 자주 사용되는 어순이 바뀐 문장도 사용되고 있다.

≪노걸대언해≫나 ≪박통사언해≫에는 하대 계칭의 말차림 관계로 일관되어 있으나 일부 경우 대등 계칭이 사용되고 있는 것이 특징적이다.

(24) ㄱ. 큰 형아

네 이제 어듸 가는다

나도 北京 향ㅎ야 가노라

ㄴ. 이 店에 다 門 다드면 므슴 사룸이 드러올가 저프리오

ㄷ. 다른 사룸이 우리롤다가 므슴 사룸을 사마 보리오

≪노걸대언해≫

(25) 네 언제 온다
굿그적의 왓노라

≪박통사언해≫

(24), (25)의 말차림 관계에서 작품은 'ㄴ다, 노라' 등 하대 계칭으로 일관되어 있고 일부 경우에는 '오'의 대등 계칭이 쓰이고 있는데 이런 대등 계칭의 사용은 앞선 시기나 같은 시기의 국문 책들에서 찾아볼 수 없는 대화체의 특유한 특징이라 할 수 있다. 또한 이러한 현상을 통해 당시 글말에서는 하대와 존대 계칭만 일관되어 있었으나 입말의 대화에는 대등 계칭이 통용되고 있었다는 것을 알 수 있다.

≪노걸대언해≫나 ≪박통사언해≫에는 입말의 대화에서 흔히 쓰인 다양한 종결토들이 풍부하게 반영되어 있다. 여기에는 앞선 시기 국문 책에서 볼 수 없었던 서술, 의문, 명령, 권유식의 종결토들을 다양하게 쓰고 있는 것이 특징적이다.

서술식 종결토가 쓰인 예를 들어 보면 다음과 같다.

(26) ㄱ. 내 高麗 王京으로셔브터 오롸
　　 ㄴ. 내 北京으로 향ᄒᆞ야 가노라
　　 ㄷ. 그리어니 ᄀᆞ래ᄂᆞ니 잇ᄂᆞ니라
　　 ㄹ. 그러면 ᄀᆞ장 됴토다

≪노걸대언해≫

(27) ㄱ. 내 너ᄃᆞ려 니르마
　　 ㄴ. ᄌᆞ식 기ᄅᆞ기 ᄀᆞ장 어렵더라
　　 ㄷ. 이런 괴이혼 말을 닐ᄋᆞᆫ고나
　　 ㄹ. 네 ᄯᅩ 나롤 ᄀᆞ장 노프니롤 주고려

≪박통사언해≫

의문식 종결토가 쓰인 예를 들어 보면 다음과 같다.

> (28) ㄱ. 큰 형아 네 어드러로셔브터 온다
> ㄴ. 엇디 굿 여긔 오뇨
> ㄷ. 그 벗이 이제 미처 올가 못 올가
> ㄹ. 그 말을 엇디 니르리오
> ㅁ. 셔울 믈 갑시 엇더ᄒ고
> ㅂ. 네 뎌 ᄯᅡ히 가 져그나 니쳔 인ᄂ냐
>
> ≪노걸대언해≫

명령식 종결토가 쓰인 예를 들어 보면 아래와 같다.

> (29) 다ᄅᆞᆫ 뎜에 시험ᄒ여 商量ᄒ라 가라
>
> ≪노걸대언해≫

권유식 종결토가 사용된 실례를 보면 아래와 같다.

> (30) 이러면 우리 홈믜 가쟈
>
> ≪노걸대언해≫

(26)∼(30)에서 쓰인 종결토들은 모두 입말체에서 쓰이던 것들로서 이 가운데 적지 않은 것들은 작품에서 처음으로 나타난 것들이다.

≪노걸대언해≫나 ≪박통사언해≫의 대화체에는 입말적인 토의 쓰임이 보이는데 특히 절대격의 사용이 특징적이다. 대화체는 대화의 형식으로 교제가 진행되기에 격토들이 없어도 언어의 외적 수단들에 의하여 격토의 문법적 기능들을 보충 받을 수 있기 때문이다.

(31) ㄱ. 네 언제 王京의셔 떠난다

　　　ㄴ. 내 이둘 초ᄒᆞ론날 王京셔 떠난노라

　　　ㄷ. 每日 이른 새배 니러 學堂의 가 스승님끠 글 빈호고

　　　ㄹ. 네 뉘손ᄃᆡ 글 빈혼다

　　　ㅁ. 네 어버이 널로 ᄒᆞ야 빈호라 ᄒᆞᄂᆞ냐

　　　ㅂ. 이제 반 둘에 다ᄃᆞ라쩌든 엇디 ᄀᆞᆺ 여긔 오뇨

　　　ㅅ. 사ᄅᆞᆷ이 우리롤다가 므슴 사ᄅᆞᆷ을 사마 보리오

≪노걸대언해≫

(31)은 많은 경우 절대격이 쓰이고 있는데 (31ㄱ), (31ㄴ)의 주어 '네, 내'는 '너, 나'에 주격토 '이'가 융합된 실례이고 (31ㄷ)은 간접보어 '새배'에 여격토 '에'가 생략된 실례이며 (31ㄹ)은 직접보어 '글'에 대격 토 '을'이 생략된 실례이고 (31ㅁ)은 '네'가 그대로 규정어로 쓰인 실례 이다. 일반적으로 대화체에는 속격토 '의'가 쓰이지 않고 많은 경우 절 대격으로 표시하고 있다. 그리고 (31ㅂ), (31ㅅ)에는 입말에서 강조의 뜻으로 많이 쓰이는 토 '쩌든, 다가'가 쓰이고 있다.

4.1.3. 문체론적 표현 수법

≪노걸대≫, ≪박통사≫ 등 대화체 번역본은 시가체의 가사나 잡가, 예술 산문체의 이야기소설이나 판소리소설과 비해볼 때 문체론적 표 현 수법의 이용에서 자기의 특징을 가지고 있다. 이런 대화체에는 시 가체나 산문체와 달리 비유, 과장 등 어휘론적 표현 수법보다 반복, 열 거, 대구 등 문장론적 표현 수법이 많이 쓰이고 있다.

물론 비유법이나 과장법의 사용을 찾아볼 수 있으나 양적으로 적으 며 대체적으로 융합되어 사용되고 있다.

비유법, 과장법이 융합된 실례를 보면 아래와 같다.

> (32) 이 쟉도는 이 우리 권당의 집 거시니 데 즐기디 아니커늘 내
> 미이 닐너 비러오니 ㅂ롬늘 굿티 쾌ᄒ니 네 조심ᄒ여 쓰고 ᄂ
> 믜 것 해여ㅂ리디 몰라
>
> ≪노걸대언해≫
>
> (33) 손에 槍을 딥흔 이 석 자나 너른 엇게오 등잔 ᄀ튼 두 눈에 바
> 로 곳곳이 싸히 셔시니 山 ᄀ투여 動憚티 아니ᄒ니 애졍히 一
> 條好漢이러라 이ᄂ 하늘을 바텬ᄂ 白玉 柱 ㅣ오 바다흘 걸탄ᄂ
> 紫金梁이로다
>
> ≪박통사언해≫

(32)에서는 칼날을 묘사함에 있어서 'ㅂ롬늘 갓다'고 직유의 수법을
사용하고 있으며 'ㅂ롬늘 굿티 쾌ᄒ다'라는 표현은 과장법이 쓰인 실례
이다. (33)에서는 씨름 터에 지켜서 있는 장병들의 형상을 묘사함에
있어서 두 눈을 '등잔', 땅에 서있는 모습이 '山' 같다고 직유의 수법을
이용하고 있고 장군의 형상은 '하늘을 바텬ᄂ 白玉 柱 ㅣ오 바다흘 걸
탄ᄂ 紫金梁이로다'고 은유의 수법을 쓰고 있으며 '석 자나 너른 엇게
오'라는 표현은 과장된 표현이다.

반복법에는 단어의 반복과 토의 반복을 들 수 있는데 여기에 사용되
는 반복법은 운율을 조성하는 데 이용된 것이 아니라 서술의 표현적
효과를 높이는 데 이용된다.

> (34) 큰형아 네 뎌 텬쳥 빗체 홍비흔 비단과 류쳥 빗체 무룹 도리로
> 문흔 비단 압두록 빗체 벽드르 헤운 문흔 비단 연초록 빗체 보
> 샹화 문흔 비단 연야토록 빗체 텬화의 팔보 쪄흔 문엣 비단 초

록 빗체 버리 민화 딴로는 문엣 비단 디튼 초록 빗체 스계화
문흔 비단 옥식 빗체 굴근 뻬구룸 문흔 비단 桃紅 빗체 엇게예
구룸 문흔 비단 다홍 빗체 금 드려 뜬 비단 은홍 빗체 西蕃蓮
문흔 비단 肉紅 빗체 너출모란 문흔 비단 연뉴황 빗체 붓곳 문
흔 비단 디튼 뉴황 빗체 四雲 문흔 비단 노른 빗체 穿花鳳 문
흔 비단 사향 빗체 슬란 문흔 비단 뽁 빗체 벽드르 문흔 비단
노른 차찰 빗체 비단 마등 빗체 희매 문흔 비단 감찰 빗체 스믠
문흔 비단 이런 비단과 紗羅ㅣ 다 인느냐

≪노걸대언해≫

(35) ㄱ. 뗑긘 담에 뗑긘 니블에 뗑긘 겨집이 안히셔 자는 거시여 이
거슨 이 호되로다

ㄴ. 九月에 태티기 ᄒ고 뫼초라기 노롯ᄒ고 뵈땅이 싸홈 브티
고 十 月에 대믈튀기 ᄒ고 흔 겨올은 뎌기츠기 ᄒ고 開春
ᄒ면 댱방올티기 ᄒ고 혹 돈 더느기 ᄒ며 쌍블잡기 ᄒ고
흔 녀름은 수믓뎌기 ᄒ느니라

≪박통사언해≫

(34)에서는 비단을 소개하면서 단어 '비단'과 규정토 'ㄴ'를 반복하
고 있고 (35ㄱ)에서는 단어 '뗑기다'와 규정토 'ㄴ'이 결합된 '뗑긘'이
반복되면서 반복법을 이루고 있으며 (35ㄴ)에서는 바꿈토 '기'가 반복
되고 있다. 특히 (35ㄴ)에서 바꿈토 '기'에 의하여 명사화된 '태티기,
뫼초라기, 대믈튀기, 뎌기츠기, 댱방올티기, 돈 도느기, 쌍블잡기, 수
믓뎌기' 등 단어들의 표현은 고유어에 기초한 입말체 표현이라 할 수
있다.

이 밖에 반복법의 한 형태인 왕복법을 들 수 있다.

(36) ㄱ. 네 므슴 말을 니른눈다 됴혼 거슨 쳔티 아니ㅎ고 쳔혼 거슨
　　　 됴티 아니ㅎ니라

　　 ㄴ. 좌편으로 건디려 ㅎ면 우편으로 숨고 우편으로 건디려 ㅎ
　　　 면 좌편으로 가매

《박통사언해》

　(36)에서는 '됴혼'과 '쳔혼', '좌편'과 '우편'이 서로 교차적으로 반복
되면서 왕복법을 이루고 있다.

　《노걸대》나 《박통사》에는 열거법을 많이 사용하고 있는 것이
특징적이다.

(37) ㄱ. 우리 父親 母親 뭇아자비 아ᄋ아자비 뭇아자븨 겨집 아ᄋ
　　　 아자븨 겨집 뭇누의 뭇누의 남진 둘재 형 셋재 형 형의 겨
　　　 집 아ᄋ누의 아ᄋ들히 다 이대 잇던가

　　 ㄴ. 아질게몰 악대몰 졀다몰 공골몰 오류마 구렁몰 가리운몰 셜
　　　 아몰 가라롬 츄마몰 고라몰 쇠ᄂ래 브튼 몰 간쟈몰 가라간
　　　 쟈ᄉ쪽빅이몰 도화잠불몰 뎔쳥총이몰 코뗜몰 암몰 삿기 빈
　　　 몰 골회눈몰 ᄀ래눈몰 이 몰이 ㅅ,거름 ᄌᆞ티 즈늑즈늑 것는
　　　 다 또 잘 건눈 몰 쁜 몰 놀라눈 몰 볘눈 몰 앏 거티눈 몰
　　　 아귀 센 몰 아귀 므른 몰 이 몰 쓩에 사오나오니 열히니 ᄒ
　　　 나혼 눈멀고 ᄒ나혼 한 발 절고 ᄒ나혼 굽 기울고 ᄒ나혼
　　　 ᄀ리고 ᄒ나혼 등 헐고 ᄒ나혼 지페 디고 ᄒ나혼 비르먹고
　　　 세혼 여위니 다믄 다ᄉ 됴혼 몰이 잇다 네 이 몰을 됴ᄒ니
　　　 사오나오니 크니 쟈그니 모도 언머 갑슬 밧고져 ᄒ눈다

《노걸대언해》

(38) 그제야 아므 太師ㅅ 집 太保ㅅ 집 丞相 집 公侯ㅅ 집이 各各

ᄒᆞᆫ 무리식 눈을 브르ᄠᅳ고

≪박통사언해≫

(37ㄱ)은 '父親, 母親, 몿아자비, 아ᅀᆞ아자비, 몿아자븨 겨집, 아ᅀᆞ아자븨 겨집, 몿누의, 몿누의 남진, 둘재 형, 셋재 형, 형의 겨집, 아ᅀᆞ누의 아ᅀᆞ'를 열거하여 표현하였다. (37ㄴ)은 주어 '아질게ᄆᆞᆯ, 악대ᄆᆞᆯ, 졀다ᄆᆞᆯ, 공골ᄆᆞᆯ, 오류마, 구렁ᄆᆞᆯ, 가리운ᄆᆞᆯ, 셜아ᄆᆞᆯ, 가라ᄅᆞᆷ 츄마ᄆᆞᆯ, 고라ᄆᆞᆯ, 쇠ᄂᆞ래 브튼 ᄆᆞᆯ, 간쟈ᄆᆞᆯ, 가라간쟈ᄉᆞ죡빅이ᄆᆞᆯ, 도화잠불ᄆᆞᆯ, 텰쳥총이ᄆᆞᆯ, 코쩐ᄆᆞᆯ 암ᄆᆞᆯ, 삿기 빈 ᄆᆞᆯ, 골회눈ᄆᆞᆯ, ᄀᆞ래ᄂᆞᆫᄆᆞᆯ', 규정어 '잘 건ᄂᆞᆫ, 쁜, 노라ᄂᆞᆫ, 볘ᄂᆞᆫ, 앏 거티ᄂᆞᆫ, 아귀 센, 아귀 므른', 접속술어 '눈멀고, 발 절고, 굽 기울고, ᄀᆞ리고, 등 헐고, 지페디고, 비ᄅᆞ먹고' 등을 열거하여 표현하였다. (38)은 '太師ㅅ 집, 太保ㅅ 집, 丞相 집, 公侯ㅅ 집'을 열거하고 있다. 여기서 '太師ㅅ 집, 太保ㅅ 집, 丞相 집, 公侯ㅅ 집' 등 단어는 한자어와 고유어가 합성된 단어들이다.

대구법의 사용은 성구나 속담에 집중적으로 나타나고 있다.

(39) ㄱ. ᄆᆞ리 밤 여믈을 엇디 못ᄒᆞ면 술지디 못ᄒᆞ고 사ᄅᆞᆷ이 쁜 財物
　　　을 엇디 못ᄒᆞ면 가음여디 못ᄒᆞᆫ다 ᄒᆞᄂᆞ니
　　ㄴ. 사오나온 일란 그이고 됴ᄒᆞᆫ 일란 들어나게 ᄒᆞ라

≪노걸대언해≫

(40) ㄱ. 君子ᄂᆞᆫ 一言이오 快馬ᄂᆞᆫ 一鞭이라 ᄒᆞ니라
　　ㄴ. 개ᄂᆞᆫ 濺草ᄒᆞᆫ 恩이 잇고 ᄆᆞᆯ은 垂繮ᄒᆞᆫ 報ㅣ 잇다 ᄒᆞ니라
　　ㄷ. 범을 그리매 가족은 그려도 ᄲᅧ 그리기 어렵고 사ᄅᆞᆷ을 알매
　　　 ᄂᆞ촌 아라도 ᄆᆞᅀᆞᆷ은 아디 못ᄒᆞᆫ다 ᄒᆞᄂᆞ니라

≪박통사언해≫

(39), (40)은 병렬복합문을 이루고 있으면서 두 문장이 서로 뜻이 비슷하게 연결되면서 대구를 이루고 있다.

이 밖에 대화체 번역본에는 꼬리잡이 수법과 점층법이 사용된 예도 눈에 띈다.

> (41) ㄱ. 每日 이른 새배 니러 學堂의 가 스승님씌 글 빈호고 學堂
>   의셔 노하든 집의 와 밥먹기 못고 또 혹당의 가 셔품쓰기
>   ᄒ고 셔품쓰기 못고 년구ᄒ기 ᄒ고 년구ᄒ기 못고 글읇기
>   ᄒ고 글읇기 못고 스승 앏픠셔 글을 강ᄒ노라
>   ㄴ. 팔 푼 은애 ᄒᆫ 말 경미오 오 푼애 ᄒᆫ 말 조뿔이오 ᄒᆫ 돈
>   은 애 열 ᄰᆞᆫ 굴리오 두 푼 은애 ᄒᆫ 근 羊肉이라 ᄒ더라
>   ≪노걸대언해≫

(41ㄱ)은 단어 '셔품쓰기', '년구ᄒ기', '글읇기'가 서로 꼬리를 물고 연결되면서 꼬리잡이 수법을 이루고 있으며 (41ㄴ)은 '팔푼, 오푼, ᄒᆫ 돈, 두푼' 등 단어가 양적으로 줄어들면서 점층법을 이루고 있는데 여기에서는 '푼, 말, 돈, 근' 등 단위명사의 사용이 아주 특징적이다.

대화체도 시가체나 산문체와 같이 여러 가지의 문체론적 표현 수법들이 융합되어 사용되고 있다.

> (42) 이런 먼 짜히 언머 風寒과 暑濕을 디내며 언머 日炙風吹ᄅᆞᆯ 바
>   드며 언머 惡山 險水 難路ᄅᆞᆯ 디내며 언머 怪物妖精이 뎌ᄅᆞᆯ 침
>   노홈을 보며 언머 猛虎 毒虫의 보채는 거술 만나며 언머 惡物
>   의 놃뜸을 만나시리오
>   ≪박통사언해≫

(42)에서는 상황어 '언머'가 반복되면서 반복법을 이루고 있고 보어 '風寒, 暑濕, 日炙風吹, 惡山, 險水, 難路'와 접속술어 '디내며, 바드며, 보며, 만나며'가 열거되면서 열거법을 이루고 있으며 접속술어를 기준점으로 여러 개의 문장이 병렬적으로 놓이면서 대구를 이루고 있다.

4.1.4. 표기 수단

≪노걸대≫나 ≪박통사≫의 초, 중간본은 모두 국한혼용체로 되어 있는데 초간본과 중간본을 대비해 보면 정음 표기 한자어가 줄어들고 한자 표기 한자어[2]가 늘어나고 있는 것을 볼 수 있다[3].

(43)

(번역노걸대)	(노걸대언해)
미일	每日
혹당	學堂
공	功
죄	過
양육	羊肉
십리	十里
뎜	店
시십리	二十里
촌	村

---

2) 편의상 정음자로 표기한 한자어를 정음표기한자어라 하고 한자로 표기한 한자어를 한자 표기 한자어라고 한다.

3) 김병운, ≪리조후반기 조선어어휘변화에 대한 연구≫, 김일성종합대학출판사, 1990년, 112쪽.

쥬인	主人
오경	五更
장흔	壯漢
셩명	性命
졍졔	整齊
쇼홍	小紅
셩	性
방	房
리력	來歷

(번역박통사)	(박통사언해)
화원	花園
샹화	賞花
당샹	堂上
통	桶
보도	葡萄
안쥬	按酒
샹아	象牙
스계곳	四季花
젼예	前例
룡안	龍眼
감즈	柑子
셕류	石榴
사탕	砂糖
죠셔	詔書
도당	都堂
쟝신	匠人

평정	平正
령롱	玲瓏
세화	細花
명록	明錄
ᄉ건	事件
심ᅀ	心兒
연좌ᅀ	軟座兒
령지초	靈芝草
ᄉᄌ	獅子
지샹	宰相
니쳔	利錢
공쟉	孔雀
삼경	三更
용심	用心
유복	有福
마노	瑪瑙
란간	欄干
가사	袈裟
보셕	寶石
빅옥셕	白玉石

이러한 현상이 나타나게 된 것은 집필자들의 언어 의식과 관계되고 당시 한자어가 늘어난 사정과도 관계되며 한자어를 표기함에 있어서 정음자보다 뜻글자인 한자로 표기하면 뜻을 이해하는 데 도움을 줄 수 있다고 생각한 것과 관계된다고 본다.

초간본에는 초성이나 종성에 자음 'ㅿ', 'ㆁ'가 쓰이지만 중간본에 이르러 자음 'ㅿ'가 조선어의 자음 체계에서 소실되면서 모두 'ㅇ'로 표기되고 있다.

(44)
(번역노걸대)   (노걸대언해)
어버싀   어버이
요ᄉᆞᆯ   요사이
깃게이다   깃게이다
스숭   스승

초간본에는 사성 표기가 쓰이지만 중간본에는 사성 표기가 없다.

(45) ·네 : 언 · 제 王京의 · 셔 · 떠난 · 다

≪번역노걸대≫

(46) 네 언제 王京의셔 떠난다

≪노걸대언해≫

초간본에는 8종성 원칙을 지키고 있으나 중간본에는 종성 'ㄷ' 대신 'ㅅ'가 쓰이고 있어 'ㅅ'이 'ㄷ'를 대체하게 된 것은 중간본에서부터 시작되었다고 할 수 있다.

(47) 벋, 곧, 뜯, 굳다, 헤왇고

≪번역노걸대≫

(48) 벗, 곳, 뜻, 굿다, 헤왓고

≪노걸대언해≫

초간본은 하철 표기가 위주로 되고 있지만 중간본은 상철 표기의 경

향이 뚜렷이 나타나고 있는데 이것은 근대로 시간을 이어가면서 형태
주의 표기가 점점 늘어나고 있는 것을 말해 준다.

(49)
(번역노걸대)   (노걸대언해)

사르미   사람이

그를   글을

지비   집이

콩므를   콩믈을

우므른   우믈은

　초간본에는 자음 'ㄱ'이 모음 'ㅣ'나 자음 'ㄹ' 아래에서 탈락되었지
만 중간본에서는 그대로 적고 있는데 이것은 17세기 중반기에 이르러
이런 탈락 현상이 일어나지 않고 있다는 것을 말해 준다.

(번역노걸대)   (노걸대언해)

풀오   풀고

믈와   믈과

더블오   더블고

혜오   혜고

　중간본에는 합용병서에 된시옷 'ㅺ, ㅼ, ㅽ, ㅽ'와 함께 된비읍 'ㅴ,
ㅵ, ㅴ, ㅵ'가 쓰이고 있는 동시에 각자병서 'ㅆ'가 쓰이고 있다. 이것
은 당시 표기상 혼란을 가져오고 있다는 것을 말해 준다.

　(50) ㄱ. 나아가 쓰라 계요 十리 짜히 다드라

ㄴ. 쟝믈의 파와 교토를 **빠** 노하 섯고

《노걸대언해》

(51) ㄱ. 더 **쑥**을다가 부뷔기롤

ㄴ. 三壯 **쑥**으로 쓰니

ㄷ. **삐**눌을 合線ᄒ여 **짜**시니

《박통사언해》

한자어를 정음자로 표기함에 있어서 초간본에서는 'ㅣ'나 'ㅣ'를 첫 요소로 하는 모음 앞에 자음 'ㄹ'이 그대로 쓰이고 있으나 중간본에는 이런 경우 자음 'ㄴ'으로 표기하거나 한자로 표기하고 있다.

(52) 두피레 포라 은 흔 **량** 두 돈애 헤오

《번역노걸대》

(53) 두필에 포라 銀 흔 **냥** 두 돈애 혜고

《노걸대언해》

(54) 여긔 견년 **류**워릐 흔 나그내

《번역노걸대》

(55) 여긔 前年 六月의 흔 나그내

《노걸대언해》

제2절 《화음계몽언해》

《화음계몽언해》는 1883년에 이응헌이 지은 중국어 회화 책인 《화음계몽》을 언해한 책인데 역자와 간행 연대는 알 수 없다. 《화음계몽언해》는 《노걸대》나 《박통사》에 비해 한문투가 비교적 많이 사용되고 있고 번역이 잘 되어 있지 않지만 중세기의 마지막 회화체 번역 작품으로서 회화체의 문체적 특징의 변화, 발전 과정을 고찰하는 데 일정한 의의를 가진다.

4.2.1. 어휘적 수단

≪화음계몽언해≫는 당시 입말에 기초한 고유어가 기본을 이루고 있다 하지만 ≪노걸대≫나 ≪박통사≫보다 한자어의 사용 비율이 높은 것이 특징적이다. 책에는 한자어, 한자 성구, 한문투가 많이 사용되어 있는데 이것은 역자의 번역 수준과 언어 의식의 제한성과 관계된다.

책에는 '실례하다, 반나절, 의심하다, 들다, 분, 하루밤, 돌보다, 홀아비, 점심하다, 부채, 맡아하다, 흩어지다, 래일, 깨끗하다, 알리다, 옷, 여러분' 대신에 '失敬ᄒ다, 半日, 嫌疑ᄒ다, 住ᄒ다, 位, 一夜, 照顧ᄒ다, 光棍, 中火ᄒ다, 扇子, 主管ᄒ다, 分散ᄒ다, 明日, 乾淨ᄒ다, 告訴ᄒ다, 衣裳, 衆位' 등 단어를 사용하고 있는데 이러한 단어들은 실제상 당시 입말에 기초한 언어와는 거리가 먼 단어들이다.

그리고 한자 성구나 한문투도 많이 사용되고 있다.

한자 성구의 예를 적어 보면 다음과 같다.

    (56) 洪福齊天ᄒ다
        歡天喜地ᄒ다
        半夜三更
        認賊服罪ᄒ다
        狼心과 狗肺
        再三再四

弄假成眞ㅎ다

한문투의 예를 적어 보면 다음과 같다.

(57) 看廟ㅎ다
　　公平交易ㅎ다
　　言無二價ㅎ다
　　運氣不好ㅎ다

(56), (57)에서 보이는 이런 한자 성구나 한문투들은 'ㅎ다'와 결합
되어 사용되고 있으나 이런 언어 표현들은 입말 어휘와 거리가 먼 표
현들로서 실제상 위의 언어생활에는 쓰이지 않고 있었다.

≪화음계몽언해≫는 중세기의 마지막 회화체 번역 작품으로서 시대
적으로 중세에서 근대로 이행하는 과도기에 놓여 있기 때문에 책에는
근대적인 요소를 띤 어휘가 사용되고 있다.

(58) 輪船, 火輪船, 外洋사름, 英國, 洋行, 時表, 掛鐘, 回票, 銀號

≪화음계몽언해≫에는 '창시'와 같은 한자에서 차용한 어휘와 '슈슈'
와 같은 만주어에서 차용한 말들이 쓰이고 있다. 여기서 '창시'는 한어
의 '唱戲'에서 온 말로서 '창'은 조선 한자음이고 '시'는 한자의 발음을
그대로 받아들인 것이다.

≪화음계몽언해≫에는 '뭇ㅎ(륙지)'나 '져푸다(두려워하다)'와 같이 당
시에 쓰이지 않는 고어들이 쓰이고 있는 동시에 '즘싱'이나 '짐싱'과 같
이 현대어와 같은 형태 변화를 가져오지 못한 고어들도 쓰이고 있다.

4.2.2. ≪화음계몽언해≫의 언어 형식

≪화음계몽언해≫의 문장 형식은 ≪노걸대≫, ≪박통사≫와 같이 단어문, 생략문, 단일문 등 짧은 문장이 많이 쓰이고 있다. 그것은 대화체의 문장 형식이 시가체나 산문체에 비해 간단한 사정과 관계된다.

  (59) ㄱ. 쳥컨디 뭇ᄂ니 이 位의 貴ᄒ 姓이여
       ㄴ. 不敢ᄒ여라
       ㄷ. 在下의 姓이 李로라
       ㄹ. 어디로셔 좃ᄎ왓ᄂ냐
       ㅁ. 朝鮮國으로 좃ᄎ왓노라

예문 (59ㄴ)은 하나의 단어로 이루어진 단어문이다. (59ㄹ), (59ㅁ)은 주어가 생략된 생략문이며, (59ㄷ)은 단순단일문이고 (59ㄱ)은 단순복합문이다. 이렇게 ≪화음계몽언해≫의 문장 형식은 단어문, 생략문, 단일문이 기본을 이루고 있는 것이 특징적이다. 물론 복합문도 사용되고 있지만 복합문의 경우라 할지라도 문장 구조가 시가체나 산문체보다 복잡하지 않다.

≪노걸대≫, ≪박통사≫나 ≪화음계몽언해≫는 중국어 교과서로서 먼저 원문인 한문을 적고 그 아래 역문으로 되어 있는데 원문인 한문에는 주음(注音)[4] 표기를 하고 있다. ≪노걸대≫나 ≪박통사≫에는 한 쌍의 주음표기를 하고 있는데 왼쪽 것은 ≪사성통고≫ 이래의 음을 나타낸 것인 반면에 오른쪽 것은 당시의 실제적인 한자의 중국음을 나타내고 있다. 그러나 ≪화음계몽언해≫에는 주음표기가 한 쌍으로 되어 있지 않고 정음자로 한자의 중국음만을 표기하고 있는데 표기한 한자의

---

 4) 한자의 중국음을 정음자로 표기한 것.

중국음이 당시의 발음과 상당히 가까워지고 있다는 것을 알 수 있다.

(60) 我(: 어, 오) 從(쭝, : 충) 高(갈, 과) 麗(리, : 리) 王(왕, : 왕)
    京(깅, : 깅) 來(래, : 레)

≪번역노걸대≫

(61) 當(당, ・당) 수(긴・긴) 聖(・싱, ・싱) 主(: 쥬, 쥬) 洪(흥, :
    홍) 福(・봉, ・부) 霽(쩨, : 치) 天(텬, ・텬)

≪번역박통사≫

(62) 你(니) 從(충) 那(나) 裏(리) 來(리) 呢(니)
    打(다) 朝(챤) 鮮(션) 國(궈) 來(리) 咧(려)

≪화음계몽언해≫

≪번역노걸대≫나 ≪번역박통사≫의 주음 표기는 쌍을 이루는데 앞의 것은 ≪사성통고≫ 이래의 음이고 뒤의 것은 당시의 한자의 중국음을 표기한 것이다. 한자의 중국음 표기를 본다면 ≪번역노걸대≫나 ≪번역박통사≫는 ≪화음계몽언해≫에 비해 당시의 발음과 거리가 멀었던 것을 알 수 있다.

≪화음계몽언해≫는 순수한 직역을 위주로 하고 있기 때문에 ≪노걸대≫나 ≪박통사≫보다 조선어 표현 관습에 맞게 번역하지 못한 약점을 드러내고 있다.

(63) 원문 : 是一位大人
    역문 : 이 흔 位 大人이로다

원문과 역문을 보면 단어 '是'에 '이', '一'에 '흔', '位'에 '位', '大人'에 '大人'이 대응되는데 이러한 번역 수법은 사실상 번역이라 할 수 없

다. 《화음계몽언해》는 많은 경우 문맥에 관계없이 단어 번역 형식을
취하면서 기계적으로 번역하다 보니 조선어 표현의 관습에 맞지 않은
번역문들을 만들어 내었다.

　《화음계몽언해》에는 《노걸대》나 《박통사》와 같이 입말의 대
화에서 흔히 쓰인 다양한 종결토가 풍부하게 반영되어 있다.

　서술식 종결토들의 쓰임을 보면 다음과 같다.

　　(64) ㄱ. 不敢ᄒ여라

　　　　 ㄴ. 在下의 姓이 李로라

　　　　 ㄷ. 오기롤 열흘동안이나 도엿노라

　　　　 ㄹ. 너의가 오기롤 빨리 ᄒ엿도다

　　　　 ㅁ. 우리 엇지 辛苦ᄒ믈 저퍼ᄒ랴

의문식 종결토들의 사용을 예를 들면 다음과 같다.

　　(65) ㄱ. 어디로셔 좃ᄎ왓ᄂ냐

　　　　 ㄴ. 이 엇진 말이뇨

명령식 종결토의 쓰임은 아래와 같다.

　　(66) 店쥬인이 店錢을 혬ᄒ랴ᄒ니 져로ᄒ여곰 혬ᄒ여 가게 ᄒ라

권유식 종결토들의 사용을 보면 다음과 같다.

　　(67) 닉일 모다 한길로 가쟈

(64)~(67)에 쓰인 서술, 의문, 명령, 권유의 종결토들은 대화체 문장에만 특유한 종결 형태로서 이런 다양한 형태의 종결토가 당시 위의 언어 표현에 기초한 입말 표현의 반영이다.

≪화음계몽언해≫에는 개음절 아래에 주격토 '가'가 쓰이고 있는 반면에 주격토 '이'의 사용이 가끔 눈에 띤다.

> (68) 흐나이 열이되고 열이 빅이 되더니 필경 흔 큰 소반의 잉도롤
>   일우니 이런 노리는 不過 이 銀錢을 속일 쑤롬일너라.

(68)에서 '흐나이'는 개음절 아래에 주격토 '이'가 쓰인 실례이다. 주격토 '가'는 17세기 후부터 나타나기 시작하여 '가'와 '이'의 혼동을 보이다가 후에는 정립되어 사용되었는데 대화체 문장에서는 19세기 말까지 혼동을 보여 주고 있다.

이 밖에 ≪화음계몽언해≫에는 대격토로 '를' 대신에 '룰'이 쓰이고 있다. 대격토는 훈민정음이 창제되면서 '을/올/를/룰'의 체계를 이루다가 현대에 '을/를'로 고착되었는데 ≪화음계몽언해≫에는 개음절 아래에 대격토 '를'이 쓰이지 않고 '룰'만 쓰이었다.

> (69) ㄱ. 오기롤 멋날이나 흐엿느냐
>   ㄴ. 소리롤 놉혀 져드려 일을스록 제 더욱 모호흐니
>   ㄷ. 나롤 디흐여 니르되

중세에서는 개음절 아래 음성모음인 경우는 '를', 양성모음인 경우는 '룰'이 쓰이고 폐음절 아래 음성모음인 경우는 '을', 양성모음인 경우는 '올'이 쓰이는 엄밀한 법칙이 지켜져 오다가 현대에 와서는 '을/

를' 계열로 고착되었지만 19세기 말의 창작된 ≪화음계몽언해≫의 경우는 그 법칙이 파괴되고 '를' 대신 '룰'이 쓰이었다.

≪화음계몽언해≫는 ≪노걸대≫나 ≪박통사≫의 경우와 같이 하대 계칭으로 일관되어 있으나 일부 경우에는 대등 계칭이 쓰이었다.

> (70) ㄱ. 밧그로 온 貴흔 客이니 엇지 능히 그릇 디졉흐리오
>
> ㄴ. 뉘 오날 大哥룰 만날쥴 싱각흐엿시리오

이러한 대등 계칭을 나타내는 종결토 '오'의 사용은 그때 당시의 입말에 쓰이고 있는 계칭 범주를 잘 보여 주고 있다.

4.2.3. 문체론적 표현 수법

≪화음계몽언해≫에는 문체론적 표현 수법이 많이 사용되지 못하고 있다. 문체론적 표현 수법에는 열거법과 반복법의 이용을 들 수 있는데 이런 표현 수법은 서술의 표현적 효과를 높이는 데 이용되고 있다. 열거법과 반복법이 실현된 실례를 들어 보면 다음과 같다.

> (71) ㄱ. 우리 뭇아즈비와 져근아즈비와 사촌아으와 叔母와 姨母와
> 兄嫂와 뭇누위와 져근누위와 弟婦와 姪兒들과 또 계집아
> 희종과 늙근계집종과 스나희종과 跟班과 伺候人들이 잇셔
> 도모지 흔데 혬흐량이면 四十나마 사롬이 잇노라.
>
> ㄴ. 매 한 位의 飯錢이 한돈 銀이오 房錢은 쏘로잇고 十斤 여
> 물에 더되 두돈 銀이오 거문콩 닷되의 六分 銀이오 슈슈
> 흔말의 八分 銀이오 드되 혜민 흔냥 서돈 銀이오

예문 (71)에서는 집에 있는 식구들을 소개하는 형식으로 '못아주비, 져근아주비, 사촌아우, 叔母, 姨母, 兄嫂, 무누위, 져근누위, 弟婦, 姪兒, 계집아희종, 늙근계집종, 수나희종, 跟班, 伺候人' 등을 열거하고 있다. 예문 (72)에서는 단어 '銀이오'를 반복하면서 반복법을 이루고 있는데 이러한 표현 수법들은 사건을 서술하는 데 효과적으로 이용되고 있다.

≪화음계몽언해≫의 표현 수법으로는 성구, 속담 이용법을 들 수 있다.

> (73) ㄱ. 有眼不識泰山
> 　　　역문 : 니가 눈이 잇셔도 泰山을 아지 못ᄒ다
> 　　ㄴ. 出門事事難在家千日好
> 　　　역문 : 문을 나면 事事의 어렵고 집의 잇시면 千日이 죳타
> 　　ㄷ. 一回生二回熟
> 　　　역문 : 흔번이면 셜고 두 번이면 닉다

예문 (73)은 중국의 속담을 이용한 실례인데 이러한 속담들은 순수한 직역의 수단을 이용하여 기계적으로 단어 번역을 한 제한성을 가지고 있기 때문에 실제상 조선어 표현과는 거리가 멀고 위의 입말에서는 사용되지 않았던 것으로 보인다.

4.2.4. 표기 수단

≪화음계몽언해≫도 ≪노걸대≫나 ≪박통사≫와 같이 국한혼용체로 되어 있는데 한자어의 표기가 혼란되어 있다. 즉 '해외, 성, 전ᄒ다, 총명ᄒ다, 금년, 내왕, 체면, 동, 남, 북, 후문, 전년, 은전, 기막히다, 십오륙세, 중국, 조선, 수림, 불과, 매매, 자연히, 죄, 도리' 등 조선어

에서 널리 쓰이어 온 한자어까지도 새삼스럽게 '海外, 姓, 傳ᄒ다, 聰明ᄒ다, 今年, 來往, 體面, 東, 南, 北, 後門, 前年, 銀錢, 氣막히다, 十五六歲, 中國, 朝鮮, 樹林, 不過, 買賣, 自然히, 罪, 道理'로 표기하고 있다.

그리고 같은 단어의 경우에도 정음 표기와 한자 표기를 뒤섞어 하고 있다.

(74)

(정음 표기)	(한자 표기)
감히	敢히
능히	能히
가히	可히
반일	半日
쳥ᄒ다	請ᄒ다
셔	西
만일	萬一
탐ᄒ다	貪ᄒ다
당ᄒ다	當ᄒ다
부친	父親
빅	百

'ㆍ'가 계속 쓰이면서 'ㅏ'와 혼동되고 있다.

(75) ㄱ. 반ᄃ시 조곰 비린맛시잇ᄂ니라
　　　반다시 너의롤 조고ᄒ리라
　　ㄴ. 볽기롤 기다려 店裏의 가보니
　　　밝기롤 기다려 ᄯᅩ 건너자

ㄷ. 무슴 큰일이 업셔
　　이 무삼 사름이뇨
ㄹ. 오놀이아 갓 왓기로
　　오날 大哥롤 만날 쥴 싱각ᄒ엿시리오

　형태주의 원칙을 지키면서 상철을 하고 있지만 일부 경우 하철 또는 복철 현상이 존재한다.

　하철
(76) 도모지 무어슬 심으느뇨
　복철
(77) 집을 이고 단니느니 잇스리오

　≪노걸대언해≫나 ≪박통사언해≫는 한자어의 표기에서 자음 'ㄹ' 이 어두에 쓰이지 않고 있으나 ≪화음계몽언해≫에는 일부 경우 그대 로 쓰이고 있다.

(78) 장시 저의 론란을 드루니

　구개음화에 따라 '지', '장시'로 표기하기도 하고 변화를 가져오기 전 의 '디', '쟝시'로도 표기하고 있다.

(79) ㄱ. 이러므로 마디 못하여
　　　　가지 못ᄒ깃다
　　ㄴ. 쟝시 중국지방의 와셔
　　　　쟝시 날드려 말ᄒ디

제5장 중세조선어 문체의 변화와 발전

지금까지 중세조선어의 문체적 특징을 시가체, 산문체, 대화체로 나누어 고찰, 분석하였는데 보다시피 이 문체들은 서로 다른 자기의 독특한 문체적 특징을 가지고 있으며 동일한 문체도 시기에 따라 서로 다른 특징을 가지고 있다. 이러한 각이한 시기에 나타난 서로 다른 문체는 서로 영향을 주며 변화, 발전하여 왔다. 한마디로 말해서 중세조선어 문체의 역사는 계승, 발전의 역사라고 말할 수 있다.

그럼 아래에 시가체, 산문체, 대화체의 문체적 특징의 발전 과정을 개괄하기로 한다.

제1절 시가체의 변화와 발전

조선 시가의 역사적 발전 과정을 보면 민요, 향가, 고가요, 별곡, 시조, 가사, 잡가, 창가, 현대시 등의 순으로 발전해 왔다고 말할 수 있는데 이렇듯 각이한 시기에 나타난 시가 형식은 계승, 발전의 통일체속에서 변화하고 발전하는 과정을 거듭하였다.

5.1.1. 어휘적 수단의 변화 과정

조선어 어휘의 발전 역사를 보면 고유어, 한자어, 외래어의 세 체계가 확립되어 온 역사라고 말할 수 있다.

향가는 삼국 시기에 나타난 시가 작품으로서 조선 시가 문학의 초기 단계를 열어 놓은 시가이다. 향가는 훈민정음이 창제되기 전의 향찰이라는 독특한 표기 방법에 의하여 고유 조선어를 '夜音(밤), 雲音(구름), 아히(阿孩), 나리(川理)'와 같이 한자로 표기하고 있지만 이 시기에는 단어체계 내에 아직 외래적 성격의 어휘가 많이 침투되지 않았고 순수한 조선어의 체계를 확보하고 있어 조선어의 순결성이 보장되어 있었다. 그러나 중국으로부터 불교와 유교를 받아들이면서 그 후에 창작된 ≪균여 향가≫에는 '法界, 塵世, 迷悟同體, 菩提, 普賢行願'과 같은 한자어로 된 불교용어들이 쓰이고 있다.

고려 시기에 들어와 향가가 자취를 감추면서 새로운 민족 시가 형식인 서정가요가 출현하게 되었다. 서정가요의 어휘를 보면 한자어가 부단히 증가됨에 따라 어휘의 사용은 한자어에 그치지 않고 '殘月曉星, 同樂太平, 太平聖代'와 같은 한자 성구나 '一時消滅ᄒ얏다, 愛人相見ᄒ샤, 滿頭揷花ᄒ샤'와 같은 한문투에 고유어 'ᄒ다'가 결합된 어휘적 수단도 사용되고 있다. 그러나 어휘 체계에서는 의연히 고유어가 기본으로 되고 있다.

훈민정음의 창제는 문자 생활의 획기적 전환점으로 되었고 민족어에 의한 문자 생활의 통일을 가져오게 하는 계기를 만들었으며 고유어 활용의 새 경지를 마련할 수 있었다. 정음으로 창작된 첫 작품인 ≪월인천강지곡≫이나 번역 시가인 ≪용비어천가≫, ≪두시언해≫, ≪백련초해≫에서는 고유 어휘가 기본을 이루면서도 '衆生(중싱), 思量(사

랑), 盜賊(도죽), 寶貝(보비), 盟誓(밍세)'와 같은 한자에 기원을 두고 있
는 한자어까지 조선어 음운 구성에 맞게 변화되어 고유어처럼 사용되
고 있었다. 특히 중국의 5언, 7언 절구를 번역한 ≪백련초해≫는 표기
가 모두 정음자로 되어 있으면서 조선어다운 언어적 표현을 많이 사용
하고 있다. 물론 통치계급의 불교, 유교의 숭상에 따르는 한문 숭배 사
상으로 하여 작품에는 한자어, 한자 성구, 한문투도 쓰이고 있다.

　고려 후반기에 나타난 시조는 훈민정음이 없던 시기에 구두로 전해
내려오다가 훈민정음 창제 후 정음자로 고착되면서 고유 어휘가 많이
나타나고 있다. 특히는 창작 진이 평민에 이르기까지 범위가 확대되면
서 어휘적 표현은 인민들의 일상생활에 흔히 쓰이는 '노고지리, 회초
리, 잔벼룩, 보리알, 사마귀' 등과 같은 입말체 어휘가 많이 사용되고
있다. 그리고 입말체에 기초한 '서리서리, 구뷔구뷔, ᄌ로ᄌ로, 풀덕'
등의 상징어들이 출현하게 된다. 어휘 구성은 역시 고유어가 기본을
이루면서도 많은 량의 한자어가 쓰이면서 고유어, 한자어의 두 체계를
유지하여 가고 있다.

　15세기 중엽에 발생하여 16, 17세기에 와서 시가 발전의 한 고비로
된 가사에서 정철의 ≪송강가사≫는 고유어 사용의 모범이라고 할 수
있다. 정철은 시어의 선택에서 되도록이면 일상적인 입말체 어휘와 아
름답고 세련된 조선말을 골라 사용하려고 하였다. 정철은 부사의 사용
과 함께 아름다우면서도 표현력이 강한 상징어들을 쓰고 있는데 '구부
락비기락, 어둥졍, 구빅구빅' 등 어휘적 수단의 사용이 대표적 실례라
고 할 수 있다. 그리고 ≪농가월령가≫에 와서는 '우거지, 국수, 사과,
참깨, 고사리, 개고리, 꿩, 파리, 도리깨, 거름'과 같은 고유어에 기초
한 일상생활 어휘와 농촌의 세태적인 어휘의 사용이 최고봉을 이루고
있으며 ≪노처녀가≫에 와서는 생활적 어휘에 바탕을 둔 입말체 어휘

나 고유어 부사, 상징어들이 많이 사용되고 있다. 반면에 양반계급들의 '충군 사상', '안빈낙도', '강호한정'을 통해 숭고미와 우아미를 추구하는 창작적 개성으로 말미암아 한자어, 한자 성구, 한문투도 많이 쓰이고 있다.

17세기 이후 봉건사회가 점차 몰락되어 가고 있는 시기에 평민계층에 의하여 민족 시가의 다른 한 형식인 잡가가 출현하게 된다. 잡가는 일상생활에 바탕을 둔 입말체 어휘가 많이 사용되고 있는 동시에 조선어의 음악성과 강한 표현력을 살린 '좌르르, 앙금당실, 출렁, 쭈루룩, 꽝꽝, 슬슬, 휠휠, 너울너울, 시루룩 시루룩' 등의 상징어가 많이 쓰이고 있는 것이 특징이다. 그리고 잡가는 평민계층에 의하여 창작된 시가 형식이기 때문에 여기에서는 양반계층의 가사와 달리 한자 성구나 한문투를 적게 사용하고 있다. 그것은 평민계층의 한문지식수준이 양반계층에 비해 높지 못하기 때문에 까다롭고 어려운 한자를 사용할 수 없는 사정과도 관계된다. 그리고 이 시기 잡가 ≪닐리리야≫, ≪신고산타령≫에는 '우데마끼, 다꾸시, 깃도구쓰, 하이칼라'와 같은 일부 외래어들이 출현하면서 고유어, 한자어, 외래어 등 조선어 어휘의 세 체계가 반영되게 된다.

이렇게 조선어 어휘는 순수한 고유어 체계를 이루던 데로부터 한자어휘가 늘어남에 따라 고유어, 한자어의 두 체계를 이루다가 외래어의 요소가 들어오면서 현대조선어 어휘 구성과 같은 고유어, 한자어, 외래어 세 체계를 이루게 되었으며 작품에 입말적 요소들이 점점 늘어나고 입말체 어휘의 사용량이 높아지면서 언문 일치의 길로 나가게 되었다.

시가체는 형상적인 언어와 함축성이 강한 언어로 서정적 묘사 방식에 기초하여 인간의 내적 체험, 감정, 정서를 표현하는 문학의 한 형태이기 때문에 형상적인 어휘가 많이 사용되고 있다. 따라서 향가, 고가요, 번역 시가, 시조, 가사, 잡가에는 형상적 어휘가 많이 사용되고 있는데 특히 시조의 형상적 어휘가 매우 특징적이다.

시조에는 형상적인 어휘적 수단을 이용하여 자연현상이나 자연풍물을 가지고 세심한 관찰력과 예리한 필치로 자연의 섭리를 깨닫고 인간의 도리를 말하고 있는 것이 아주 많다. 예하면 성산문의 시조 ≪이 몸이 죽어가서≫에서는 '락락장송', '독야청청'이라는 형상적 어휘를 선택하여 수양대군이 단종의 왕위를 빼앗은 계유정란에 대하여 비분강개하면서 사육신의 한사람으로 될지언정 떳떳하게 푸른 소나무처럼 높은 지조로 살겠다는 자신의 굳은 결의를 표현하고 있다.

형상적인 어휘적 수단의 이용은 시가체가 다른 문체와 구별되는 독특한 문체적 특징의 하나이다.

5.1.2. 작시법의 변화 발전

유구하고도 풍부한 조선의 인민 구전가요 작시 체계의 일반적 특징은 그 시행이 2, 3 음절군의 단순한 연속적 반복 형태를 취하고 있는바 향가의 작시법상 특징은 구전민요인 ≪거북의 노래≫나 ≪회소곡≫의 작시 기교를 답습하여 2, 3 음절의 간단한 형태를 취하고 있는 것이다. 그리고 시행 조직도 4, 8, 10구체의 형태를 취하고 있는데 특히 10구체 향가는 형식상 마지막 두 구가 수사학적 감탄으로 되면서 세 개의 내용이 하나의 작품을 이루는 3장체로 되고 있다. 이러한 작시법의 기초에서 발전한 고가요에 와서는 3, 4 음절이 많이 쓰이고 있으며 시련 조직도 ≪처용가≫, ≪정과정≫, ≪이상곡≫, ≪사모곡≫의 단련체 시가로부터 ≪정읍사≫, ≪싸화점≫, ≪서경별곡≫, ≪청산별곡≫, ≪정석가≫, ≪가시리≫의 다련체 시가로 변화를 가져온다.

훈민정음이 창제된 후 처음 정음으로 창작된 ≪월인천강지곡≫의 작시법은 고가요의 음절군 형식을 본받아 3, 4 음절이 기본을 이루면서 두 개의 시행이 하나의 시련을 이루고 있는데 여기에서는 규칙적인 음절수의 반복으로 운율을 조성하고 있다.

고려 후기에 나타난 시조는 3장 6구의 시가 형식을 취하고 있는데 여기서 말하는 이른바 3장 6구는 초장, 중장, 종장 즉 세 개의 시행이 하나의 작품을 이루고 매 장은 두 개의 구절로 된 것을 가리킨다. 3, 4 음절이 기본을 이루고 있는 시조의 이러한 작시법은 고가요의 영향을 받은 것이고 초장, 중장, 종장을 이루는 3장체는 10구체 향가의 형식을 계승한 것이라고 말할 수 있다. 주로 양반계층에 의하여 창작되어 오던 시조가 평민계층에까지 애용되어 오면서 시조의 형식도 많은 변화를 일으켜 평시조, 연시조, 엇시조, 사설시조들이 출현하게 되지만 3장 6구의 작시 체계를 지키고 있었다.

가사는 시조를 계승, 발전시킨 정형 시가 형태로서 주요하게 시조의 좁은 울타리를 확대하여 발생한 작시 체계이다. 가사의 발전은 폭넓은 시대적 생활 감정을 시화하려는 내용상 요구에 의하여 이루어졌다. 그리하여 가사는 3·4조 또는 4·4조의 음절 구조로 음절군을 무제한하게 이어 가다가 시조의 종장 형식을 자기의 마지막 구절로 하는 새로운 장가적 시가 형태를 탐구하였다. 가사의 구절은 기수 구절과 우수 구절이 서로 맞물리면서 대체적으로 우수에 해당하는 내구는 4음절을 이루고 기수의 외구는 2, 3, 4 음절로 되어 있는 것이 특징적이다.

잡가는 가사의 작시법을 계승하여 일부 경우에는 3·4조 또는 4·4조의 음절 구조를 이루면서 두 개의 구절이 서로 맞물리어 운율을 조성하고 있지만 많은 경우 정형시의 틀에서 벗어나 시의 형태가 들쑥날쑥한 것이 특징적이다. 이러한 자유시의 맹아적 요소를 갖춘 잡가의 작시법은 양반계층의 가사와 달리 종래의 규칙적인 틀에서 벗어나 자신의 감정을 자유자재로 표현하는 평민계층의 창작적 개성과 관계된다. 작시법상 잡가는 가사와 창가의 계승 관계를 이어주는 시가 형식으로서 현대자유시의 작시법에도 일정한 영향을 주었다.

총적으로 중세조선시가 작시법의 변화는 계승, 발전의 과정이라 할 수 있다. 이렇게 여러 시기에 나타난 각이한 시가 형식은 계승, 발전의 과정을 거치면서 정형시에서 현대자유시의 그 맥을 이어오고 있다.

조선시가의 운율 조성에 이용되는 보조적 수단들은 시에 의해 풍부해진 조선 문학 역사의 발전상을 여실히 반영하고 있다. 운율 조성의 보조적 수단으로 이용되는 반복법, 압운법이나 음상학적 수단들은 조선 민족의 특유한 민족적 감정정서와 결합되어 사용되고 있다. 특히 음상학적 수단의 이용은 계승, 발전의 역사적 과정을 이어 오면서 현대에 이르기까지 자주 사용되고 있다. 고가요에 사용된 'ㄴ, ㄹ, ㅁ, ㅇ' 등의 유향자음으로 끝나는 종성의 시어들을 이용하여 시적 감흥을 음향적으로 살리고 있는 이런 수법은 가사나 잡가에 많은 영향을 주었을 뿐만 아니라 현대의 대표적 시인의 한 사람인 김소월에게도 많은 영향을 주고 있는 것이다.

5.1.3. 문체론적 표현 수법의 발전

오랜 세월을 두고 인민들은 민족적 감정 정서에 의하여 조선어의 음운, 어휘, 문법, 문장 구조에 맞는 문체론적 표현 수법들을 창조하고 부단히 발전시켜 왔다. 향가로부터 잡가에 이르기까지 중세 조선 시가체에 사용된 문체론적 표현 수법에는 비유법, 과장법, 의인법, 성구속담이용법, 수사학적 감탄법, 반문법, 대구법, 대조법, 열거법, 점층법,

꼬리잡이수법, 해학법, 어순전도법 등이 있다.

시가체에 사용된 이런 문체론적 표현 수법도 마찬가지로 계승, 발전의 역사적 과정을 걸어 왔다. 중세조선시가의 첫 형태인 향가의 문체론적 표현 수법은 후기의 여러 시가 형태의 표현 수법에 많은 영향을 주었으며 같은 문체론적 표현 수법의 경우에도 시대에 따라 표현을 달리하고 있다. 예를 들어 비유법의 이용에서 봉건통치계급의 창작을 중심으로 하는 향가, 고가요, 시조, 가사의 표현 수법은 평민계층을 중심으로 하는 잡가의 표현 수법과 다르며 양반계급의 시조나 가사도 평민계층의 시조나 규방가사와 다르다. 즉 평민계층을 중심으로 하는 시조나 규방가사, 잡가는 그 표현이 직설적인 직유의 수법이 주로 사용되고 있으며 비유의 대상도 일상생활에서 흔히 대상하는 사물이나 현상에서 찾았으며 언어적 표현도 이해하기 쉬운 입말체로 되고 있는 반면에 양반계층의 시조나 가사들은 표현이 비교적 완곡적이고 함축적이며 비유의 대상도 자연현상에서 찾았고 언어적 표현도 정중하고 우아하며 이해하기 어려운 한자어가 기본을 이루고 있다. 또한 성구, 속담의 문체론적 표현 수법은 평민계층에 의해 창작된 규방가사나 잡가에만 특유한 표현 수법으로서 주로 양반계층에 의하여 창작된 향가, 고가요, 시조와 가사에서는 이러한 표현 수법의 사용을 찾아볼 수 없다. 성구, 속담의 문체론적 표현 수법은 고유어에 기초한 입말체 표현이기 때문에 한자어에 기초한 글말에는 사용되지 않는 것이다. 따라서 성구, 속담의 문체론적 표현 수법에서 나타난 차이는 고유어에 기초한 입말식 표현이 기본을 이루는 평민계층과 한자어에 기초한 글말체가 기본을 이루는 양반계층의 창작적 특성과 관계된다고 말할 수 있다.

5.1.4. 표기 수단의 변화 과정

훈민정음이 창제되기 전에 나타난 향가에서는 어휘나 문법적 형태에 이르기까지 향찰이라는 독특한 표기 방법인 한자로 표기한 이두문체로 되어 있다. 훈민정음이 창제되면서 정음자로써 서사 생활을 하게 되었는데 고유어는 정음자로 표기하고 한자어는 한자로 표기하는 국한혼용체가 나타나게 되었다. 그리고 ≪백련초해≫의 경우에는 순 국문으로 되어 있다. ≪월인천강지곡≫의 경우에는 한자 밑에 정음으로 음을 달았고 정음자에 사성 표기를 하고 있었다. 그리고 표기상 '종성부용초성'의 원칙을 지켰고 8종성 원칙을 지키고 있다. 상철 표기가 기본을 이루면서 일부 경우 하철 또는 복철을 하고 있으며 모음 'ㅣ'나 'ㅣ'를 첫 요소로 하는 겹모음 앞의 자음 'ㄴ'이나 'ㄹ'이 어두인 경우 그대로 쓰이고 있었다.

≪중간두시언해≫를 보면 'ㅿ'가 완전히 자취를 감추게 되었는데 그것은 'ㅿ'가 16세기 말까지 근근이 유지되어 오다가 17세기에 들어서면서 쓰이지 않았다는 것을 말해 준다. 그리고 'ㆁ'도 사용된 흔적을 찾아볼 수 없는데 그것은 16세기에 이르러 'ㆁ'이 초성에 더러 쓰이고 후에는 종성에만 쓰이다가 'ㅇ'과 혼동을 보이던 것이 17세기부터는 'ㅇ'과 합류되어 사용되고 있다. 또한 사성 표기가 없어진 것을 볼 수 있는데 그것도 16세기 후반기까지 성조의 표시에서 혼란을 보이다가 17세기부터 사용되지 않은 사정을 말해 준다.

시조의 경우 표기가 점차 혼란을 보이고 있는데 예컨대 고유어 '아희, 사랑'은 한자 '兒戲, 思郞'으로 표기하고 있다.

제2절 산문체의 변화와 발전

5.2.1. 어휘적 수단의 변화 과정

산문체는 번역 산문체, 이야기소설, 판소리소설, 규방 산문으로 나누어 볼 수 있는데 이러한 산문체에 사용된 어휘 수단의 변화 과정을 보면 대체적으로 시가체의 어휘 변화와 비슷하다.

번역 산문체는 15세기부터 19세기를 걸쳐 오랜 세월동안 쓰이어 왔는데 번역 산문체는 중세조선어 문체의 특징을 가장 잘 반영하는 문체의 한 유형이다. 훈민정음 창제 후 봉건통치계급들은 인민들을 교양하고 자기들의 통치를 합리화하여 통치 기반을 더욱 튼튼하게 다지기 위하여 중국으로부터 불경이나 유경을 끌어들여 정음자로 번역한 언해본들이 많이 출현하게 되었다. 이러한 번역 산문은 수십 편에 달하는데 그 대표적 작품들로는 불교 사상을 고취한 ≪석보상절≫, 봉건 윤리도덕을 설교한 ≪삼강행실도언해≫, ≪정속언해≫와 민간에 유전된 전설, 설화 등의 내용을 담은 ≪태평광기언해≫를 들 수 있다. 특히 불교와 유교의 내용을 담은 번역 산문의 어휘를 보면 고유어가 기본을 이루고 있지만 불교, 유교에 관한 한자어가 비교적 많은 것이 특징이다. 한자어는 주로 '大愛道, 摩耶夫人, 迦毗羅國, 涅槃, 舍利佛'와 같은 인명, 지명, 전문 용어에 많이 쓰이고 있고 한자 성구나 한문투의 사용 실례를 찾아보기 힘들다. ≪태평광기언해≫는 중국의 전설이나 설화를 번역한 작품으로서 번역 과정에 언해본의 딱딱한 표현을 피하고 창의성을 발휘하여 조선어 표현답게 말을 꾸미고 있어 고유어의 사용이 절대다수를 차지한다.

임진왜란 이후 변화된 사회역사적 환경 속에서 종래의 번역 산문이나 시가만으로는 인민들의 문학상 수요를 충족시킬 수 없었으며 변화된 현실은 예술 산문체의 발전을 요구하였다. 그리하여 17세기를 전후로 새로운 문체인 이야기소설이 출현하게 되었다. 번역 산문인 ≪월인석보≫의 ≪안락국태자전≫, ≪선우태자전≫, ≪목련전≫ 등은 이야기소설의 형성에 일정한 영향을 주었는데 이러한 영향과 함께 임진왜란과 병자호란을 거치는 시기에 전해온 ≪삼국연의≫나 ≪수호전≫ 등이 지식인들의 새로운 독서 물로 등장하면서 이야기소설의 창작에 일정한 영향을 주었다. 민족적 자각과 애국적 감정이 높아감에 따라 나타난 이야기소설은 문자 생활에서 조선어의 비중이 높아지게 하였으며 소설에서 일상생활에 기초한 입말체 어휘나 성구, 속담을 많이 사용함으로써 문체의 발전에 일정한 기여를 하였다. 그러나 이야기소설은 앞선 시기 번역 산문체의 영향에서 완전히 벗어나지 못한 것으로 하여 고유어 '형님, 누나, 동생, 조카' 대신에 '가가, 져져, 현제, 현질'을 쓰는 등 한자어에 기초한 글말체의 잔재가 많이 남아 있는 것이 사실이다.

소설의 창작은 양반계급뿐만 아니라 평민계층에 의해서도 진행되었는데 판소리소설의 창작이 바로 그것이다. 판소리소설은 민간에서 구전되던 판소리 대본에 기초하여 17세기 이후 평민 출신의 예술인들에 의하여 창작되어 내려오는 과정에 개작되어 오다가 18~19세기에 소설로 고착된 것으로 짐작된다. 판소리소설의 어휘는 인민 대중이 즐겨 쓰는 생활적인 고유어가 기본을 이루면서 등장인물의 대화도 생동한 입말적인 표현으로 되고 있다. '생긋생긋, 질슨, 활싹, 월넝월넝, 음옥음옥, 홀홀, 휘휘친친' 등과 같은 입말에 기초한 대량의 상징어와 "맛파람에 게눈 감추덧 ㅎ다", "아니 되는 놈은 잣브져도 코가 씌진다" 등과 같은 성구, 속담들이 사용되고 있다.

17세기 이후 활발해진 실학사상의 영향으로 여성들의 문필 활동은 시가뿐만 아니라 산문에서도 주목할 만한 성과를 거두었는데 규방 산문의 출현이 그 대표적인 실례라고 할 수 있다. ≪계축일기≫나 ≪한중록≫의 경우에는 내용상 궁중생활을 그린 것으로 하여 '대뎐, 대군, 동궁, 내뎐, 수라상, 간택ᄒ다, 감션ᄒ다' 등의 궁중 용어가 많이 쓰이고 있으며 ≪규합총서≫나 ≪규중칠우쟁공론≫은 인민들의 일상생활을 그린 것으로 하여 입말체 어휘가 대부분을 차지한다.

산문체 어휘 수단의 변화 과정을 보면 시가체와 같이 중세에서 근대에 이르기까지 일정한 변화, 발전 과정을 보여 주고 있는데 시대가 근대로 이어지면서 인민들의 민족적 자각과 애국적 감정이 높아가고 국문을 사랑하는 열기가 고조되면서 입말에 기초한 고유어의 사용 비율이 높아가고 있다. 그리하여 어휘적 표현에서 글말과 입말의 통일을 이루는 언문 일치로 점점 다가서고 있었다고 할 수 있다.

5.2.2. 산문체 형식의 변화

번역 산문이나 이야기소설의 문장 형식은 긴 복합문 구조를 이루고 있다. 즉 접속토에 의하여 문장이 끊임없이 이어지면서 만연체를 이루고 있다. 번역 산문이나 이야기소설의 경우에는 문장의 길이가 아주 길고 판소리소설과 규방 산문의 경우에는 문장의 길이가 상대적으로 짧아지고 있는데 이것은 근대로 이어지면서 문장 형식이 만연체로부터 간결체로 변화되는 발전 과정을 보여 주고 있다.

산문체의 대화문에는 등장인물들의 대화에서 다양한 계칭 관계를 보여 주고 있는데 존대 계칭과 하대 계칭의 사용을 통하여 그 당시의 사회적 관계를 엿볼 수 있다.

바탕글과 대화문의 관계에서 번역 산문은 '니ᄅ샤ᄃᆡ', '왈', '닐오ᄃᆡ'

등 동사에 의하여 이어지고 있는데 이야기소설에서는 주로 한자어 '왈' 에 의하여 연결되고 판소리소설에서는 '말ᄒᆞ되', '대답ᄒᆞ되' 등 고유어 로 연결되기도 하고 아무런 보조적 수단이 없이 직접 연결되기도 하였 다. 규방 산문의 경우 대체적으로 판소리소설의 형식과 비슷한데 이러 한 형식도 역시 현대 산문의 변화, 발전 과정을 잘 말해 주고 있다.

이야기소설은 사건 서술의 서두나 사건 전환의 연결에서 흔히 '화 셜, 초셜, 각셜' 등 한자어를 사용하고 있는가 하면 ≪박씨부인전≫, ≪사씨남정기≫, ≪구운몽≫ 등 장회체 소설들은 매 장마다 소제목을 달고 장절의 결말에서는 "하회 엇더ᄒᆞ뇨", "하회 분셕ᄒᆞ라" 등의 말을 사용하고 있는데 이러한 장회체소설의 형식은 이야기소설에 쓰이다가 인차 자취를 감추면서 판소리소설에서는 쓰이지 않고 있다.

판소리소설은 판소리에 기원을 두고 있는 만큼 전반적으로 문체상 율조가 강하고 판소리적인 요소가 반영되어 있다. 판소리소설은 전반 적으로 3·4조 또는 4·4조의 운율을 구성하고 있는데 이것은 시가체 에서 가사의 작시법을 본받은 것이라 할 수 있다. 판소리소설에는 시 가체와 같이 운율 조성의 보조적 수단으로 반복법, 압운법, 음성학적 수단이 쓰이고 있다.

규방 산문은 '우믈, 알마춰, 둥글면, 고루고루, 먼져, 푹푹' 대신에 '우몰, 알마쵸, 동글면, 고로고로, 몬져, 폭폭' 등 단어를 쓰면서 명사, 동사, 형용사, 부사, 상징어의 사용에서 의식적으로 작고 어리고 여린 표현 가치를 가지는 양성모음을 사용함으로써 여성다운 문체를 이루 고 있는데 이것은 다른 산문체와 구별되는 가장 독특한 특징의 하나라 고 말할 수 있다.

상술한 이런 산문체의 형식은 그 발전을 거듭하면서 현대 예술 산문 의 창작 기법에 많은 영향을 주었다.

5.2.3. 문체론적 표현 수법의 발전

문체론적 표현 수법의 이용에서 산문체는 시가체와 다른 특성을 가지고 있다. 산문체는 주로 이야기를 서술하는 형식을 취하고 있기 때문에 어휘의 의미 폭이 아주 좁다. 그러나 시가체는 규칙적인 작시법에 맞춰 운율을 조성하고 있기 때문에 어휘의 선택에서 함축성이 강한 시어의 사용을 요구하고 있다. 따라서 시가체의 어휘는 형상적 어휘가 아주 많이 쓰이나 산문체에는 형상적 어휘가 적은 것이 특징적이다.

번역 산문은 산문체가 가지는 특성으로 하여 어휘론적 수법이 적게 쓰이고 대구, 열거, 대조, 점층법 등 문장론적 수법이 쓰이었다. 산문체에는 시가체와 마찬가지로 반복법이 사용되고 있는데 산문체의 반복법은 시가체에서처럼 운율을 조성하는 보조적 수단으로 이용된 것이 아니라 주로 사건을 서술하는 데 있어 표현적 효과를 높이는 데 이용되었다.

예술 산문체인 이야기소설은 서술, 묘사, 서사, 대화, 독백 등 문학 작품의 모든 언어적 요소들을 동원하여 현실을 폭넓게 반영하는 문체로서 표현 수법의 사용에서 번역 산문체와 다른 특징을 가지고 있다. 산문의 한 형식인 소설은 모든 언어적 요소들을 동원하여 작가의 기발한 상상과 허구로써 예술적 표현력을 높이고 있기 때문에 이야기소설을 보면 비유법, 과장법, 완곡어법, 성구, 속담 이용법 등 어휘론적 표현 수법이 많이 쓰이었다.

판소리소설에 와서는 종전의 번역 산문이나 이야기소설의 딱딱한 한문식 표현을 극복하고 입말에 기초한 언어적 표현을 높이면서 새로운 창작의 길을 모색하고 있다. 그리하여 판소리소설은 이야기소설에 비하여 문체론적 표현 수법이 활발하게 이용되고 있는데 이야기소설보다 의인법, 야유법, 해학법, 글자풀이법 등이 더 쓰이고 있으며 성구, 속담 이용법에서도 이야기소설보다 인민들의 일상생활에서 흔히 쓰이는 입말체 표현이 더 많이 사용되었다.

규방 산문의 경우에는 비유법, 과장법, 성구, 속담 이용법, 꼬리잡이 수법, 반복법, 열거법 등 표현 수법이 쓰이었다.

문체론적 표현 수법은 오랜 세월을 두고 인민들에 의하여 창조되고 발전하여 왔다. 이러한 표현 수법들은 민족적 특성과 인민들의 구미에 맞게 창조되었을 때에야 만 그 수법이 인민들의 복잡하고 섬세한 감정 정서를 표현할 수 있어 강한 생명력을 가지고 부단히 발전할 수 있었다. 예를 들어서 반복법, 성구, 속담 이용법 등 수법들은 조선어의 특성을 훌륭히 살린, 생명력을 가지고 있는 표현 수법으로서 인민들의 창작에 이용되면서 오늘에 이르기까지 이어지고 있다. 반면에 조선어의 민족적 특성과 인민들의 구미, 정서를 떠난 글자풀이법 같은 수법들은 생명력을 잃고 한때 쓰이다가 그 자취를 감추게 되었다. 글자풀이법 같은 수법들은 어려운 한자, 한문에 기초하였기 때문에 인민들의 구미에 맞지 않아 사멸되고 말았던 것이다.

5.2.4. 문법적 수단의 변화

중세 번역 산문에는 같은 시기의 시가체와 같이 구격토가 짝을 이루어 사용되는 특성을 가지고 있다. 그리고 이 시기 구격토는 동종의 단위들을 연체적으로 연결시켜 주는 기본 기능을 하고 있다. 그러나 규방 산문의 일부 작품에는 모음과 'ㄹ' 종성 아래의 '와'가 쓰일 곳에 '과'가 쓰이었다.

중세 번역 산문에는 같은 시기의 시가체와 같이 바꿈토 'ㅁ'에 의한 체언형구가 흔히 쓰이고 있으며 이런 바꿈토는 다양한 문장론적 기능을 수행하고 있다.

중세 번역 산문에는 같은 시기의 시가체와 같이 많은 후치사들이 쓰이고 있다. 이런 후치사들은 자립적인 단어의 한 형태가 문법적 추상화를 입어 일정한 문법적 의미를 가지고 주로 체언 뒤에 쓰이면서 생겨난 보조적 단어의 한 부류로서 이 시기만 하여도 완전히 토로 전환되지 못한 상태에 놓여 있었다.

중세 번역 산문에는 같은 시기의 시가체와 같이 '습', '이' 등 객체존칭토와 상대존칭토가 사용되고 있으며 규방 산문의 경우에도 '습, 이'의 형태 변화를 가져온 '옵, 이'가 쓰이고 있다. 그리고 주체존칭토에는 '시', '샤'가 사용되었으나 이야기소설에 와서는 '샤'가 쓰이지 않았다.

이야기소설의 언어에는 시가체나 다른 번역 산문과 달리 당시 입말에서 일어난 일련의 형태적 변화가 반영되어 있는데 그 대표적 실례로는 주격토 '가'의 사용을 들 수 있다. 이 주격토 '가'는 16세기 말에 정립된 것으로 짐작되지만 번역 산문에는 끝까지 나타나지 않고 있으며 이야기소설의 경우에도 전부가 아니라 극히 적은 일부 경우에만 쓰이고 있다. 규방 산문에 와서도 주격토 '가'는 확립된 것이 아니라 '가'와 'ㅣ'의 혼동을 보여 주고 있다. 그리고 이야기소설에는 입말에서 쓰이는 새로운 시태토 '겟'이 쓰이었다.

5.2.5. 표기 수단의 변화 과정

산문체의 표기법은 시가체와 대체적으로 비슷하다. 표기법은 문체와 관계없이 시대의 변화와 밀접히 연결되어 있기 때문이다.

규방 산문에는 된소리 표기에서 혼란을 보여 주고 있는데 19세기 된

소리가 자립적인 음운의 자격으로 이미 자음 구성에 들어갔음에도 불구하고 'ᄭ, ᄯ, ᄮ, ᄲ'와 'ᄢ, ᄩ, ᄧ, ᄩ'으로 된소리를 표기하고 있었다.

18~19세기에 서사화 된 판소리소설에서는 동사 '하다'를 'ᄒᆞᆫ다' 또는 '하다'로 표기하고 있는데 이것은 'ㆍ'가 동요 상태에 놓여 있다는 것을 말해 준다.

17세기 이후에 나타난 이야기소설에는 구개음화가 실현되지 않고 있지만 판소리소설에 와서는 구개음화현상이 보편화되었음에도 불구하고 표기상 'ㄷ, ㅌ'와 'ㅈ, ㅊ'의 혼란을 보여 주고 있다.

표기 문체에서 번역 산문은 국한혼용체를 이루고 있고 이야기소설, 판소리소설, 규방 산문은 순 국문체로 되어 있다. 이것은 표기문체의 발전 과정을 보여 주는 좋은 실례이다. 민족 문자가 없었던 시대에 존재하였던 초기이두체, 이찰체, 향찰체, 한자로 구결토를 단 구결체에서부터 훈민정음 창제 후 나타난 국한혼용체에서 순 국문체에 이르기까지 조선어표기법의 역사는 한문체에서 국문체로 발전의 길을 걸어온 역사라고 할 수 있다.

제3절 대화체의 변화와 발전

조선과 중국은 고대로부터 인접되어 있으면서 정치, 경제, 문화 등 영역에서 서로 많은 영향을 주고받았다. 중세에 들어오면서 통치계급들은 불교, 유교를 받아들이게 되었고 양반계층 내에서 한문을 숭상하는 기풍이 일어나게 되었으며 시대를 이어가면서 나라 간의 정치, 경제, 문화 교류가 심화됨에 따라 중국어를 배울 필요성이 늘어나게 되었다. 그리하여 고려 시기부터 중국어 교과서를 편찬하게 되었는데 그

책이 바로 대화체의 대표적 작품인 ≪번역노걸대≫, ≪번역박통사≫, ≪노걸대언해≫, ≪박통사언해≫, ≪화음계몽언해≫ 등이다.

5.3.1. 어휘적 수단의 변화 과정

≪노걸대≫, ≪박통사≫의 번역초간본인 ≪번역노걸대≫와 ≪번역박통사≫는 16세기 초에 창작되었고 150년 후에 중간본인 ≪노걸대언해≫와 ≪박통사언해≫가 창작되었는데 여기에는 16세기 초부터 17세기까지 조선어 어휘의 변화 과정을 보여 주고 있다.

이 책들에는 내용상 의복, 신발, 직물, 남새, 과일, 육류, 마구, 일용잡화, 인륜 등 인민들의 일상생활에서 흔히 쓰이고 있는 다종다양한 어휘가 풍부하게 반영되고 있다. 그리고 '앗가', '굿', '딕골', '이만짠', '오락가락', '구믈구믈', '무둑두묵', '여라믄' 등 입말에 흔히 쓰이는 어휘적 표현과 "…거든…고", "…나…ㄴ…", "…만치…게 흔", "그저…줄만", "…다가…니" 등과 같은 입말에 직접 쓰이는 단어들의 어울림이 잘 반영되어 있다. 그러나 번역 작품이라는 제한성 때문에 책에는 한자 성구, 한문투 등 한어식 표현도 적지 않게 쓰이고 있다. 그리고 한자어의 부단한 증가에 의하여 150여 년간의 차이를 두고 있는 ≪노걸대≫, ≪박통사≫의 초간본과 중간본을 보면 초간본에서 쓰이던 순수한 고유어가 중간본에 와서는 많은 한자어에 의하여 대체되고 있다.

책에서는 고유어와 한자어가 기본을 이루고 있지만 '고도리(鏃頭), 졀다물(赤馬), 사돈(親家), 슈슈(高粱), 실(線)'과 같은 몽골어, 만주어의 차용어들이 더러 쓰이고 있다. ≪노걸대≫와 ≪박통사≫는 대화체 문장이라는 특성으로 하여 성구, 속담들이 많이 쓰이고 있는데 여기에는 고유어에 기초한 입말체 표현과 한자어에 기초한 글말체 표현으로 나누어 볼 수 있다.

중국과의 내왕이 계속되고 중국어의 학습 열의도 높아가는 가운데 19세기 말에는 《화음계몽언해》라는 중국어 교과서가 나오게 되었다.

《화음계몽언해》는 《노걸대》나 《박통사》에 비해 순수한 직역의 수단으로 기계적인 번역을 시도하였기 때문에 조선어식 표현이 적고 '失敬ᄒ다, 半日, 嫌疑ᄒ다' 등 한자어와 '半夜二更, 洪福齊天, 狼心狗肺'와 같은 한자 성구나 '運氣不好ᄒ다, 言無二價ᄒ다'와 같은 한문투로 된 중국어식 표현이 많이 쓰이고 있다. 그러면서도 중세기에서 근대로 이행하는 과정의 작품으로서 '輪船, 火輪船, 外洋사름, 銀號, 時表' 등 근대적인 요소를 띤 어휘가 쓰이고 있다. 그러나 책에는 기계적인 번역을 시도한 제한성 때문에 작품에 사용된 어휘는 실제상 당시 위의 입말적인 언어와는 거리가 멀었던 것이다.

5.3.2. 대화체 형식의 변화

대화체는 직접적인 대화의 형식으로 되어 있으며 대화할 때 몸짓, 표정, 어조 등 언어 외적 수단들을 이용할 수 있기 때문에 문장 형식이 시가체나 산문체에 비해 짧고 간단하며 단어문, 생략문, 단일문, 단순문이 기본을 이루고 있다. 복합문을 이루고 있는 경우일지라도 문장 구조가 간단한 특징을 가지고 있다. 이러한 대화체의 문장 형식은 만연체에서 간결체로 변화하는 문장 형식의 변화에 일정한 영향을 주었다.

산문체나 시가체는 존대 계칭과 하대 계칭으로 일관되어 있으나 대화체에 와서는 대등의 계칭이 사용되면서 우리 조선어의 존대, 대등, 하대의 계칭 범주를 잘 보여 주고 있다. 또한 이것을 통해 중세조선어에는 존대와 하대 계칭만 존재한 것이 아니라 입말에는 대등의 계칭도 존재하였다는 것을 알 수 있다.

대화체에 와서는 입말의 대화에서 흔히 쓰이는 서술, 의문, 명령, 권유식의 종결토들이 풍부하게 반영되어 있는데 이것은 시가체나 산문체와 구별되는 하나의 특징으로 되고 있다.

대화체에 와서는 많은 토가 쓰이고 있으며 특히 절대격의 사용이 특징적이다. 그것은 대화체가 대화의 형식으로 교제가 진행되기 때문에 격토들이 없어도 언어 외적 수단들에 의하여 격토의 문법적 기능들을 보충받을 수 있는 사정과 관계된다.

≪화음계몽언해≫에 와서는 주격토 '가'가 사용되고 있는데 간혹 주격토 '가'와 '이'의 사용에서 혼동을 보이고 있다.

5.3.3. 문체론적 표현 수법의 발전

시가나 산문은 서정적 묘사 방식이나 서사적 묘사 방식으로 인간의 생활을 이야기 줄거리에 담아 예술적으로 표현하는 예술문체인 반면에 대화체는 예술적 묘사 방식이 없이 사람들의 언어 교제를 직접 나타내는 문체이다. 때문에 대화체에는 문체론적 표현 수법이 적게 쓰이고 있다. 따라서 ≪노걸대≫나 ≪박통사≫, ≪화음계몽언해≫ 등은 대화체가 가지는 문체적 특성과 번역에서 오는 제한성으로 하여 비유법, 과장법, 열거법, 대구법, 성구, 속담 이용법 등 표현 수법의 사용이 간혹 눈에 띌 뿐이다.

5.3.4. 표기 수단의 변화 과정

≪노걸대≫, ≪박통사≫, ≪화음계몽언해≫는 모두 국한혼용체로

되고 있는데 ≪노걸대≫와 ≪박통사≫의 초간본과 중간본을 대비해
보면 정음 표기 한자어가 줄어들고 한자 표기 한자어가 늘어나고 있으
며 19세기 말에 창작된 ≪화음계몽언해≫의 경우에도 한자 표기 한자
어가 늘어나고 있다. 이러한 현상이 나타나게 된 것은 집필자들의 언
어 의식과 관련되고 당시 한자어가 늘어난 사정과도 관련되며 한자어
를 표기함에 있어서 정음자보다 뜻글자인 한자로 표기하면 뜻을 이해
하는 데 도움을 줄 수 있다고 생각한 것과 관계된다.

　≪노걸대≫나 ≪박통사≫의 초간본에는 초성이나 종성에 자음 'ㅿ',
'ㆁ'이 쓰이지만 중간본에 이르러 자음 'ㅿ'가 조선어의 자음 체계에서
소실되면서 모두 'ㅇ'으로 표기되고 있고 초간본의 경우는 사성 표기가
있지만 중간본에는 사성 표기가 없다. ≪화음계몽언해≫의 경우도 위
에 든 중간본과 같다.

　≪노걸대≫나 ≪박통사≫의 초간본에는 종성의 표기에서 'ㅅ'과 'ㄷ'
이 엄격히 구별되나 16세기 후반기에 와서는 이 구별이 허물어지기 시
작하면서 중간본에 와서는 'ㄷ'이 'ㅅ'에 의하여 대체되었다.

　≪노걸대≫나 ≪박통사≫의 초간본에는 표음주의 원칙에 따라 하철
을 위주로 하고 있지만 중간본에 와서는 상철을 위주로 하면서 표기가
형태주의 원칙을 따르고 있다는 것을 알 수 있다. ≪화음계몽언해≫의
경우에도 형태주의 원칙에 따라 상철 표기를 하고 있지만 일부 경우
하철 또는 복철 표기를 하고 있다.

　된소리의 표기에서 ≪노걸대≫나 ≪박통사≫의 초간본에는 된시옷
과 된비읍만 쓰이고 있었으나 중간본과 ≪화음계몽언해≫에 와서는
이 표기가 혼동을 가져와 된시옷과 된비읍에 각자병서까지 쓰이게 되
었다.

　≪노걸대≫나 ≪박통사≫의 초간본에는 자음 'ㄱ'이 모음 'ㅣ'나 자

음 'ㄹ' 아래에서 탈락되었지만 중간본에서는 그대로 적고 있는데 이것은 17세기 중반기에 이르러 이런 탈락 현상이 일어나지 않고 있다는 것을 말해 준다.

한자어를 정음자로 표기함에 있어서 ≪노걸대≫나 ≪박통사≫의 초간본에는 'ㅣ'나 'ㅣ'를 첫 요소로 하는 모음 앞에 자음 'ㄹ'이 그대로 쓰이고 있으나 중간본에는 이런 경우 자음 'ㄴ'으로 표기하고 있다. 그러나 ≪화음계몽언해≫에는 일부 경우 'ㄹ'이 그대로 쓰이고 있다.

18세기에 나타난 'ㆍ'의 동요 상태가 19세기 말에 창작된 ≪화음계몽언해≫까지 혼동을 보이고 있다. 그리고 18세기에 나타난 구개음화현상이 19세기 말까지 혼란을 보여 주고 있다.

제6장 맺는말

　입말은 우리 문학의 언어를 발전, 풍부히 하는 데 기여하는 무진장한 원천으로서 인민 대중의 입말이 글말로 정착되는 것은 민족어 발전의 합법칙적인 과정이며 필연적인 역사적 추세이다.

　지금까지 중세조선어 문체의 발전 과정을 유형에 따라 음운, 어휘, 형태, 문장 등 표현 수단과 표기 수단의 변화 과정, 문체론적 표현 수법으로 나누어 고찰하였는데 중세조선어 문체의 발전 과정을 살펴보면 다음과 같이 세 가지로 그 특징을 개괄할 수 있다.

　1. 중세조선어 문체의 발전은 언해 문체가 기본을 이루던 데로부터 점차 창작 문체의 비중이 높아가는 추세를 보이고 특징을 지니고 있다.

　중세 봉건 양반계급들은 자기들의 통치를 옹호, 고수하기 위하여 불교, 유교의 교리를 백성들을 교양하는 수단으로 삼았다. 봉건통치계급들은 나라에 번역 기구를 내오고 날이 가면서 그 범위를 확대하여 번역 작업을 진행한 것으로 하여 수많은 언해본이 세상에 나오게 되었다. 조선조 전반기 중세조선어의 문체는 언해 문체가 기본을 이루고 있었다 해도 과언이 아니다. 그러나 임진왜란과 병자호란을 거쳐 전례 없이 높아진 민족적 자각과 애국적 자부심은 문학에서도 일대의 변혁을 가져오게 되면서 국문문학을 창작하는 열기가 높아지게 되었다. 이 전통을 이어받아 근대적인 새로운 문화로 인민들을 계몽하는 문학예술 창작이 열기를 띠게 되면서 ≪자유종≫, ≪빙상설≫과 같은 신소설이 나오게 되었다. 이 시기에는 산문 문학과 함께 시가 창작도 활발히 진행되어 창가를 비롯한 수많은 근대시가가 창작되었으며 ≪이순신전≫, ≪을지문덕전≫ 등 전기문학이 나오게 되었는데 이런 소설, 시가, 전기 등은 문학의 형식을 다양화 하면서 현대의 여러 가지 문학 장르의 발전에 적극적인 영향을 주었다.

2. 중세조선어 문체의 발전은 국문체가 언문 일치를 실현하는 데로 지향하는 뚜렷한 특징을 보이고 있다.

위의 언어에 기초하고 인민들에 의하여 다듬어진 입말이 글말에 정착되는 과정은 역사적인 추세이며 발전의 합법칙성을 띠고 있다.

우리 민족은 1,000여 년 동안 한문이나 이두로 서사 생활을 하여 오다가 15세기 중엽 비로소 자기의 민족 문자인 훈민정음을 가지게 되었다. 그리하여 창작 당시는 정음자의 사용 열기가 높아가면서 국문으로 문학 창작을 진행하기도 하였는데 ≪월인천강지곡≫이 그 대표적인 실례이다. 그러나 봉건 양반계급들은 오랫동안 한문 사용의 관습에서 벗어나지 못하여 훈민정음 창제 이후에도 한문이나 이두를 계속 사용하였다. 17세기 이후 인민들 속에서 국문에 대한 인식이 새로워지게 되면서 인민들의 서사 생활에서 하나의 커다란 변화를 가져왔다. 반제, 반봉건적인 부르주아 민족 운동의 성격을 띤 애국 문화 운동을 계기로 새 민족 문화를 지향하고 종래의 한문문화를 배격하는 민족 자주 사상이 고조되었는데 이러한 애국 문화 운동은 인민 대중 속에서 적지 않은 반향을 불러일으켰다. 그리하여 애국적인 학자들과 문필가들은 낡은 한문식 서사어를 배격하고 모국어를 새로운 문화 발전의 도구로 삼으면서 오랜 국문의 전통을 살려 인민 대중의 입말을 글말에 정착시키기 위한 언문 일치 운동을 주장하여 나섰다. 19세기 말의 언문 일치 운동은 조선어 서사 방식이 점차 순 국문으로 나아가는 역사적 과정을 이어가면서 근대에서 현대에 이르기까지 민족어를 문학의 언어로 정착시키는 길을 열어놓았다.

3. 중세조선어 문체의 발전은 근대사회에 생긴 문체의 분화 과정을 촉진시키는 데로 이어져 간 특징도 보이고 있다.

문체는 언어의 일정한 발전 단계에서 발생하여 점차적으로 형성되며 변화한다. 문체는 역사적 언어 범주로서 언어발달의 일정한 단계에서 본래 있었던 문체가 없어지고 새로운 문체가 생겨나며 문체들 호상간의 관계도 새롭게 변화하게 된다. 중세조선어의 문체는 고정불변한 것이 아니라 문체가 가지는 특성으로 하여 여러 유형의 문체로 분화되어가는 과정을 거쳐 근대에 와서는 이에 기초 하에 새로운 문체가 나타나기 시작하였다. 애국 문화 운동이 고조되면서 이 운동 참가자들에 의해 각 방면에 걸치는 집필 활동이 활발히 벌어지게 되자 민족 의식과 독립 사상의 고취를 목적으로 정론과 과학 논문을 내용으로 하는 과학 논설 문체가 나오게 되였으며 신문 문체가 출현하게 되었다. 중세조선어 문체를 토대로 하여 발전한 이러한 문체들은 근대를 거쳐 현대에 오면서 더욱 많은 유형의 문체를 산생시키게 됨으로써 오늘날과 같이 세분된 현대어의 기능 문체가 확립되게 된 것이다.

중세조선어 문체의 발전 과정을 통해 우리는 오랜 세월 인민들에 의하여 다듬어지고 창조된 입말이 글말로 정착되면서 입말에 기초한 창작 문체의 비중이 높아가고 국문 문체가 점차 언문 일치로 나아가는 과정은 역사적인 필연적 추세라는 것을 확신하게 된다.

참고 문헌

강상호(1989), 조선어입말체연구, 사회과학출판사.

강신항(1990), 훈민정음연구, 성균관대학교출판부

강신항(1994), 국어학사, 보성문화사

강용택(2003), 김소월과 조기천의 시어 사용 양상 비교연구, 역락출판사.

고정옥・김삼불(1955), 가사집, 국립출판사.

김기종(1983), 조선어수사학, 료녕인민출판사.

김기종(1999), 조선어 문체론적 수단과 수법의 력사적발전, 동북조선민족교
　　　　　육출판사.

김길성(2001), 조선어어휘론, 김일성종합대학출판사.

김범주(1990), 신문 문체론, 기자학교.

김범주(2002), 조선어문체론, 김일성종합대학출판사.

김병운(1990), 리조후반기 조선어 어휘변화에 대한 연구, 김일성종합대학출
　　　　　판사.

김선규(1985), 소설문체에 대한 연구, 교육도서출판사.

김성배・박로춘・이상보・정익섭(1961), 가사문학전집, 집문당.

김수경(1964), 조선어문체론, 고등교육도서출판사.

김종오(1990), 옛시조감상, 정신세계사.

김영수(2001), 조선중세한문번역본의 언어사적연구, 과학백과사전종합출판사.

김영황(1978), 조선민족어발전역사연구, 과학백과사전출판사.

김영황(1994), 조선어사강독, 김일성종합대학출판사.

김영황(1997), 조선어사, 김일성종합대학출판사.

김영황(2001), 조선어사, 김일성종합대학출판사.

김영황(2003), 국어역사어휘론, 김일성종합대학출판사

김하명(1963), 시조선집, 조선문학예술총동맹출판사.

김하명(1990), 정철 박인로 윤선도 작품집, 문예출판사.

렴종률 · 김영황(1964), 조선어문학고전강독, 고등교육출판사.

류은종(1991), 조선어어휘론, 연변대학출판사.

류은종(1996), 조선어의미론연구, 료녕민족출판사.

리동원(1985), 문학개론, 김일성종합대학출판사.

리득춘(1988), 조선어어휘사, 연변대학출판사.

리득춘(1992), 한조언어문자관계사, 동북조선민족교육출판사.

박갑수 외(1994), 국어문체론, 대한교과서주식회사.

박병채(1989), 국어발달사, 세영사.

박용순(1974), 조선어문체론, 김일성종합대학출판사.

박용순(1978), 조선어문체론연구, 과학백과사전출판사.

심재기(1999), 국어문체변천사, 집문당.

전몽수 · 홍기문(1949), 훈민정음역해, 록원출판사.

안병희(1992), 국어사연구, 문학과 지성사.

안병희(1992), 국어사자료연구, 문학과 지성사.

오영환(1992), 작가문체, 문예출판사.

이장희 · 김윤완(1995), 한국의 고전시가 해석과 감상, 글벗사.

이주행(2006), 한국어 문법, 월인출판사.

이인모(1975), 문체론, 이우출판사.

태평무(2000), 언어학과 사회, 료녕민족출판사.

한정직(1986), 문학예술언어문체에 대한 연구, 예술교육출판사.

현종호(1963), 조선시가의 종류와 작시법에 대한 사적고찰, 과학원출판사.

현종호(1985), 가사집, 문예출판사.

홍기문(1956), 향가해석, 로동신문출판사.

홍기문 · 김병제 · 박종태(1964), 조선어사연구, 사회과학원출판사.

宗廷虎(1988年), 中國現代修辭學史, 浙江教育出版社.

宗廷虎, 李金苓(1998年), 中國修辭學通史, 吉林教育出版社.

王守元, 張德祿(1996年), 文體學辭典, 山東教育出版社.

찾아보기

ㄱ

ㄹ

ㅁ

ㅂ

▌ **강용택(姜鎔澤)**

언어학 박사
중국 요녕성 영구 출생
연변대학교 조문학부 졸업
연변대학교 조문학부 석사 과정 수료(석사)
조선 김일성종합대학 문과대학 어문학부 박사 과정 수료(박사)
현재 중국 중앙민족대학교 조문학부 부교수

• 주요 저서
『김소월과 조기천 시어 사용 양상 비교 연구』(2003)
『장악해야 할 한국어 문형 237개』(2006)
『비즈니스 한국어』(공)(2007)
『여가 생활 한국어』(공)(2007)

중세조선어 문체 연구

초판 1쇄 발행 _ 2007년 7월 25일
초판 2쇄 발행 _ 2008년 8월 07일

저 자 _ 강용택
발행인 _ 김흥국
펴낸곳 _ 도서출판 **보고사**(등록 제6-0429)
주 소 _ 서울시 성북구 보문동7가 11번지 2층
　　　　전화 922-5120~1(편집) 922-2246(영업) ∣ 팩스 922-6990
　　　　메일 kanapub3@chol.com ∣ www.bogosabooks.co.kr

정 가 _ 18,000원
ISBN _ 978-89-8433-570-7(93710)

* 잘못된 책은 바꾸어 드립니다.
* 저자와의 협의에 의하여 인지는 생략합니다.